AÇÕES AFIRMATIVAS NO BRASIL

VOLUME 1

Dados Internacionais de Catalogação na Publicação (CIP)
(Câmara Brasileira do Livro, SP, Brasil)

Ações afirmativas no Brasil : experiências bem-sucedidas de acesso na pós-graduação / Amélia Artes, Sandra Unbehaum, Valter Silvério, (orgs.). – São Paulo : Cortez : Fundação Carlos Chagas, 2016. – (Ações afirmativas no Brasil ; v. 1)

Bibliografia
Vários autores
ISBN 978-85-249-2507-8

1. Ações afirmativas 2. Avaliação educacional 3. Educação 4.Equidade 5. Pesquisa 6. Pós-graduação 7. Relações étnico-raciais 8. Universidades públicas I. Artes, Amélia. II. Unbehaum, Sandra. III. Silvério, Valter. IV. Série.

16-07858 CDD-379.260981

Índices para catálogo sistemático:

1. Ações afirmativas : Equidade : Brasil : Educação 379.260981

Amélia Artes
Sandra Unbehaum
Valter Silvério
(Orgs.)

AÇÕES AFIRMATIVAS NO BRASIL

VOLUME 1

EXPERIÊNCIAS BEM-SUCEDIDAS DE ACESSO NA PÓS-GRADUAÇÃO

Coedição: Fundação Carlos Chagas
Apoio: Fundação Ford

CORTEZ EDITORA

AÇÕES AFIRMATIVAS NO BRASIL: Experiências bem-sucedidas de acesso na Pós-Graduação
Amélia Artes, Sandra Unbehaum, Valter Silvério (orgs.)

Capa: de Sign Arte Visual
Preparação de originais: Jaci Dantas
Revisão: Maria de Lourdes de Almeida
Composição: Linea Editora Ltda.
Editora-assistente: Priscila F. Augusto
Coordenação editorial: Danilo A. Q. Morales

Obra em conformidade ao NOVO ACORDO da Língua Portuguesa

Direitos para esta edição
CORTEZ EDITORA
Rua Monte Alegre, 1074 – Perdizes
05014-001 – São Paulo – SP
Tels.: (55 11) 3864-0111 / 3611-9616
E-mail: cortez@cortezeditora.com.br
www.cortezeditora.com.br

FUNDAÇÃO CARLOS CHAGAS
Av. Prof. Francisco Morato, 1565
05513-900 – São Paulo – SP
Tel.: (55 11) 3721-4511 Fax (55 11) 3721-1059
Home-page: http: www.fcc.org.br
Apoio: Fundação Ford

Impresso no Brasil – novembro de 2016

SUMÁRIO

APRESENTAÇÃO

Em setembro de 2001 ocorreu na cidade de Durban, na África do Sul, a 3ª Conferência Mundial contra o Racismo, a Discriminação Racial, a Xenofobia e Formas Correlatas de Intolerância promovida pela Organização das Nações Unidas (ONU). É considerada um marco na luta pelo direito à educação como construção de uma igualdade racial. A Conferência foi precedida, no Brasil, em julho de 2001, na UERJ, pelas pré-conferências estaduais e pela Conferência Nacional contra o Racismo e a Intolerância, consolidação de uma agenda iniciada em 1995 na Marcha *Zumbi dos Palmares* contra o Racismo, pela Cidadania e pela Vida, realizada no dia 20 de novembro de 1995 em Brasília. De acordo com Nilma Lino Gomes (2010, p. 6), construiu-se ali um consenso entre as entidades do movimento negro sobre a necessidade de se implantar ações afirmativas no Brasil. Não coincidentemente nesse mesmo ano, a Fundação Ford e a Fundação Carlos Chagas deram início à implementação do International Fellowships Program (IFP), conhecido como Programa Bolsa, cujo objetivo foi conceder bolsas de mestrado e de doutorado a pessoas de grupos sociais sub-representados no ensino superior (Rosemberg, 2013). Esse Programa ocorreu concomitantemente em 22 países e foi coordenado no Brasil por Fúlvia Rosemberg. Aqui, vigorou até 2013 e concedeu 343 bolsas a negros e indígenas de ambos os sexos, com poucas oportunidades educacionais, cujos contemplados expressaram no rigoroso processo seletivo sua capacidade de liderança e de mobilização social.

Uma das características de maior destaque do Programa Bolsa foi a orientação pré-acadêmica, ao oferecer formação instrumental a potenciais candidatos/as visando a sua preparação para os processos seletivos em programas de Pós-Graduação. Essa preparação prévia envolvia orientação para a elaboração do projeto de pesquisa, formação básica em língua estrangeira, aprimoramento da escrita acadêmica, informações sobre os processos de seleção e da cultura de Pós-Graduação. A tutoria aos/às beneficiários/as, todavia, não se encerrava no ingresso na Pós-Graduação. O monitoramento seguia até a defesa da dissertação ou da tese.

A experiência do pré-acadêmico inspirou o desenvolvimento do Programa Equidade, também apoiado pela Fundação Ford e realizado pela Fundação Carlos Chagas, sob a coordenação de Fulvia Rosemberg até setembro de 2014.[1] A partir do lançamento do Edital do Concurso de Dotações para a Formação Pré-Acadêmica: Equidade na Pós-Graduação pretendeu-se financiar até 15 universidades, que já dispusessem de experiências de ação afirmativa na Graduação, e que organizassem cursos de formação pré-acadêmica para pessoas que provêm dos mesmos segmentos sociais focalizados em ação afirmativas na Graduação, visando a sua preparação para processos seletivos em programas de Pós-Graduação de sua escolha. Distinto do Programa Bolsa, o Equidade não previa a concessão de bolsas individuais, mas de recursos para as melhores propostas de universidades brasileiras que se enquadrassem no edital do concurso. Tratava-se também de uma estratégia visando estimular a institucionalização de uma metodologia bem-sucedida de ação afirmativa para a Pós-Graduação, não restrita a uma política de cotas, mas de formação de futuras/os pesquisadoras/es negras/os e indígenas.

O projeto do Programa Equidade previa também uma avaliação externa com o objetivo de analisar o impacto da implementação da

1. Com o falecimento de Fúlvia em agosto de 2014 o Projeto passa a ser coordenado por Sandra Unbehaum.

experiência de formação pré-acadêmica em dois planos: o processo de implementação na instituição, com especial atenção à sua integração institucional; *follow-up* dos egressos, sua inserção ou não em Programas de Pós-Graduação (PPG).

Mesmo antes de seu encerramento, o Equidade teve um importante desdobramento ao inspirar o Edital Abdias Nascimento. Criado pelo MEC (Portaria n. 1.129, de 17 de novembro de 2013), o Programa foi executado pela Secretaria de Educação Continuada, Alfabetização, Diversidade e Inclusão (SECADI/MEC) e pela Coordenação de Aperfeiçoamento de Pessoal de Nível Superior (CAPES). O Edital n. 01, de 28 de maio de 2014, teve como propósito selecionar Instituições de Ensino Superior — IES Públicas Federais, Estaduais e Comunitárias para a adesão à Formação Pré-Acadêmica de acesso à Pós-Graduação. Intitulado "Programa de Desenvolvimento Acadêmico Abdias Nascimento" seu objetivo é propiciar a formação e capacitação de estudantes autodeclarados pretos, pardos, indígenas e estudantes com deficiência, transtornos globais do desenvolvimento e altas habilidades, em universidades, instituições de educação profissional e tecnológica e centros de pesquisa no Brasil e no exterior.

Tem-se na atualidade, mais de uma década de ações afirmativas promissoras e bem-sucedidas desenvolvidas em Instituições de Ensino Superior, públicas e privadas, para garantia de acesso de grupos sub-representados em cursos de graduação, institucionalizadas com a aprovação do Estatuto da Igualdade Racial (Lei n. 12.288/2010), e com a Lei n. 12.711, de agosto de 2012, implementada pelo Ministério da Educação (MEC) para a universalização das cotas nas universidades e nos institutos técnicos federais. Concomitantemente, reunimos quase o mesmo período de ações afirmativas dirigidas ao ingresso de negras, negros e indígenas na Pós-Graduação. O que num primeiro olhar sugere um ambiente favorável à institucionalização da política de promoção da igualdade racial, com marcos nacional e regulatório e referendados pela decisão unânime do Supremo Tribunal Federal de 2012 que julgou a constitucionalidade das ações afirmativas e aprovação pelo Congresso Nacional, nos provoca a mantermo-nos vigilantes. Isso porque, de um lado, as ações afirmativas são ferramentas de um processo de construção de igualdade, devendo cessar no momento em que o motivo de sua obrigação deixar de existir. A expectativa é que seja finita. De outro lado, a sociedade brasileira vivencia em 2016 um contexto político complexo, de incertezas, frente a um processo de *impeachment* presidencial e um governo interino de perfil conservador. Essa realidade já se anunciava em 2015 com o enfraquecimento dos ministérios ligados à defesa de direitos humanos, como a SEPPIR, a SEPM e SDH e, no âmbito mais específico da educação, a SECADI, no MEC, com a drástica redução orçamentária e descontinuidade de ações e programas. Em 2016, a reforma administrativa, realizada pelo governo interino de Michel Temer, extinguiu o Ministério das Mulheres, da Igualdade Racial, da Juventude e dos Direitos Humanos, retornando à condição de Secretarias vinculadas ao Ministério da Justiça e Cidadania. Cortes orçamentários, movimentos conservadores articulados para atuar no campo da educação como o "escola sem partido" aliados à grave crise que afeta as instituições de ensino superior públicas e a descontinuidade de programas sociais despontam como ameaça à consolidação e mesmo à possibilidade de avanços das políticas de ação afirmativa.

Diante deste contexto, a coletânea — Ações Afirmativas no Brasil: experiências bem-sucedidas de acesso à Pós-Graduação — ganha um sentido maior do que o de apenas divulgar os resultados, trazendo reflexões críticas e a avaliação dos cursos de formação pré-acadêmica oferecidos por doze das quinze universidades públicas selecionadas pelo edital do Programa Equidade. Essas experiências são importantes ao contribuir para historiar o processo de democratização do acesso à Pós-Graduação de grupos sub-representados, fazendo parte de um período de implantação exitosa de ações afirmativas na graduação. O exercício reflexivo empreendido pelas autoras e pelos autores dos capítulos que compõem este livro é o registro do processo de implantação de uma ação específica — a formação pré-acadêmica — seus resultados e as dificuldades a partir das condições concretas da realidade de cada instituição. Vale destacar também que alguns coordenadores dos cursos, responsáveis pelo projeto aprovado pelo Edital, são egressos do Programa Bolsa, ou seja, são ex-bolsistas lecionando em universidades públicas.

Como já mencionado, o projeto Equidade previa uma avaliação externa da implantação e dos resultados dos cursos de formação pré-acadêmica. Os doze cursos realizados entre 2012 e 2014 atingiram 1.197 pessoas e até o final do processo de avaliação, cerca 160 estudantes haviam sido aprovados em programas de Pós-Graduação. No primeiro capítulo, Fabiana Luci de Oliveira e Giovanna M. Silva apresentam os resultados dessa avaliação externa do Equidade, frequentado majoritariamente por mulheres (73% do total). As mulheres superam os homens em anos de escolaridade e trajetória acadêmica, embora estejam concentradas nas áreas das humanidades. Um desafio significativo apontado pela avaliação é justamente a baixa atração de candidatos de outras áreas de conhecimento, sinalizando um fluxo que expressa a mobilidade dos grupos sub-representados para áreas menos concorridas e de menor prestígio. Outra hipótese é o impacto das ações afirmativas de acesso nos cursos de graduação nas áreas das humanidades em relação às demais áreas. Um importante desafio notado pela avaliação e, como se verá, nos demais capítulos, é a baixa institucionalização dos cursos de pré-formação. Ou seja, os cursos foram executados por professores de universidades, que se utilizaram de espaços nessas instituições, receberam os recursos por elas gerenciados, e, no entanto, não houve consolidação da proposta de tal modo a que os cursos passassem a ser incorporados pelos programas de Pós-Graduação como uma política de ação afirmativa. Uma vez findado o apoio da Fundação Ford e da Fundação Carlos Chagas, as iniciativas não tiveram continuidade.

As propostas de formação pré-acadêmica aprovadas tinham em comum uma estrutura prevista pelo próprio edital. O planejamento do curso deveria contemplar, pelo menos, as seguintes disciplinas: redação acadêmica; idioma estrangeiro instrumental; metodologia da pesquisa/elaboração de projeto; tutoria/orientação (melhoria do pré-projeto, plano de estudos para participar do processo de seleção, organização do dossiê para candidatar-se a PPG, como escolher PPG).

Apesar disso, cada universidade vivenciou situações específicas relatadas aqui em nove capítulos. O Edital do Concurso de Dotações para Formação Pré-acadêmica: Equidade na Pós-Graduação previa a possibilidade de inscrição de propostas em duas modalidades: consórcio, quando duas ou mais universidades se associam para apresentar uma única proposta. E individual, quando a proposta é apresentada por uma única universidade. Na modalidade consórcio, foram aprovadas três propostas: UFMG e UEMG; UEMS e UCDB; Unemat e UFMS. Na modalidade individual, foram aprovadas as propostas da UFS; UFRB; UFSCar; UFPR, UEPG, UNB, UFRR e UFBA.[2]

A primeira experiência descrita por Shirley Miranda, Vanda Praxedes e José Eustáquio de Brito é a do consórcio estabelecido entre a Universidade Federal e a Estadual de Minas Gerais. A UFMG já dispunha de conhecimento de ações afirmativas para negros por ter instituído em 2001 um Programa de desenvolvimento de ações de ensino, pesquisa e extensão para esse público, visando sua inserção na universidade. Do mesmo modo, a UEMG criou em 2004 uma política de cotas para negros, deficientes, indígenas e egressos de escolas públicas em acordo à Lei Estadual n. 15.259. No ano de 2010, é criado o Núcleo de Estudos e Pesquisas sobre Educação e Relações étnico-raciais da UEMG. A aproximação de ambas as universidades teve como propósito o fortalecimento institucional e envolveu ainda o CEFET-MG por meio de seu Núcleo de Estudos Afro-Brasileiros. Dessa parceria surge o curso "Afirmação na Pós" com a formação de quatro turmas, totalizando 141 participantes e, desses, 40 aprovados em programas de Pós-Graduação. Em sua autoavaliação, as autoras do capítulo observam que se a proposta não atingiu a população indígena, como pretendida, além da negra, o curso atendeu a um grupo que não teve oportunidade de participar de projetos de iniciação científica, que, em sua maioria, eram egressos de instituições de ensino superior privadas, nas quais há pouca ou nenhuma

2. As Universidades Federais de Roraima e da Bahia não participaram da publicação por impossibilidade de apresentar o capítulo no prazo previsto.

oportunidade de envolvimento em pesquisa. Essa é uma característica comum a todas as experiências e reforça a importância de ações que não se limitam à oferta de cotas, mas consideram a relevância das condições de acesso a uma Pós-Graduação, que exige certo letramento acadêmico, cultura de pesquisa, muitas vezes ausente de boa parte dos cursos de graduação.

Nessa direção, os autores Paulo Neves, Maria B. Lima e Edinéia T. Lopes do capítulo sobre a experiência da Universidade Federal de Sergipe chamam a atenção para a provocação que as ações afirmativas despertam sobre como definimos as desigualdades na atualidade e os grupos por elas atingidos, provocando reações contrárias, sobretudo, quando se trata do âmbito da Pós-Graduação. Outro aspecto importante para uma reflexão sobre os desafios das ações afirmativas é o racismo institucional, muitas vezes expressado em atitudes não explícitas por meio de dificuldades burocráticas sem justificativa sustentável.

O Programa Equidade visou fomentar cursos de formação pré-acadêmica que atingissem não somente a população negra, mas também a indígena. Assim como no Programa Bolsa também no Equidade alcançar a população indígena e atendê-la em suas especificidades foi um aprendizado e ainda assim um desafio não totalmente superado. Nesse sentido, o capítulo elaborado por Beatriz dos Santos Landa e Eva Maria Luiz Ferreira, coordenadoras do consórcio que envolveu a Universidade Estadual do Mato Grosso do Sul (UEMS) e a Universidade Católica Dom Bosco (UCDB), destaca-se pela experiência que ambas as instituições têm com programas específicos para as populações indígenas. A UCDB oferece linhas de pesquisa em educação que acolhem pessoas de diferentes etnias. Essa instituição proporciona bolsas de estudo integral para jovens indígenas. A UEMS regulamentou a partir de 2003 um sistema de cotas para a graduação, sendo 10% para indígenas e 20% para negros. Segundo relato das autoras, em 2014, 275 estudantes indígenas estavam matriculados em diferentes cursos das 15 unidades universitárias da UEMS. O curso de formação pré-acadêmica atraiu interesse de 74 indígenas, de um total de 192 cursistas e alguns deles obtiveram sucesso no ingresso na Pós-Graduação. Essa experiência chama a atenção para aspectos determinantes que precisam ser considerados pelas ações afirmativas quando se trata das populações indígenas, dentre os quais, os critérios de seleção para ingresso na Pós-Graduação tem como um padrão o conhecimento de uma língua estrangeira. Outro aspecto é o perfil etário dos grupos indígenas que ingressam, muitas vezes, mais tardiamente em um curso superior, impactando a autoestima e as condições familiares na tomada de decisão para avançar numa carreira acadêmica.

Outro consórcio desenvolvido na região Centro-Oeste reuniu a Universidade do Estado do Mato Grosso (Unemat) e a Universidade Federal do Mato Grosso do Sul narra as limitações enfrentadas pelos jovens indígenas para concluir seus estudos, apesar das políticas de incentivo. Essas limitações ocorrem já no acesso ao ensino médio. Embora o Brasil reconheça a educação indígena como uma modalidade de ensino, prevista na LDB, sendo garantido um processo de aprendizagem que adota o idioma nativo de algumas etnias e materiais didáticos específicos, não há a mesma correspondência no ensino superior e menos ainda na Pós-Graduação. A cultura acadêmica, seus códigos e procedimentos são barreiras concretas que precisam ser problematizadas e enfrentadas. As políticas de cotas têm contribuído para a garantia de direito à educação de povos indígenas; no entanto, esse direito não se pode limitar ao acesso. Para o exercício pleno desse direito é necessário considerar os meios de permanência e de modos de produção de conhecimento que considere a diversidade cultural.

A tomada de decisão por uma carreira acadêmica e a necessidade de dedicação integral a uma Pós-Graduação tem sido um desafio comum aos projetos apoiados pelo Equidade. O capítulo de Ana M. S. Oliveira e Denize de A. Ribeiro sobre a experiências da UFRB observaram que boa parte dos estudantes que buscaram o curso de pré-formação já haviam constituído família e tinham algum vínculo empregatício, dificultando o ingresso e a permanência na Pós-Graduação, sobretudo porque na região do Recôncavo Baiano é pequena a oferta de programas de Pós-Graduação.

O capítulo apresentado por Stella Araújo-Olivera e Aída V. G. Montrone, coordenadoras do curso "Equidade no Acesso à Pós-Graduação", oferecido na UFSCar, destaca a metodologia adotada, inspirada nos princípios da educação popular. Foi estimulado o envolvimento de doutorandos para auxiliarem, por meio remoto (*Skype*, *e-mails*), os cursistas em atendimento individual. Foram realizados encontros intensivos presenciais no espaço universitário, nos quais era praticada uma ação formativa articulando subjetividade e racionalidade na construção coletiva do conhecimento a partir de diferentes epistemes que reconheçam a diversidade étnica e racial.

Uma relevante provocação presente no debate das ações afirmativas diz respeito ao grupo foco do atendimento. Assim como o Programa Bolsa, o Programa Equidade visava atingir negras, negros, indígenas preferencialmente. Esse foi o perfil predominante nos cursos de formação pré-acadêmica. Entretanto, as políticas de ação afirmativa para ingresso na graduação nem sempre se restringem a esse perfil. Os capítulos sobre a experiência do NEAB da UFPR e do Nuregs da UFPG, ambas no sul do país, cuja população é majoritariamente branca, corroboram a demanda desse grupo também por políticas de ações afirmativas no âmbito da educação. Os autores Paulo Vinicius B. da Silva e Josafá M. da Cunha chamam atenção para a presença de 33% de pessoas brancas entre as/os participantes do curso, a maioria mulheres. Do mesmo modo, Ione da S. Jovino, coordenadora do curso oferecido pela UFPG, relata uma maioria de mulheres brancas, professoras da rede básica de educação na composição do grupo selecionado. Apesar do enfoque do edital ter sido a população negra e indígena foi preciso considerar o perfil racial da população local e considerar a demanda de gênero. Na UFPG, diferente da experiência da UFPR, o perfil etário foi o de pessoas com idade entre 31 a 40 anos, ou seja, são mulheres em sua grande maioria, atuantes no campo da educação em busca de uma oportunidade de formação para ingresso na carreira acadêmica, mas pouco familiarizadas com a cultura de pesquisa. Nesse sentido, um dos objetivos do curso da UFPR foi justamente o de adotar uma perspectiva de letramento científico para que as/os cursistas pudessem compreender a prática acadêmica e a necessidade de uma reflexão crítica das questões sociais.

Pode-se assegurar um consenso de todos os projetos aprovados pelo Programa Equidade, de que as ações afirmativas representam a possibilidade de negras, negros e indígenas ocuparem espaço na Pós-Graduação, entendido como *locus* de prestígio e de produção de um conhecimento social e político relevante para o desenvolvimento do país. Uma mudança efetiva no perfil racial e étnico da população acadêmica e científica brasileira será reflexo/efeito também das ações do Programa Equidade. O capítulo que encerra a coletânea, escrito por um grupo de professoras/es liderado por Joaze Bernardino-Costa instiga a leitora e o leitor a pensar sobre a desestabilização de um política hegemônica de produção de conhecimento e nos provoca a alargar os horizontes das metas das ações afirmativas para além do campo das humanidades.

Referências

GOMES, Nilma L. *Diversidade étnico-racial, inclusão e equidade na educação brasileira*: desafios, políticas e práticas. Disonível em: <http://www.anpae.org.br/iberolusobrasileiro2010/cdrom/94.pdf>. Acesso em: 19 maio 2016.

ROSEMBERG, Fúlvia. Ação afirmativa na pós-graduação: o Programa Internacional de Bolsas da Fundação Ford na Fundação Carlos Chagas. *Textos FCC*, São Paulo, n. 36, 2013.

CAPÍTULO 1

Equidade no acesso à Pós-Graduação: avaliação de experiências de formação pré-acadêmica

Fabiana Luci de Oliveira (UFSCar)
Giovanna Mariano Silva (UFSCar)

Este capítulo traz dados e reflexões derivados da avaliação da implementação e da execução dos programas de formação pré-acadêmica referentes ao Concurso de Dotações para Formação pré-acadêmica: Equidade na Pós-Graduação, parceria do Escritório do Brasil da Fundação Ford e do Departamento de Pesquisas Educacionais da Fundação Carlos Chagas (FCC).

O concurso foi lançado em 2011, contemplando 12 propostas e 15 universidades, que entre os anos de 2012 e 2014 realizaram cursos de orientação pré-acadêmica, oferecendo formação instrumental prioritariamente a estudantes egressos de experiências de ação afirmativa na graduação, sobretudo negros e indígenas, visando a sua preparação para o processo seletivo em programas de pós-graduação (PPG) de mestrado e doutorado nas diversas áreas do conhecimento. Nesse período, os 12 cursos contabilizaram 2.326 candidatos, 1.197 alunos inscritos nos programas, em um total de 32 turmas, havendo notificação de 165 ex-alunos aprovados (ingressantes) em PPG.

Aqui abordamos o perfil do público-alvo (candidatos) e dos programas, tendo como principal objetivo investigar a efetividade e o alcance dos programas, com o intuito de subsidiar o aprimoramento e a multiplicação dessas experiências. No que se refere aos candidatos, a análise se pautou na descrição do perfil demográfico e socioeconômico, nas trajetórias e experiências acadêmicas e nas expectativas em relação ao curso de formação pré-acadêmica e à Pós-Graduação. As informações foram obtidas com base em um formulário preenchido pelos próprios candidatos no ato da inscrição nos programas, num total de 1.995 candidatos para os quais conseguimos recuperar informações consistentes (86% do total de inscritos em todas as ofertas).

Quanto aos programas, avaliamos seu formato, suas características (estrutura, atividades, currículo), eventuais intercorrências na implementação e ao longo de sua execução e os resultados alcançados, tanto em termos de indicadores objetivos, quanto a partir da percepção e da avaliação subjetiva de seus coordenadores. As informações foram obtidas a partir de três fontes: 1) formulário preenchido por cada um dos doze coordenadores; 2) relatórios narrativos de acompanhamento enviados pelos coordenadores à FCC no momento da prestação de contas; 3) entrevistas com os coordenadores.

Com base nos formulários e nos relatórios narrativos, elaboramos indicadores objetivos de desempenho, apresentando também indicadores qualitativos da percepção dos coordenadores sobre os níveis de sucesso dos programas, o apoio institucional recebido, os principais acertos (forças) e os aspectos que mudariam no formato dos cursos em eventuais novas ofertas (fragilidades).

As entrevistas, realizadas com os coordenadores de 11 dos 12 programas,[1] tiveram o papel de aprofundar e/ou especificar aspectos da implementação dos cursos e de sua condução, enfatizando pontos destacados no formulário inicial, como retenção de estudantes, problemas enfrentados na gestão interna da equipe e dos recursos financeiros, necessidades de correção nos formatos adotados, entre outros aspectos. A duração de cada entrevista foi de 40 a 60 minutos, tendo sido majoritariamente conduzidas por chamadas de vídeo via Skype, gravadas e transcritas, firmando-se um acordo via termo de consentimento livre e esclarecido de não identificação direta das falas dos respondentes na divulgação da análise do material.

O texto que segue está organizado em duas seções: a primeira traz os dados descritivos referentes ao perfil dos candidatos; a segunda, uma síntese do perfil dos programas, assim como indicadores quantitativos e qualitativos de desempenho. Fechamos o capítulo delineando um panorama geral do processo de avaliação, cobrindo os principais resultados.

1. Perspectiva dos candidatos: perfil e expectativas

A quem interessou a oferta de cursos de formação pré-acadêmica para o ingresso na Pós-Graduação? O primeiro aspecto que chama a atenção no perfil dos candidatos é a grande representatividade das mulheres, correspondendo a 73% do total. Em todos os programas, as mulheres foram maioria; somente em quatro dos doze programas houve um volume mais expressivo de candidatos homens:

1. Os coordenadores dos 12 programas foram contatados por *e-mail* e/ou telefone e apenas um deles declinou da participação, não nos dando retorno.

na Universidade Federal de São Carlos (UFSCar) 33% de candidatos homens —; no consórcio Universidade Estadual de Mato Grosso do Sul (UEMS) e Universidade Católica Dom Bosco (UCDB) 34%; na Universidade de Brasília (UnB) 35%, e na Universidade Federal de Roraima (UFRR) 38%.

A forte presença feminina é em parte reflexo dos melhores resultados acadêmicos alcançados pelas mulheres desde a educação fundamental, o que é possível depreender dos dados de escolaridade da população brasileira por gênero nos Censos populacionais e nas Pesquisas por Amostragem de Domicílios (Pnad) conduzidas anualmente pelo Instituto Brasileiro de Geografia e Estatística (IBGE).[2] De acordo com Rosemberg e Madsen (2011), as mulheres eram em 2009 maioria entre alunos de Pós-Graduação no Brasil, representando 57,6% do total de estudantes. No que se refere ao perfil etário, a média de idade dos candidatos é de 34 anos e metade deles tem até 33 anos. Os 25% mais jovens têm até 28 anos e os 25% mais velhos têm mais de 40 anos.

É notável a mobilidade educacional dos candidatos quando comparados aos pais. Apenas 6% dos pais dos candidatos e 8% das mães têm ensino superior completo, sendo que 15% dos pais e 13% das mães nunca frequentaram o ensino formal. Os candidatos com pais de menor nível de escolaridade são os da UFRR, onde 43% das mães e 40% dos pais nunca frequentaram o ensino formal. A escolaridade mais frequente entre os pais e mães dos candidatos é o ensino fundamental incompleto.

Considerando a composição familiar, há uma proporção maior de solteiros entre os candidatos (47% do total); os casados representam a maioria dos candidatos apenas no programa da Universidade Federal de Pernambuco (UFPE). A maioria deles mora com familiares ou com o(a) companheiro(a); a maior proporção de candidatos que

---

2. De acordo com dados da Pnad 2014, as mulheres têm em média 8,0 anos de estudos contra 7,5 para os homens. Disponível em: <www.ibge.gov.br/home/estatistica/populacao/trabalhoerendimento/pnad2014/default_sintese.shtm>. Acesso em: 29 nov. 2015.

declararam residir sós está nos programas da UnB e da Universidade Federal da Bahia (UFBA) — 14% cada. O número médio de moradores por domicílio é de três pessoas, sendo que os 25% dos menores domicílios têm até duas pessoas, e os 25% dos domicílios maiores têm acima de quatro pessoas. A UFRR é o único programa que foge a esse padrão, com mediana de seis pessoas residentes por domicílio.

Entre os candidatos com cônjuge (32% do total), o perfil de escolaridade do parceiro é predominantemente de nível médio (com 40% declarando ter cônjuges com ensino médio completo ou superior incompleto). Pouco mais de um terço dos candidatos casados têm cônjuge com ensino superior completo ou mais (35%), sendo os candidatos da UFSCar e da UnB os que têm parceiros com maior nível de escolaridade, 51% e 47% com ensino superior, respectivamente.

Em termos econômicos, a renda familiar média dos candidatos é de R$ 2.789,06, com mediana de R$ 2.324,50 e desvio padrão de R$ 1.926,65. Os 25% mais pobres têm renda familiar média mensal de até R$ 1.500,00 e os 25% mais ricos apresentam renda familiar média mensal acima de R$ 3.500,00.

Aplicando os parâmetros da Secretaria de Assuntos Estratégicos da Presidência[3] para classificar os candidatos em estratos econômicos (ou classes econômicas), temos pela renda familiar mensal *per capita* oito estratificações econômicas possíveis. A renda *per capita* declarada pelos candidatos da Universidade Federal de Sergipe (UFS) os coloca na posição mais baixa observada, classificados como vulneráveis ou classe baixa, com renda *per capita* mensal menor que R$ 291,00.

Já os candidatos da Universidade Federal do Recôncavo da Bahia (UFRB) e da UFRR seriam, por esse critério, de baixa classe média (com renda familiar *per capita* mensal maior que R$ 291,00 e inferior a R$ 441,00). Os candidatos da UFBA e da UFPE se classificam como média classe média (renda familiar *per capita* superior a R$ 441,00 e

3. Ver <www.sae.gov.br/imprensa/sae-na-midia/governo-define-que-a-classe-media-tem-renda-entre-r-291-e-r-1-019-cidade-verde-em-24-07-2013/#ixzz3BGeeXM7c>. Acesso em: 29 nov. 2015.

inferior a R$ 641,00) e os candidatos da UnB são os que têm a melhor condição econômica, sendo considerados da baixa classe alta (com renda familiar *per capita* maior que R$ 1.019 e menor que R$ 2.048,00). Todos os demais programas têm seus candidatos classificados no estrato de alta classe média (renda mensal *per capita* maior que R$ 641,00 e menor que R$ 1.091,00).

GRÁFICO 1

Renda domiciliar e renda *per capita* (mediana)

Base: total 1.802 candidatos (que declararam renda domiciliar e total de pessoas residentes no domicílio)

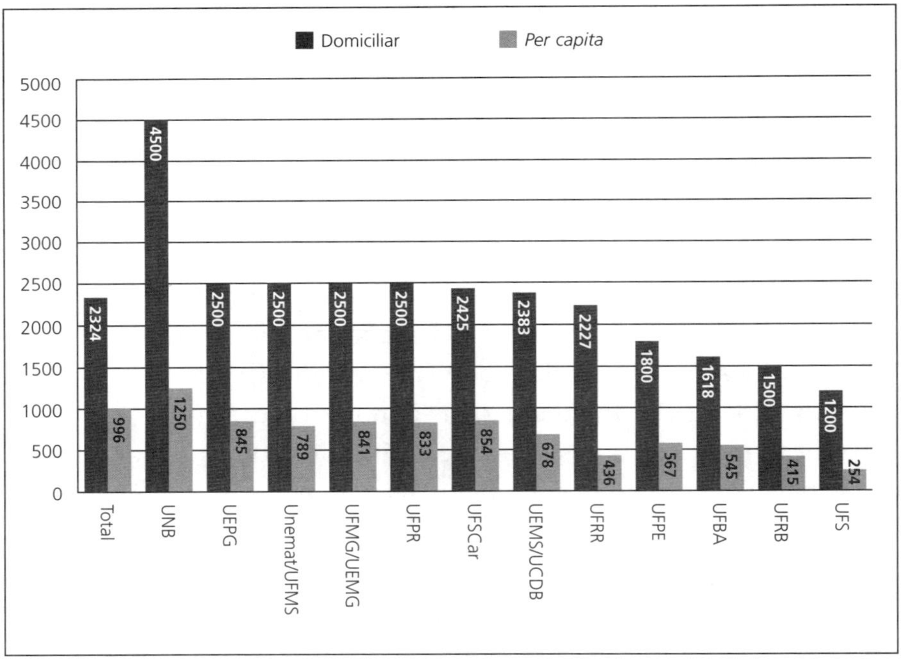

Fonte: Elaborado pelos autores.

A maioria dos candidatos exerce alguma atividade remunerada (83% do total); sendo os candidatos da UFRB os que o fazem em menor proporção (61%) e os da Universidade Federal do Paraná (UFPR) e da UFRR os que o fazem em maior proporção (93% cada). Entre os candidatos que exercem atividade remunerada, metade se declarou funcionário público, outros 30% trabalham com carteira assinada, 20% como autônomos ou informais e 7% se declarou como professor (sendo a quase totalidade também funcionários públicos). O programa da UnB é o que atraiu mais candidatos que trabalham no funcionalismo público (65%), e a Universidade Estadual de Ponta Grossa (UEPG), a UFSCar e a UFS os programas que atraíram a maioria dos candidatos que trabalham com carteira assinada.

2. Pilares do Projeto Equidade: perfil racial e áreas de formação

Um dos pilares do "Projeto Equidade" foi a atração para a Pós-Graduação do público que já era alvo de ações afirmativas na graduação, considerando áreas de pouca representatividade de negros e indígenas, como cursos de Engenharia, Direito e outras áreas que não as Humanidades, sobretudo fora das Ciências Sociais e da Educação.

Com base em uma série de pesquisas conduzidas desde meados dos anos 2000, sabemos que o perfil dos estudantes do ensino superior no Brasil vem se diversificando, sobretudo no que se refere aos aspectos racial e social (Paixão, 2010; Artes, 2013; Rosemberg; Madsen, 2011). Dados da Pnad mostram que o percentual de negros no ensino superior passou de 10,2% em 2001 para 35,8% em 2011.

O aumento da representatividade de estudantes negros também se fez sentir na Pós-Graduação. Em pouco mais de dez anos, de 2001 a 2013, o total de estudantes pretos e pardos em cursos de Pós-Graduação passou de 48,5 mil para 112 mil, representando em 2013, 28,9% do total de pós-graduandos. Já o número de brancos passou de 218,8 mil para 270,6 mil no mesmo período (Tokarnia, 2015).

Apesar do crescimento do número de negros no ensino superior e na Pós-Graduação, os negros ainda são minoria nesses espaços, embora representem 52,9% da população. Quando olhamos para os cursos mais prestigiados e concorridos, a inserção de negros é ainda menor. Dados de 2009 e 2010 do Exame Nacional de Desempenho de Estudantes (Enade), promovido pelo Instituto Nacional de Estudos e Pesquisas Educacionais Anísio Teixeira (Inep) indicam que dos universitários concluintes que fizeram o exame em 2009 apenas 5,4% se declararam pretos ou pardos, e em 2010 esse percentual subiu para 6,1% do total. Entre os concluintes de Medicina, apenas 2,7% se declararam negros; entre os concluintes de Odontologia, o percentual de negros foi de 3,8% e entre os concluintes de Direito, se declararam negros apenas 5,0% do total.[4]

Dado o contexto nacional, quando observamos o desempenho dos programas na atratividade do público-alvo almejado, vemos que no quesito cor/raça eles tiveram, em geral, bastante sucesso, atraindo uma maioria de negros (72%) e chegando a um contingente significativo de indígenas (10%). Os programas da região Sul foram os que tiveram maior dificuldade em atrair esse público: na UEPG 74% do total de candidatos se declararam brancos e na UFPR, esse percentual foi de 43%. Isso se deve em grande parte à composição racial da população na região.

Ao passo que os programas da UFBA, da UnB e da UFSCar se destacam pelos índices de atratividade do público negro, com grande representatividade de candidatos autodeclarados pretos, os quais constituíram, nas três universidades, a maioria do público registrado. É possível entender esse sucesso considerando que essas universidades estão entre as experiências mais antigas de ação afirmativa para negros e indígenas no país.

A UnB tem a experiência mais antiga, datada sua aprovação de 2003. A UFBA aprovou o programa de ações afirmativas em 2004 e a UFSCar o fez em 2006. Portanto, são três instituições com forte tradição na temática, sendo também a Bahia o estado com a maior proporção de população autodeclarada preta — aspectos que ajudam a

4. Ver Capuchinho (2013).

compreender essa maior incidência. É destaque também o programa da UFRR com 90% de candidatos indígenas, o que se explica para além da composição regional, pelo fato de a coordenação do programa estar no Instituto Insikiran de Formação Superior Indígena.

Considerando a intersecção gênero, cor e raça, vemos que, entre os homens, 46% se declararam pretos e 23% pardos, sendo 15% indígenas, 13% brancos. Já entre as mulheres, 36% se declararam pretas, 34% pardas e 7% indígenas, sendo 19% brancas.

GRÁFICO 2

Cor ou raça dos candidatos de acordo com programa (universidade)

Base: total 1.995 candidatos

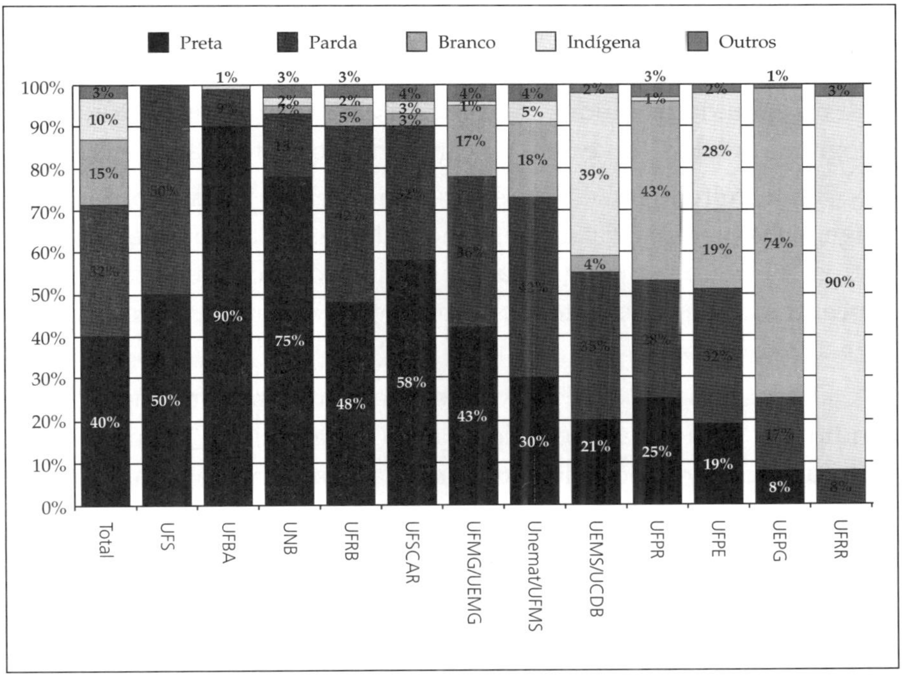

Obs.: na categoria "outros", computamos os autodeclarados amarelos e os que não preencheram essa informação.

Fonte: Elaborado pelos autores.

No que se refere à atração de candidatos de outras áreas que não as Humanidades, o desempenho ficou aquém do desejado, sendo uma dificuldade que perpassou todos os programas e que se deve, em grande parte, à própria composição racial dos cursos de graduação no país. A inserção de negros e indígenas nessas áreas é ainda pequena.

A maioria dos candidatos em todos os programas veio de áreas de Humanidades. Quase um quarto dos candidatos provinha de cursos de graduação na área da Educação, sobretudo Pedagogia, com alguns vindos do Normal Superior. A UEPG é o programa que mais atraiu candidatos da Educação, com 39% dos cursistas formados nessa área, sobretudo professoras da rede de ensino fundamental pública. Em segundo lugar, está o programa da UFPE, com 35% dos candidatos oriundos da área da Educação.

Na sequência, as áreas de maior atratividade foram as Ciências Sociais Aplicadas, com os cursos de História, Geografia e a área de Letras (com 12% do total de candidatos cada). O programa da UFS teve 28% de candidatos vindos da Letras e 22% vindos da História e da Geografia. A UEPG teve 26% de candidatos com formação em Letras.

Em terceiro lugar, estão os cursos na área de Saúde, como Enfermagem, Fisioterapia, Farmácia, Fonoaudiologia, Saúde Coletiva, entre outros. A UFSCar é o programa que atraiu proporcionalmente a maior concentração de candidatos com formação em Saúde, correspondendo a 19% do total.

O programa da UFS foi o que atraiu uma maior proporção de candidatos vindos das áreas de Exatas (Matemática, Química, Física, incluídos bacharelados e licenciaturas), assim como da Contabilidade (17% de seus candidatos no total). A UFRR teve uma proporção significativa de candidatos oriundos de seu curso de Licenciaturas Indígenas (21%), seguidos de candidatos da área de Comunicação e Jornalismo (18%) e também atraiu candidatos de Matemática, Química e Física (15%).

Pensadas inicialmente como prioridade do Projeto Equidade na Pós-Graduação, áreas como o Direito e as Engenharias atraíram muito poucos candidatos, representando 5% e 1% do total, respectivamente.

O programa do consórcio UEMS/UCDB foi o que proporcionalmente mais reuniu candidatos do Direito, com 11% do total de seus candidatos procedentes dessa área. Já na Engenharia e na Arquitetura, a UFPR foi o programa que teve maior sucesso em atraí-los, com 5% do total de seus candidatos vindos dessas áreas.

GRÁFICO 3

Área do curso de ensino superior

Base: total 1.995 candidatos

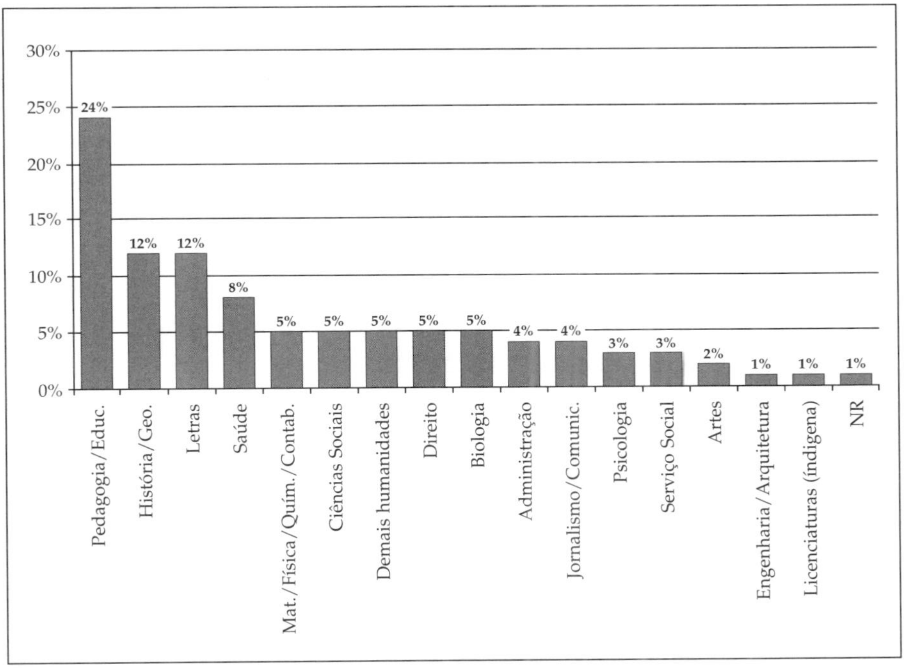

Fonte: Elaborado pelos autores.

A concentração de candidatos na área de Humanidades se deve também ao perfil mais feminino do público atraído. Como nos lembra Barreto (2015, p. 46), os dados do Censo da Educação Superior de 2012 revelam uma assimetria de gênero nas áreas de formação: os homens ocupam proporcionalmente mais vagas nos cursos de Exatas;

as mulheres, nos cursos de Humanidades e Ciências Biológicas. A autora pontua que os cinco cursos de graduação com as maiores proporções de mulheres matriculadas são os de Pedagogia, Enfermagem, Serviço Social, Gestão de Pessoal e Recursos Humanos e Psicologia. Ao passo que os cursos com maior proporção de homens matriculados são os de Engenharia Civil, Ciências da Computação, Engenharia de Produção, Engenharia Mecânica e Educação Física.

3. Trajetórias de ensino

Observando a trajetória dos candidatos no ensino médio, vemos que a maioria deles cursou o ensino regular (58%), com 24% tendo cursado magistério; 12%, ensino técnico e 7%, a educação para jovens e adultos (EJA). A grande maioria dos candidatos cursou o ensino médio em escolas públicas (84% do total), com apenas 13% tendo frequentado a rede privada. Cerca de um terço dos candidatos concluiu essa etapa do ensino na década de 1990 e outro terço entre os anos de 2000 e 2005, com 16% deles tendo concluído o ensino médio até 1989 e 10% entre os anos de 2006 e 2010.

Pouco mais de um terço dos candidatos fez cursinho pré-vestibular (35%). A UFBA apresenta a maior proporção dos candidatos que fizeram cursinho (70% de seus candidatos), seguida da UFRB (56%) e da UFMG/UEMG (54%). Já a UFRR tem a menor proporção (13%), seguida da UFPE (17%) e da Unemat/UFMS (18%).

Se no ensino médio a maioria vem da rede pública, no ensino superior há uma maior divisão, com pouco mais da metade dos candidatos tendo cursado a graduação em universidades públicas (52%). Apenas um quarto dos candidatos declarou que teve seu ingresso no ensino superior a partir de programas de ações afirmativas e 11% não souberam responder a essa pergunta. Os programas que tiveram a maior proporção de candidatos oriundos de ações afirmativas durante a graduação foram os da UFBA (65%), da UFRB e da UFPR (com 48% cada). Ao passo que os que tiveram as menores proporções de candidatos vindos de ações afirmativas foram os da UFPE (15%) e da

UEPG (18%). Os candidatos aos programas da UFRR e da UEPG foram os que declararam maior desconhecimento quanto à ação afirmativa na forma de ingresso (com 29% e 21% deles, respectivamente).

A maioria concluiu o ensino superior entre os anos de 2006 e 2014, sendo que 38% dos candidatos o fizeram no período de 2006 a 2010 e 28% entre os anos de 2011 e 2014. São poucos os candidatos que concluíram o ensino superior na década de 1990 ou anteriormente (cerca de 13% do total), e 17% o fizeram no período de 2000 a 2005. Ou seja, a maioria dos candidatos terminou o ensino superior recentemente; em média, o fizeram em 2006, com a metade deles tendo concluído a graduação a partir de 2009 (mediana).

GRÁFICO 4

Ingresso no ensino superior via ação afirmativa, de acordo com programa (universidade)

Base: total 1.995 candidatos

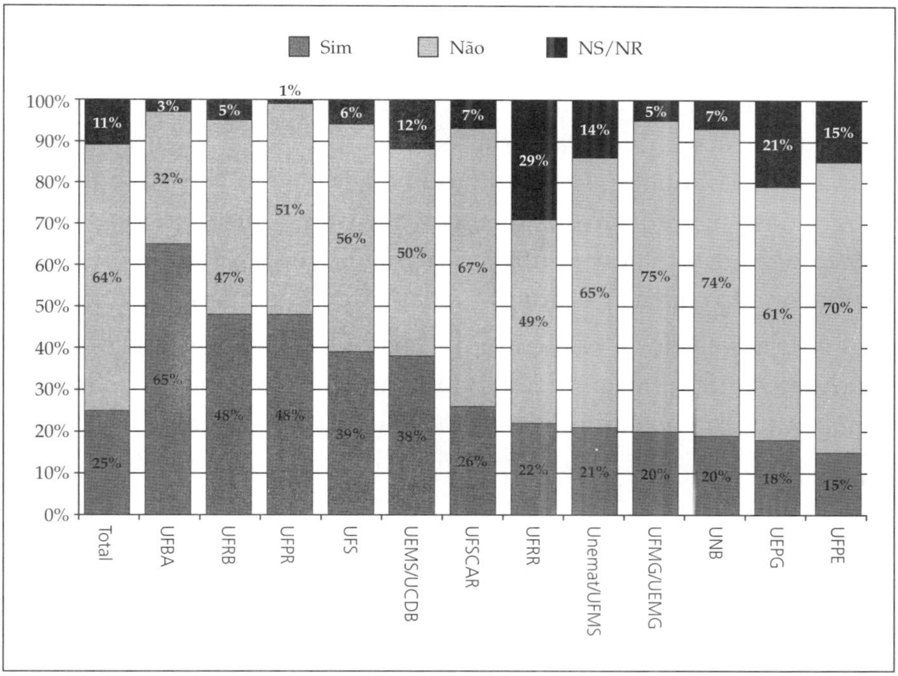

Fonte: Elaborado pelos autores.

A experiência dos candidatos com a pesquisa acadêmica é bastante escassa: pouco menos de um quarto deles fez iniciação científica (IC) durante a graduação. Os programas cujos candidatos mais tiveram experiência com IC foram os da UFBA (41%), da UFRB (35%) e da UFPR (33%). E os programas em que os candidatos menos tiveram esse tipo de experiência foram os da UFPE (10%) e da UFS (11%).

Os candidatos que cursaram o ensino superior na rede privada tiveram proporcionalmente menor experiência com IC: 16% dos candidatos que estudaram em universidades privadas durante a graduação declararam ter feito iniciação científica, contra 28% dos candidatos oriundos de universidades públicas. Entre os candidatos que passaram pela IC, aqueles provenientes de universidades públicas foram proporcionalmente mais beneficiários de bolsa do que os oriundos da rede privada: 70% dos candidatos que fizeram IC em instituições públicas tiveram bolsa de iniciação científica contra 50% dos candidatos que o fizeram em universidades privadas.

O fato de a grande maioria dos candidatos (e, consequentemente, dos cursistas) nunca ter tido contato com projetos de IC é um dos elementos explicativos para a grande defasagem observada no processo de formação dos candidatos à Pós-Graduação, como será explorado mais adiante. Os resultados objetivos do desempenho dos programas sugerem que as chances de sucesso no ingresso na Pós-Graduação são maiores entre os cursistas que fizeram IC e tinham maior contato com a Pós-Graduação antes do ingresso nos programas.

Nesse sentido, é relevante pontuar que parte significativa dos candidatos (41%) declarou já ter cursado algum tipo de Pós-Graduação, sendo que a maioria dos candidatos aos programas da UFPE (63%), da UEPG (52%) e da UnB (52%) o fizeram. Os candidatos que apresentaram proporcionalmente menor experiência prévia com a Pós-Graduação foram os dos programas da UFRR (10%), da UFBA (11%) e da UFRB (15%). A vasta maioria cursou pós *lato sensu* (91%), sendo os programas em que há maior penetração de Pós-Graduação *stricto sensu* já cursada pelos candidatos os da UFRR, da UFPR e da UnB, com 25%, 15% e 14%, respectivamente.

GRÁFICO 5

Percentual de candidatos que participou de IC durante ensino superior, de acordo com programa (universidade)

Base: total 1.995 candidatos

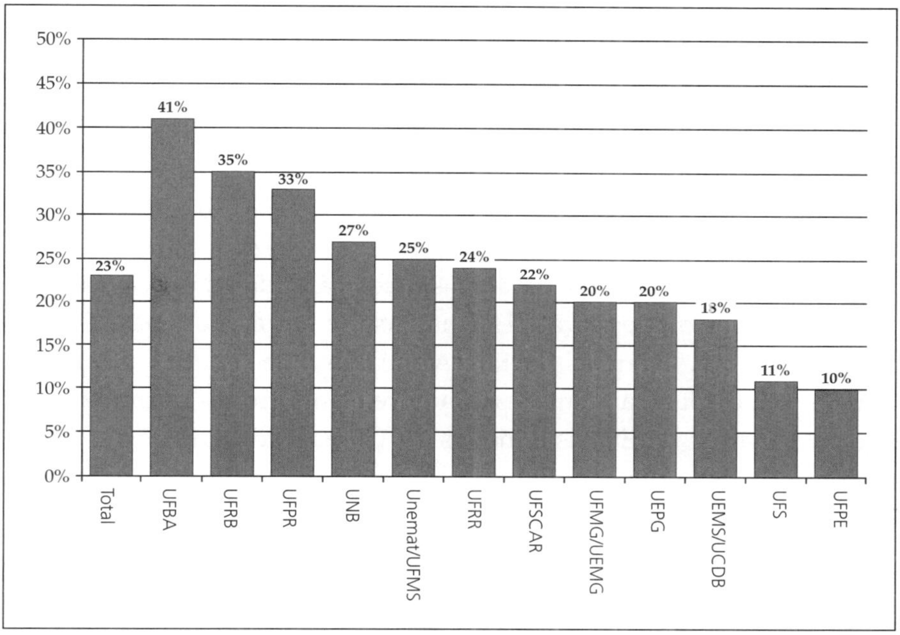

Fonte: Elaborado pelos autores.

É baixo o percentual de candidatos que já haviam se inscrito em processos seletivos de Pós-Graduação *stricto sensu* antes de se inscreverem nos programas de formação pré-acadêmica: 18% do total, o que é um indício de que os candidatos tinham em sua maioria pouco interesse ou expectativas prévias de concorrer a vagas nesse âmbito de ensino. Os programas que têm candidatos em maior proporção com inscrição prévia na Pós-Graduação *stricto sensu* são os da UFMG/UEMG (25%) e o da UFPR (22%) — ambos estão entre os programas que mais tiveram ex-alunos aprovados em PPG, como pontuaremos adiante. E aqueles em que os candidatos menos se inscreveram previamente em processos seletivos para a pós *stricto sensu* são os da

UFRR (3% dos candidatos já concorreram), da UFS (6%, ou seja, apenas um candidato concorreu), que estão entre os programas com menor aprovação de ex-alunos.

4. Motivação e expectativas

O que levou esse público a buscar o curso de formação pré-acadêmica e o que os candidatos esperavam desses programas?

O primeiro aspecto que observamos foi a área de interesse declarada para cursar a Pós-Graduação: 44% dos candidatos buscavam programas na área de Educação, 11% na área de Letras, 10% nas Ciências Sociais, 7% nas Ciências Sociais Aplicadas (Geografia e História); apenas 2% declararam interesse na área do Direito, outros 2% em cursos nas áreas de Exatas e menos de 1% buscou as áreas das Engenharias — o que está contabilizado na categoria "outros", juntamente com ocorrências de áreas que apresentaram incidência inferior a 1%.

Além disso, foi solicitado aos candidatos no momento da inscrição que indicassem os três principais aspectos em que o curso de formação pré-acadêmica poderia contribuir para seu ingresso na Pós-Graduação. Um dos principais pontos indicados foi a ajuda na preparação para o processo seletivo (36%), o que envolve treinamento para a realização dos exames de seleção, organização do tempo de dedicação aos estudos, melhora da comunicação oral e identificação dos programas e pesquisadores que atuam nas áreas de interesse dos candidatos.

Com a mesma incidência (36% das menções), aparece o argumento da atualização e do aprimoramento de conhecimentos. Nesse quesito, os candidatos referem-se, sobretudo, à atualização de conteúdos na área de interesse e ao amadurecimento nos estudos. O emprego de termos como "atualização de conhecimento", "reforço de conteúdos", "enriquecimento no aprendizado", "aprimoramento" foi recorrente.

Na sequência (com 28% de incidência), estão argumentos relacionados ao "contato com o universo acadêmico", apontando, entre outros aspectos, a convivência e a ambientação na universidade, a interação nesse universo e a formação de rede de contatos, via aproximação com professores, pesquisadores e estudantes envolvidos na Pós-Graduação.

O quarto argumento mais citado foi o aprendizado das normas vigentes de metodologia do trabalho científico (24% de incidência); em quinto lugar (com 16% de menções), ficaram empatados o aprendizado e a preparação em língua estrangeira e a redação do projeto de pesquisa.

GRÁFICO 6

Três principais aspectos em que o curso de formação pré-acadêmica poderá contribuir para o ingresso na Pós-Graduação

Base: total 1.995 candidatos

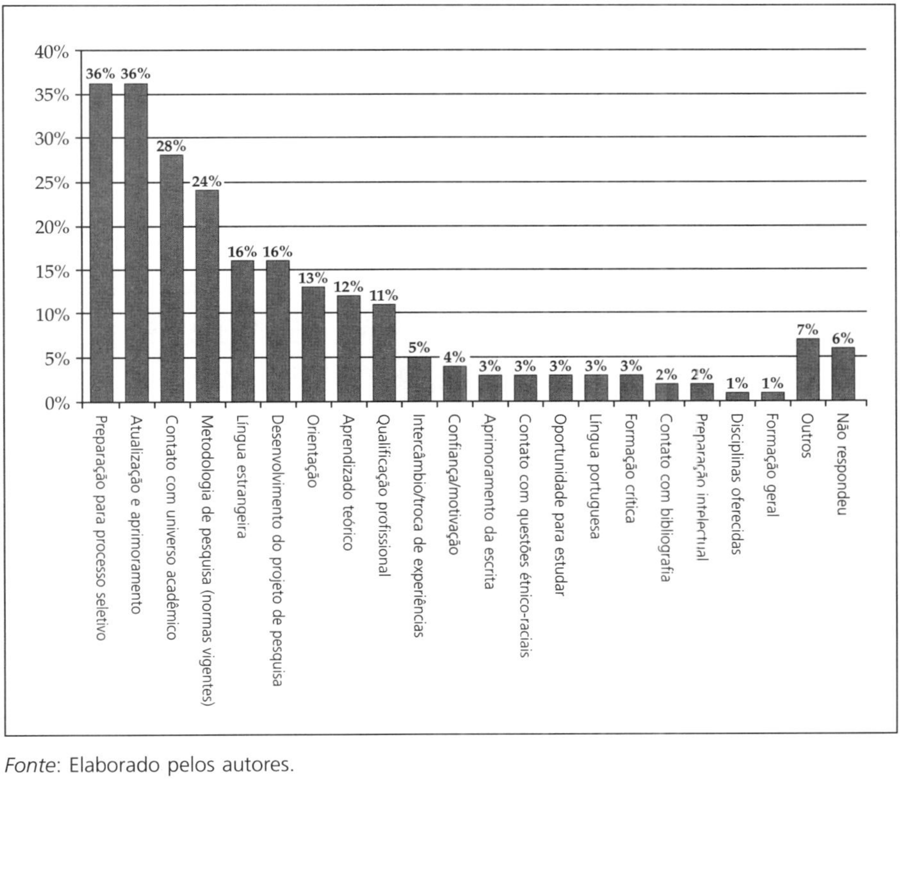

Fonte: Elaborado pelos autores.

Foi solicitado aos candidatos que indicassem a principal motivação para dar continuidade aos estudos, realizando a Pós-Graduação. As duas principais justificativas apresentadas (com 60% de menção cada) se relacionaram à "responsabilização social", à necessidade de dar um retorno à sociedade, trabalhando com temas que tenham aplicabilidade e relevância social, e ao "aperfeiçoamento e atualização de conhecimentos", sendo contabilizadas aqui também as menções ao aperfeiçoamento da prática docente e pedagógica.

GRÁFICO 7

Principal motivação para o interesse em cursar Pós-Graduação

Base: total 1.995 candidatos

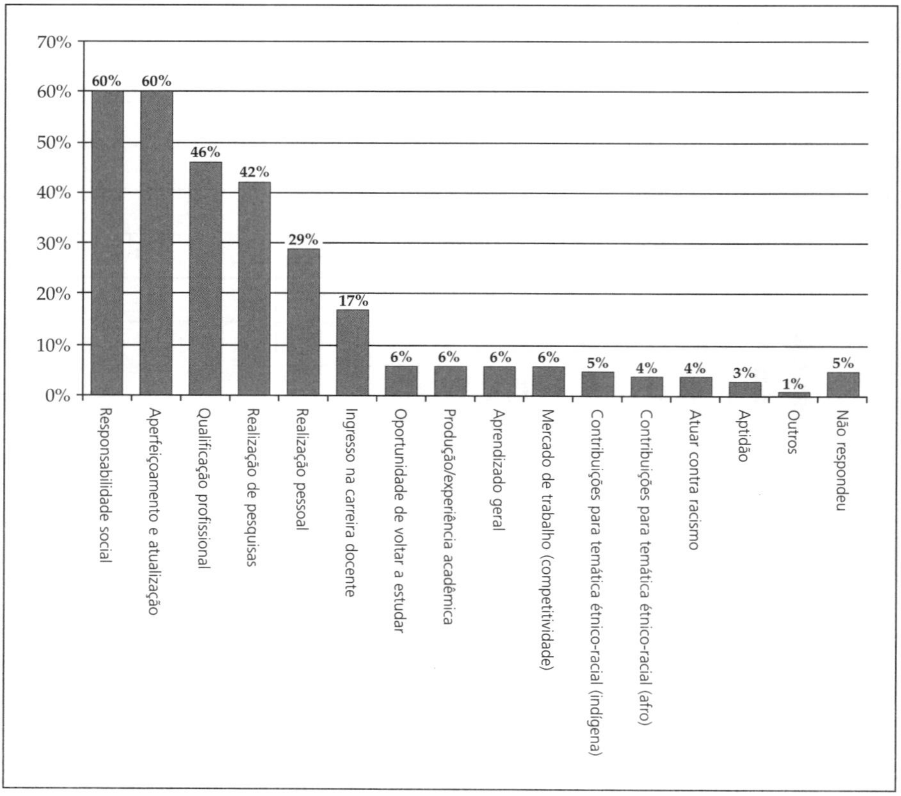

Fonte: Elaborado pelos autores.

Em segundo lugar, com 46% de incidência, é apontada a motivação da qualificação profissional, a fim de melhorar e potencializar o currículo. Outros 42% indicam a busca de realização de pesquisas que tenham impacto, sobretudo projetos educacionais. Em terceiro lugar, mencionado por 29% dos candidatos, está o aspecto da "realização pessoal", da concretização de um sonho, da busca de novos desafios, incluindo a capacidade de provar que é possível para uma pessoa de origem "pobre e humilde" frequentar a Pós-Graduação, atuando como um exemplo para a família e o círculo social mais imediato.

O ingresso na carreira docente é apontado como motivação principal por 17% dos candidatos; com 6% de incidência cada, aparecem a oportunidade de voltar a estudar, o ganho de novas experiências acadêmicas, o aprendizado geral e uma maior competitividade para enfrentar o mercado de trabalho.

A luta contra o racismo foi citada como a principal motivação por 4% dos candidatos. Quando observamos a incidência de cada uma dessas motivações por programas, notamos algumas especificidades. A luta contra o racismo, por exemplo, é mais expressiva como motivação entre os candidatos da UnB e da UFBA, tendo 10% de incidência em cada um desses programas.

A responsabilidade social é a motivação mais importante entre os candidatos da UFPE (citada por 87% deles). Entre os candidatos da UFS e da UFRB, essa motivação perde um pouco de sua força, correspondendo a 28% e 47% de citações, respectivamente. Na UFS, o principal propulsor da busca pela Pós-Graduação é a realização pessoal (56%) e, na UFRB, a realização de pesquisas de impacto (85%) — motivação principal também entre os candidatos da UFSCar (62%). A contribuição com a temática indígena tem maior destaque entre os candidatos da UFRR, com 21% de menções, e a temática afro-brasileira tem maior destaque na UnB e na UFBA (14% e 10%, respectivamente).

5. Perspectiva dos coordenadores: conquistas e desafios

Quais foram, na visão dos coordenadores, as principais conquistas e os principais desafios vivenciados ao longo da implementação e da execução dos cursos de formação pré-acadêmica? Para responder a essa indagação, convém observar inicialmente o desempenho objetivo dos programas.

Considerando como indicador objetivo de rendimento dos programas o percentual de alunos ingressantes em PPG entre os inscritos nos cursos, temos uma taxa de sucesso total de 14%, sendo o programa que mais aprovou alunos na Pós-Graduação o consórcio UFMG/UEMG, com 30% de taxa de sucesso, seguido pela UFSCar (22%), pela UFBA (18%) e pelo consórcio Unemat/UFMS e pela UFPR (com 17% de aprovação cada). Os programas que obtiveram as menores taxas de aprovação foram os da UFRR (2%) e do consórcio UEMS/UCDB (6%).

GRÁFICO 8

Taxa de aprovação (ingressantes) em PPG, de acordo com o programa

Base total: 1.197 alunos inscritos

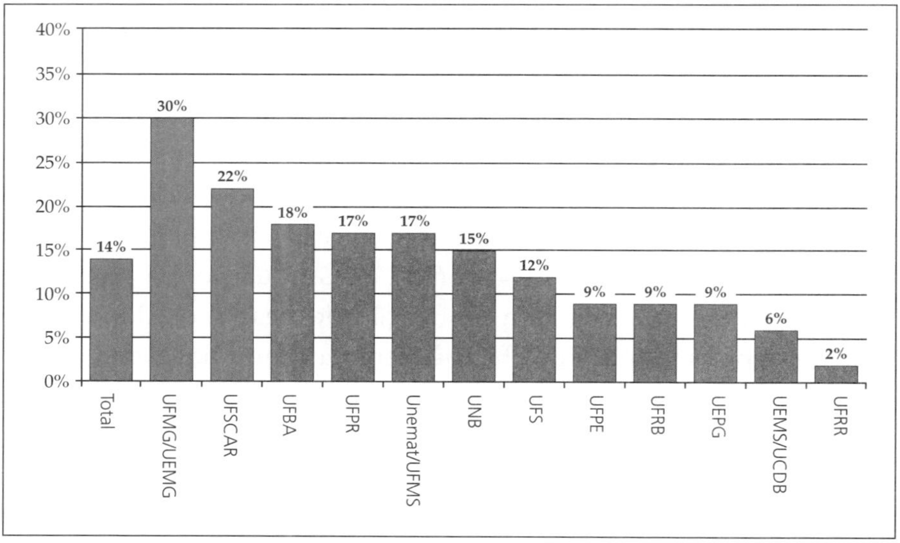

Fonte: Elaborado pelos autores.

Há uma série de fatores que ajudam a compreender a variabilidade dessas taxas objetivas de sucesso, como o perfil dos alunos, a estrutura e a formatação dos cursos (programas), o contexto institucional, entre outros. Aqui discutimos os principais acertos (forças) e dificuldades (fragilidades) enfrentados por cada um dos programas, com base na avaliação de seus coordenadores, agregando informações mais qualitativas a fim de melhor avaliar os impactos e o alcance de cada uma das experiências.

Para sopesar esse indicador objetivo, solicitamos aos coordenadores que atribuíssem uma nota ao nível de sucesso dos programas e justificassem essa avaliação. A média alcançada foi de 7,3, com mediana de 8, considerando que um dos coordenadores não atribuiu nota.

No caso dos programas que mais aprovaram alunos, as principais justificativas oferecidas giraram em torno do alcance de aprovações; foram enfatizados também ganhos mais qualitativos, como já ressaltado, no sentido da abertura do "universo" da Pós-Graduação a um público mais amplo e frequentemente excluído desse espaço acadêmico. Aparece também na fala de alguns dos coordenadores referência às experiências vivenciadas pelos alunos e à participação deles em processos seletivos, tendo avançado em fases intermediárias, ainda que não tenham conseguido efetivamente o ingresso.

Uma vez que nenhum dos coordenadores atribuiu nota máxima para caracterizar o nível de sucesso da iniciativa, solicitamos que nos explicassem por que não tiveram um "programa nota 10" e, no mesmo sentido, "o que mudariam hoje na oferta em busca desse desempenho nota 10". Os dois argumentos mais recorrentes apresentados como justificativa para não avaliarem seus programas com nota 10 remetem aos problemas enfrentados na execução, com referências ao desgaste vivenciado ao longo do processo de coordenação dos programas, em virtude, sobretudo, das dificuldades na gestão dos recursos financeiros e das altas taxas de evasão verificadas nos cursos. Na sequência, aparecem os baixos índices de aprovação de cursistas na Pós-Graduação e a falta de institucionalidade da iniciativa na universidade. Por fim, aparecem referências ao não alcance pleno do público-alvo almejado, seja em razão da dificuldade de atrair estudantes de outras áreas que não as Humanidades, seja pela dificuldade de angariar negros e indígenas.

Indagados acerca dos motivos aos quais atribuíam as taxas de aprovação inferiores às desejadas, os principais fatores mencionados apontavam o perfil dos alunos, cuja trajetória de formação estava marcada por uma grande defasagem em pesquisa e muitas vezes mesmo em língua portuguesa. A defasagem residiria não no aprendizado de conteúdos, mas na distância ou na ausência de uma cultura de Pós-Graduação. Para utilizar a expressão de um dos coordenadores ouvidos, o problema é a falta de "alfabetização científica". Assim, consideram que, dado o perfil dos alunos, os cursos deveriam ser mais densos, ter uma maior duração e de abordar com mais detalhe sobretudo o aspecto da metodologia de pesquisa, como já pontuado.

Embora a maioria dos coordenadores tenha sido crítica quanto às taxas de aprovação, é uníssono o apontamento de ganhos qualitativos de diversas ordens, sobretudo em termos políticos, no sentido de continuar a promover o avanço de políticas afirmativas e abrir a Pós-Graduação a perfis que ainda têm acesso restrito a esse nível de ensino. Em linhas gerais, é possível afirmar que as diversas iniciativas foram bem-sucedidas em alguma medida, seja por terem conseguido promover o ingresso efetivo de negros e indígenas na Pós-Graduação, seja por terem aberto as portas das universidades para um público tradicionalmente excluído desse espaço, iniciando um trabalho de construção e difusão de uma cultura de Pós-Graduação.

É inquestionável o ganho quantitativo, pois, embora inferior ao desejado, o fato de que mais da metade dos programas tenha obtido taxas de aprovação na Pós-Graduação acima dos 10% é considerável. Esse ganho é ainda mais significativo quando consideramos que essas experiências trouxeram também uma série de resultados qualitativos, sendo a grandeza "taxa de aprovação de alunos" um indicador imperfeito e limitado. Assim, há que se destacar logo de início que um dos ganhos qualitativos mais expressivos relatados por todos os coordenadores foi a disseminação de informações sobre o que é a Pós-

-Graduação e a aproximação desse universo a um público tradicionalmente mais distante dele. Nesse sentido, foi comum o emprego de termos como "empoderamento", "melhoria da autoestima", "ampliação da visão de mundo" e "encorajamento". Nas palavras de um dos coordenadores ouvidos, um dos maiores ganhos do programa foi "apresentar para o público-alvo de ações afirmativas que acessar a Pós-Graduação é algo possível e alcançável".

Embora a avaliação geral indique o sucesso de todas as experiências, há uma série de ajustes apontados como necessários para um melhor desempenho de programas desse tipo (formação pré-acadêmica). Esses ajustes passam por questões de gestão interna, dos formatos e conteúdos da oferta e de alternativas possíveis para se enfrentar as amarras das burocracias institucionais. Em termos da perspectiva dos coordenadores, destacamos três aspectos essenciais para compreender o desempenho mais qualitativo dos programas: 1) público-alvo visado *vs.* atingido; 2) gestão dos recursos financeiros e humanos e 3) nível de institucionalização da formação pré-acadêmica na universidade. Esses três aspectos permitem avaliar o nível de sucesso das iniciativas de forma mais ampla e identificar as principais fragilidades, reunindo sugestões para a replicabilidade de iniciativas de formação pré-acadêmica.

6. Perfil do público-alvo: almejado *vs.* atingido

Como já pontuado, o "Projeto Equidade" visava o público-alvo de ações afirmativas na graduação, investindo em sua preparação para o acesso à Pós-Graduação em áreas de pouca representatividade de negros e indígenas.

As principais explicações para a baixa procura de egressos de cursos de Exatas e Engenharias se devem ao baixo contingente de negros e indígenas com graduação nessas áreas e à dificuldade, ou mesmo à impossibilidade, de os coordenadores desenharem uma orientação adequada no âmbito de outras áreas de especialização que não as de seu domínio direto. São comuns relatos da necessidade de dedicação de tempo para pesquisa a respeito do formato e das demandas de processos seletivos em outras áreas que não aquelas dos coordenadores e/ou professores diretamente envolvidos no processo de formação (por exemplo, casos em que o grupo envolvido era da Educação e das Ciências Sociais, tendo alunos nas áreas de Ciências Sociais Aplicadas, Biologia etc.), e mesmo da busca por tutoria para acompanhamento dos alunos nessas áreas.

Alguns dos depoimentos apontavam, inclusive, a dificuldade de conseguir a adesão de pesquisadores/professores dessas (outras) áreas para participação no programa de formação pré-acadêmica, visto que, muitas vezes, num cenário de recursos escassos ou amarras institucionais, não tinham condições de remunerá-los, tornando-se difícil ampliar as áreas de preparação para além das Humanidades e atender alunos interessados, por exemplo, na Medicina, nas Engenharias etc., como demonstra o relato a seguir:

> [...] como uma das dimensões do projeto era justamente essa preparação do aluno para a Pós-Graduação, portanto, ajudar na elaboração de um projeto de pesquisa, e na preparação para a prova, nossas ações ficaram limitadas a isso. Como poderíamos ter um aluno, por exemplo, de medicina se a gente não sabe quais especificidades para o aluno entrar no mestrado ou no doutorado em medicina? Mesma coisa na engenharia, o que é requerido no projeto de pesquisa? E na prova? Então, eu acho que esse foi o elemento, o fator decisivo para a gente não conseguir angariar alunos de outras áreas. Nós não pudemos atuar em outras áreas porque não tínhamos *expertise* para atuar nessas áreas na preparação do aluno. O perfil foi predominantemente de alunos da própria universidade e alguns funcionários públicos. (Coordenador Programa, Centro-Oeste, 2014)

É preciso considerar também que, no processo de implementação dos programas, houve entendimentos diversos dos coordenadores sobre qual seria o público buscado e privilegiado para investimento em sua formação, e muitas vezes esse entendimento passou, como já ressaltado, pela factibilidade de se trabalhar com o perfil atraído. Alguns dos coordenadores compreenderam que o foco da formação deveria ser os estudantes (e egressos) oriundos do projeto de ação afirmativa da própria universidade, contribuindo, assim, para a consolidação de sua formação e seu ingresso na Pós-Graduação. Outros deliberadamente evitaram privilegiar esse público, por acreditarem que ele já estaria recebendo formação adequada para o ingresso na Pós-Graduação, sendo mais promissor abrir a universidade para um perfil que não havia tido acesso a uma formação de qualidade: um público cuja formação na graduação estaria mais defasada, focando também aqueles que haviam se graduado há mais tempo. Houve, ainda, alguns programas que priorizaram professores da rede pública do ensino fundamental e médio, outros não focaram nesses grupos, mas obtiveram grande procura por parte dele.

Os coordenadores fizeram também uma reflexão em torno do processo de divulgação dos cursos de formação pré-acadêmica, abrangendo o período de divulgação e o alcance dos canais utilizados. A principal consideração comum que eles fazem diz respeito ao tempo de divulgação, que poderia ser mais extenso — a maioria divulgou o edital entre 15 e 30 dias antes do início das turmas e alguns comentaram que o período não foi adequado, pois ocorreu durante as férias da universidade, por exemplo.

O principal canal de divulgação utilizado foi a internet, tanto via *site* da universidade, quanto via *e-mails* enviados a grupos específicos, como movimentos sociais, secretarias de educação e outras instituições locais. Há também menção à utilização de rádio, à fixação de cartazes e ao uso de redes sociais como *Facebook* e *Twitter* e *blogs*. Também foram mencionados meios que poderiam ser utilizados, especialmente mensagens via celular ou mesmo grupos no *WhatsApp*.

Ainda com relação ao público-alvo, um aspecto a ser considerado é a retenção dos alunos. Todos os programas mencionaram em seus relatórios narrativos à FCC os níveis de evasão. Os programas que tiveram maiores taxas de evasão foram aqueles que atraíram alunos de regiões mais distantes do local de oferta do curso de formação. As dificuldades de deslocamento foram uma das principais barreiras a serem enfrentadas. Outro fator que contribuiu para uma maior evasão foi o fato de muitos cursistas trabalharem. O acúmulo de tarefas em um período muito concentrado de tempo atuou, portanto, como desestímulo para alguns. As ofertas concentradas, com acúmulo de conteúdos em um curto espaço de tempo, tiveram, em geral, uma maior evasão, fato que levou alguns dos coordenadores a repensarem o formato de ofertas subsequentes para minimizar esse impacto adverso.

Por fim, merece destaque o elemento do perfil privilegiado nos programas como um dos fatores a explicar os índices de evasão. Aqueles programas que atraíram um grande percentual de pessoas que estavam muito distantes da vivência acadêmico-universitária, que pouco ou quase nada sabiam do que é uma Pós-Graduação, tiveram maiores taxas de evasão, juntamente com aqueles que atraíram alunos de localidades mais distantes.

A partir dessas experiências, fica evidenciado que um indicador-chave a ser considerado no planejamento de futuras iniciativas de formação pré-acadêmica é a distância dos alunos em relação ao universo acadêmico. Assim, para aqueles programas que optam por trabalhar com estudantes que tiveram pouco contato com a pesquisa ou que estejam há muito tempo fora da universidade, seria recomendável a realização de palestras e oficinais iniciais para sensibilização e um maior contato e elucidação sobre o que é e o que exige um curso de Pós-Graduação.

7. Gestão dos recursos financeiros e humanos

Solicitamos aos coordenadores que avaliassem o nível de dificuldade ou facilidade que tiveram ao gerir os recursos do projeto, sobretudo os financeiros e os humanos. Num primeiro momento, nos valemos de escalas diversas, que depois foram convertidas e padronizadas para a escala de notas de 1 a 10, em que 1 indica a pior avaliação possível e 10, a melhor.

O aspecto do processo de implementação e desenvolvimento dos projetos que gerou maiores dificuldades foi a gestão dos recursos financeiros: sete dos doze coordenadores, em sua maioria de universidades federais, avaliaram a gestão dos recursos financeiros como difícil ou muito difícil. Apenas três das experiências compreendendo universidades federais não classificaram a gestão dos recursos financeiros como difícil, sendo que duas delas tinham à frente da coordenação um docente envolvido no grupo gestor. Portanto, a burocracia interna das instituições federais é um dos fatores de maior impacto negativo na avaliação dos coordenadores no que se refere à gestão de recursos — seja via conta única, seja via fundação universitária. É importante registrar que um dos programas sequer conseguiu executar a primeira parcela da doação, estando em trâmite a devolução dos recursos. Numa escala de 1 a 10, a nota média foi 4,0, com mediana de 2,5.

Entre as reclamações dos coordenadores, estão as dificuldades no cumprimento dos prazos para efetuar pagamentos de pessoal, aquisição de materiais e contratação de serviços, rigidez na gestão de alíneas, sobretudo dificuldades em efetuar pagamentos aos docentes, além de eventos conjunturais, como greves de servidores técnico-administrativos. Os coordenadores atribuem essas dificuldades tanto ao desenho institucional quanto à resistência interna que ainda existe às iniciativas de ações afirmativas, como se pode observar no relato a seguir:

> E a gente às vezes tem entrave burocrático de técnicos da universidade, o processo não anda porque as pessoas travam o processo ou demoram no trâmite do processo, por conta do tema do processo. A gestão da minha universidade, que é uma gestão de oito anos, ela tem uma gestão cheia de contradições em relação às políticas afirmativas. As políticas afirmativas são assumidas no discurso, mas a universidade é cheia de entraves, e a gente tem concomitante um discurso universalista que é um discurso que joga contra. (Coordenador do Programa, Norte-Nordeste, 2015)

GRÁFICO 9

Avaliação do nível de dificuldade/facilidade na gestão dos recursos humanos e financeiros (escala: nota de 1 a 10)

Base total: 12 programas

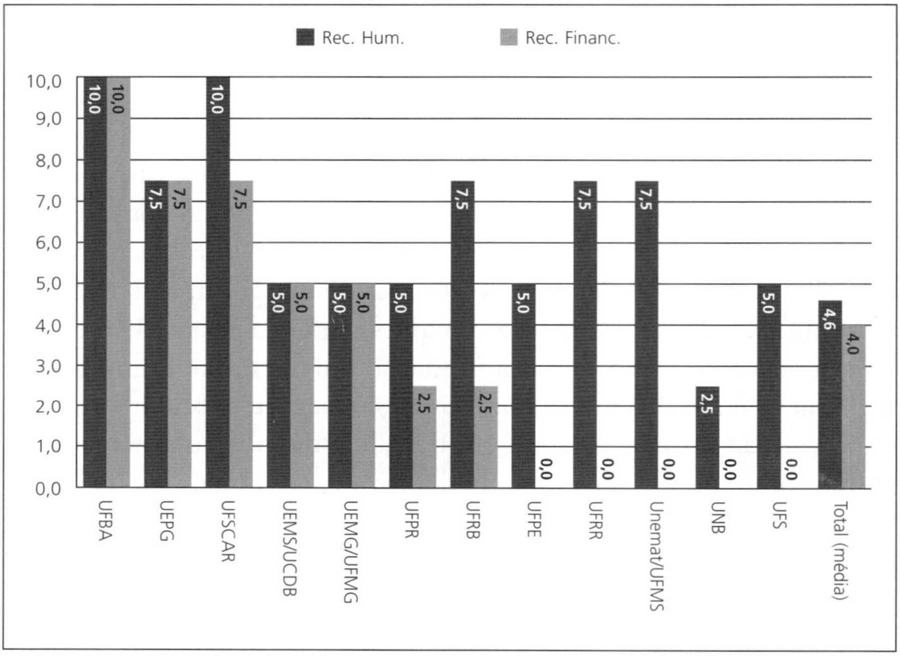

Fonte: Elaborado pelos autores.

Aspecto importante a ser notado é que, mesmo tendo considerado a gestão de recursos financeiros "fácil", "muito fácil" ou "nem fácil, nem difícil", alguns dos coordenadores de programas em parceria com universidades estaduais, quando indagados a respeito de por que não foi difícil administrar os recursos, responderam que, por estarem acostumados ao funcionamento da burocracia interna, anteciparam-se no enfrentamento dos entraves, trabalhando com prazos mais amplos ou mesmo se valeram de recursos de outros projetos ou outras fontes até que a liberação interna do recurso fosse efetivada.

Não foram incomuns relatos de dificuldades na gestão dos recursos humanos dessas iniciativas, ocasionadas pela dificuldade de movimentação de recursos financeiros, seja pela impossibilidade (ou demora em encontrar um meio) de pagar os docentes, seja pela impossibilidade de remunerar os tutores etc. O segundo aspecto de pior avaliação foi a administração dos recursos humanos, ou seja, da equipe ligada ao programa, decorrência direta dessa dificuldade de executar pagamentos e/ou contratações. A nota média para a facilidade na gestão dos recursos humanos foi 4,6, com mediana de 6,3.

Além das características internas ao desenho institucional, os coordenadores chamaram a atenção para a própria experiência pessoal de cada um com a gestão financeira de projetos dessa natureza. A maioria não tinha experiência prévia com projetos de formação pré-acadêmica, mas tinha alguma experiência com outros projetos de extensão. Foram poucos os coordenadores que já tinham uma longa trajetória na gestão de projetos de extensão e, em razão dessa familiaridade, tenderam a apontar menores dificuldades na gestão financeira, não porque elas não existissem, mas por estarem mais habituados a lidar com elas. Pouco mais da metade dos coordenadores, sete, para sermos exatas, estava na universidade em que o projeto foi desenvolvido há pelo menos cinco anos quando do início do curso e cinco deles se encontravam na instituição há menos tempo — o que pode impactar no conhecimento e no domínio do funcionamento das instâncias burocráticas internas.

Muitos coordenadores reconhecem que a atenção e o tempo dos docentes deveriam ser voltados a sua atividade fim, sua *expertise*, ou seja, às atividades acadêmicas mais do que à gestão financeira de recursos, e que deveria haver previsão de algum apoio para essa tarefa, uma alínea no financiamento que permitisse a contratação de uma pessoa (com experiência) para desempenhar essa tarefa, como se observa no relato a seguir:

> A primeira dificuldade foi nossa. Nossos colegas pesquisadores trabalham muito mal com a parte financeira. Como eu sou sobrecarregado

> de trabalho, eu toco um pouquinho do piano, carrego o piano para muita gente tocar. E quando a gente começou esse processo, o combinado é que eu não ficaria com essa parte administrativa. Aí, os meus colegas que ficaram não conseguiram fazer o processo, não entendiam o que a pró-reitoria de planejamento explicava. (Coordenador do Programa, Sul, 2015)

> Acho que ajudaria a previsão de contratação de um suporte administrativo, que pudesse fazer o trâmite da gestão financeira. (Coordenador do Programa, Sudeste, 2015)

Assim, as dificuldades na gestão dos recursos financeiros parecem resultar principalmente do desenho e do funcionamento da burocracia interna — especialmente, embora não somente, nas universidades federais. Somadas a isso estão a da falta de apoio institucional às iniciativas desse teor e a escassez de recursos humanos ligados aos projetos, o que sobrecarrega os docentes-coordenadores e os obriga a assumir diversas funções, cujos trâmites burocráticos lhes resultam, muitas vezes, pouco familiares.

As formas para minimizar os entraves na gestão dos recursos financeiros passam pelo planejamento articulado de iniciativas, o que possibilitaria aproveitar e otimizar a utilização de recursos; pela localização de pessoas-chave na instituição que possam auxiliar no andamento das demandas; pela possibilidade de remuneração via projeto de pessoa com experiência para lidar com as tarefas financeiras (desde pagamentos, tomadas de preço, compras, prestação de contas, se dedicando integralmente à interlocução com a burocracia interna) e também pela possibilidade de descentralização dos recursos, no estilo conta-pesquisador das agências de fomento de pesquisa.

As dificuldades na gestão tanto dos recursos financeiros quanto humanos levaram a uma avaliação de maior dificuldade na execução geral do programa. Instados a considerarem todos os aspectos envolvidos na realização do programa e a fazerem uma avaliação da facilidade nessa condução, a nota média obtida foi 4,6, com mediana 5,0.

GRÁFICO 10

Avaliação do nível de dificuldade/facilidade na execução geral do projeto (escala: nota de 1 a 10)

Base total: 12 programas

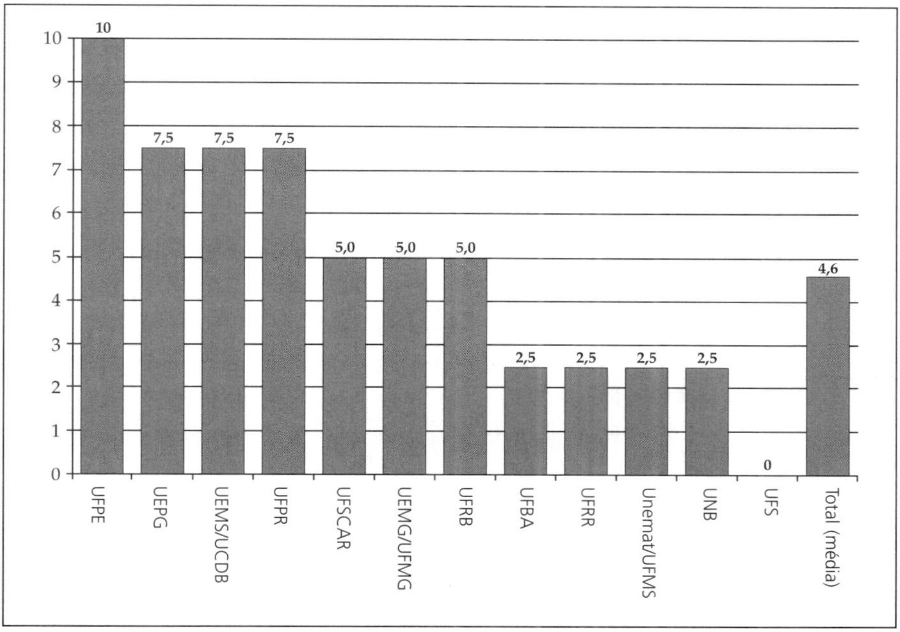

Fonte: Elaborado pelos autores.

O maior entrave mencionado foi a burocracia interna, acompanhado, em algumas universidades, pela ponderação do contexto institucional "menos simpático" às iniciativas voltadas aos negros e indígenas. É notória aqui a melhor avaliação feita pelos coordenadores que integravam posições de gestão no momento da implementação dos programas.

8. Nível de institucionalização

A institucionalização das iniciativas de equidade na Pós-Graduação, via promoção de programas de formação pré-acadêmica nas universidades, é um aspecto que não foi alcançado plenamente, havendo ainda resistências. Existe sim apoio, com iniciativas sendo concretizadas, mas elas acontecem muito isoladamente. Embora essas universidades tenham em sua agenda, em alguma medida, políticas de ação afirmativa e no discurso oficial não haja oposição aberta e direta, quando se trata da execução de iniciativas para além do ingresso na graduação, e em muitos casos mesmo nessa seara, tais ações não são vistas como prioritárias.

GRÁFICO 11

Avaliação do nível de institucionalização dos programas e do apoio recebido (escala: nota de 1 a 10)

Base total: 12 programas

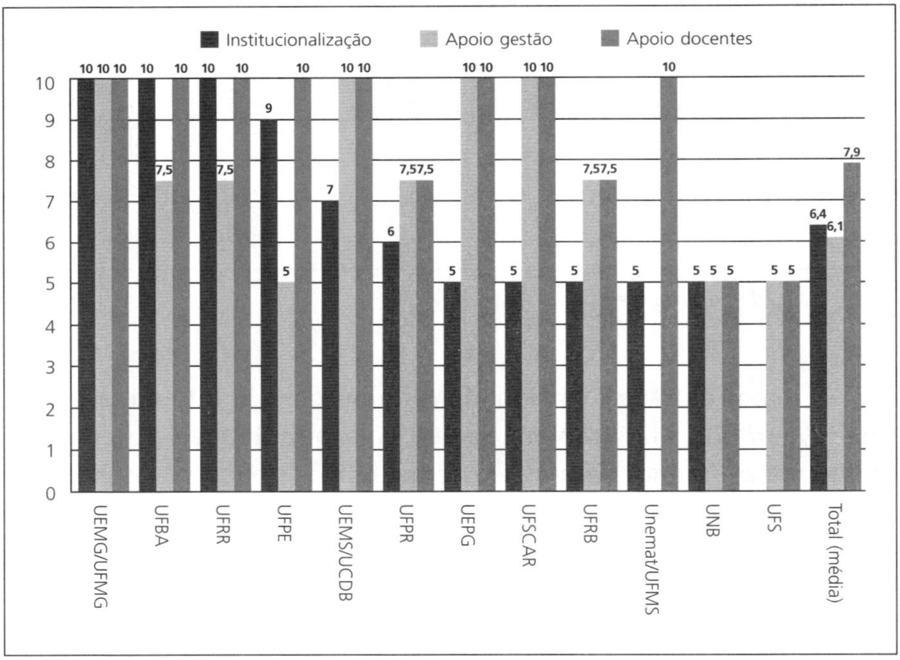

Fonte: Elaborado pelos autores.

Embora tenha feito uma avaliação mais positiva do que negativa do apoio recebido dos órgãos de gestão universitária, como pró-reitorias (média 6,1 e mediana 7,5 numa escala de 1 a 10), a maioria dos coordenadores destacou que o Projeto Equidade só foi possível em sua instituição em decorrência dos seguintes elementos: compromisso social de docentes e pesquisadores, seu envolvimento e vinculação pessoal ou de pesquisa com a temática das relações étnico-raciais, sua boa-fé, boa vontade e resiliência. Em muitas das entrevistas ouvimos dos coordenadores que o apoio voluntário de professores e pesquisadores comprometidos com a temática foi o que tornou possível a execução dos programas, frente às dificuldades e barreiras institucionais encontradas. De algumas falas é possível depreender que o fato de não haver oposição por parte dos gestores já pode ser interpretado como "apoio". Observa-se que a nota média ao apoio recebido pelos docentes foi de 7,9, com mediana 10,0, o indicador com melhor desempenho na avaliação da estrutura geral de apoio.

Ainda quando sinalizaram o apoio da gestão, alguns coordenadores apontaram as dificuldades colocadas por instâncias jurídicas, sobretudo o Ministério Público, que na fiscalização das fundações universitárias levava à necessidade de modificar procedimentos e formas de autorização para liberação de recursos. É curioso que mesmo aqueles que atribuíram notas mais elevadas justificaram sua avaliação referindo-se à continuidade das iniciativas do grupo de docentes e pesquisadores envolvidos com a proposta do programa e não à incorporação do programa no planejamento de iniciativas da própria universidade.

Assim, vemos que as iniciativas permanecem ainda muito dependentes de grupos específicos de docentes comprometidos com a causa. Mas já é possível vislumbrar mudanças, sobretudo naquelas instituições cujos docentes ligados à temática das relações raciais ocupam posições na gestão. Três dos onze coordenadores ouvidos mencionaram a aprovação de política de cotas em alguns programas de Pós-Graduação de sua instituição e um deles citou o envolvimento direto da instituição na discussão de um projeto de lei estadual sobre a promoção da equidade na Pós-Graduação.

A participação na concorrência do edital Abdias Nascimento[5] aparece nas falas sobre institucionalização: oito dentre as quinze universidades envolvidas no Projeto Equidade inscreveram propostas, o que indica que, apesar das dificuldades e das barreiras encontradas ao longo da execução do projeto e da percepção de ausência de prioridade da temática na agenda interna das universidades, a maioria dos coordenadores reconhece os ganhos da iniciativa e continua a buscar formas de financiar sua continuidade.

Seria injusto com aqueles que não concorreram atribuir essa atitude à desistência, ou ao (des)interesse pessoal, sendo importante frisar que o edital implicava o comprometimento da gestão, via reitorias das universidades, com a iniciativa.

Considerações finais

Aqui trouxemos os resultados gerais do processo de avaliação do Projeto Equidade. Buscamos analisar a efetividade e o alcance dos programas, ou seja, os resultados concretos de inserção de ex-cursistas em PPG, e também documentar, a partir da perspectiva dos coordenadores de cada uma dessas experiências, o processo de implementação e realização dos cursos, focando em seus acertos e dificuldades, com o objetivo de produzir informações para subsidiar o aprimoramento e a multiplicação desse tipo de iniciativa.

Assim, trabalhamos com um indicador objetivo de desempenho, a taxa de sucesso no ingresso em programas de pós-graduação (considerando como base o número total de alunos inscritos em cada programa), e nos baseamos também em indicadores subjetivos de

---

5. Essas informações foram verificadas junto aos coordenadores entrevistados e também no resultado da seleção do edital Programa de Desenvolvimento Acadêmico Abdias Nascimento — Formação Pré-Acadêmica de Acesso à Pós-Graduação, disponível em: <http://abdiasnascimento.mec.gov.br/files/public_resultado_proc_edital_01_28052014.pdf>. Acesso em: 2 jul. 2015.

percepção de sucesso, apoio institucional, acertos e equívocos dos programas, construídos com base no relato dos coordenadores. Cobrimos, portanto, duas frentes nessa avaliação:

(i) **o perfil dos candidatos**, pautando-nos na descrição de informações demográficas e socioeconômicas, na trajetória e na experiência acadêmicas prévias e nas expectativas em relação ao programa de formação pré-acadêmica e à Pós-Graduação. As informações foram obtidas a partir do formulário de inscrição nos programas, num total de 1.995 candidatos dos quais conseguimos recuperar informações (86% do total);

(ii) **o perfil dos cursos (programas)**, focando em suas características (como foram estruturados em termos de atividades e currículo), na implementação e na execução (descrevendo eventuais intercorrências) e nos resultados alcançados em termos de ingresso efetivo e de ganhos qualitativos não facilmente quantificáveis. As informações foram prestadas pelo coordenador de cada um dos doze programas, em relatórios e formulários. Ao final, realizamos entrevistas qualitativas, buscando aprofundar e especificar aspectos da implementação dos cursos e de sua condução.

Num retrato geral dos programas, temos que ao todo foram abertas 32 turmas, que receberam 2.326 inscrições (candidatos), 1.197 matrículas (alunos inscritos). Contudo, pouco mais da metade desses inscritos concluíram o curso (o número exato é difícil de precisar, pois os programas não documentaram todas as desistências). Até o primeiro semestre de 2015, foram notificados 165 ex-alunos aprovados (ingressantes) em programas de Pós-Graduação. Ou seja, a taxa geral de sucesso foi de 14% no total, considerando o número de alunos inscritos nesses programas. A taxa de aprovação teve uma amplitude de 28 pontos percentuais, sendo que o programa que menos reportou aprovações contabilizou 2% de ex-cursistas aprovados e o que mais reportou, 30% de aprovação. Considerando apenas o total de concluintes, temos algo em torno de 25% de aprovação em programas de Pós-Graduação.

Analisando friamente a taxa de sucesso, pode parecer que 14% do total de alunos ingressantes (e algo em torno de 25% do total de concluintes) é um resultado inferior ao desejado. Mas quando consideramos o perfil dos cursistas dessas turmas, as dificuldades que a maioria dos programas enfrentou para tornar possível a realização dessas iniciativas e os ganhos qualitativos obtidos, esse percentual passa a ser bastante expressivo. Como pontuado ao longo do capítulo, entre os ganhos qualitativos podem ser destacados os seguintes: disseminação de informação, construção e difusão da "cultura de pós-graduação", "empoderamento" e "encorajamento" de grupos minoritários na Pós-Graduação e, principalmente, o ganho político no sentido de avanço de políticas afirmativas, abrindo a Pós-Graduação a perfis de estudantes que ainda têm pouco acesso a esse nível de ensino.

Uma das preocupações da avaliação foi entender e dar sentido à variabilidade nas taxas de sucesso dos programas — aos resultados quantitativos alcançados por eles. Nesse sentido, pudemos observar um aspecto central que ajuda a entender essa variabilidade: diferenças no perfil do público-alvo (candidatos/alunos), pesando sobretudo a trajetória pregressa e a familiaridade com a linguagem de pesquisa. Um aspecto que chamou a atenção é que 83% dos candidatos exerciam atividade remunerada, o que pode ter tido impacto nas taxas de evasão. Entre as características do perfil dos candidatos/alunos que mais parecem influenciar a variabilidade da taxa de sucesso, está a experiência prévia com pesquisa e Pós-Graduação: apenas 23% deles tiveram contato com IC, 41% haviam cursado pós-graduação *lato sensu* e 18% já haviam se candidatado anteriormente a PPG *stricto sensu*. Os resultados objetivos sugerem que as chances de sucesso no ingresso são maiores entre os que fizeram iniciação científica e tinham maior contato com a Pós-Graduação.

Em relação ao desenho dos programas, solicitamos aos coordenadores que avaliassem os diversos aspectos de implementação e condução: apoio institucional, apoio do corpo docente dos departamentos envolvidos, administração dos recursos humanos, administração dos recursos financeiros e institucionalização da experiência na universidade. O quesito que obteve a pior avaliação foi a gestão de recursos financeiros, o que se refletiu na administração dos recursos humanos. É importante notar que alguns coordenadores relataram relacionamento muito positivo e outros muito negativo com a gestão universitária — lembrando que três dos programas tinham coordenadores ligados à gestão e foram os que disseram fluir melhor nesse aspecto. O quesito mais bem avaliado foi a relação com o corpo docente, havendo a percepção difundida de que os programas só foram possíveis, em muitas dessas universidades, pela dedicação voluntária de docentes e pesquisadores envolvidos com a temática das relações étnico-raciais.

Assim, de forma resumida, podemos apontar como as maiores dificuldades relatadas a gestão financeira, a evasão de alunos e a centralidade da área de Humanidades no público que buscou esses cursos.

Com base na leitura dos coordenadores dessas diversas experiências, recolhemos informações que apontam a necessidade de ajustes, passando pela gestão interna, pela seleção de candidatos e público-alvo almejado e pelo formato e conteúdo das ofertas.

Em termos de gestão interna, o principal desafio é a gestão dos recursos financeiros, havendo sugestões de adotar o modelo de agências de fomento de pesquisa, utilizando uma conta-pesquisador ou de centralizar os recursos pela agência de fomento, que realizaria pagamentos diretos, via comprovação de despesas autorizadas.

O segundo desafio em termos de gestão interna é a baixa institucionalidade das iniciativas, assinalando a escassez de recursos humanos, havendo forte dependência dos programas em relação à resiliência e à dedicação voluntária dos docentes e pesquisadores envolvidos com a temática das relações raciais.

Em termos do processo seletivo e do público-alvo, os ajustes passam pela consideração da distância dos cursistas em relação ao universo acadêmico. A prioridade deveria ser investir na preparação de estudantes em vias de conclusão do ensino superior (ou recém-egressos), que já tiveram contato prévio com a IC ou deveria ser aqueles que estão fora da universidade há mais tempo (ou os egressos de redes privadas de menor prestígio). Dependendo do perfil almejado, o desenho do curso deve se ajustar.

O conteúdo trabalhado nos cursos deve considerar, independentemente do contato anterior dos candidatos com a pesquisa, o nível de (des)informação sobre o que é a Pós-Graduação e as demandas de um PPG. A sugestão é incorporar ao processo de formação palestras e oficinas de sensibilização. Assim, acreditam os coordenadores, as taxas de evasão poderiam ser minimizadas.

O terceiro fator a ser considerado no processo seletivo é a distância física: alunos que residiam em áreas muito distantes do local de realização da formação apresentaram maiores dificuldades de deslocamento, o que ajuda a explicar os índices de evasão. Em alguns cenários, a utilização de ferramentas de educação a distância (EAD) se coloca como apoio. Mas dependendo do perfil de cursistas, sobretudo nos programas que trabalharam com população indígena, a utilização de EAD não é viável. Portanto, deve-se levar em conta a distância física e as dificuldades que ela impõe ao planejamento das atividades.

No que se refere à seleção, o principal desafio foi a atração do público-alvo de ações afirmativas para a Pós-Graduação em áreas de pouca representatividade de negros e indígenas (como as Engenharias, o Direito, a Medicina etc.). A compreensão dessa dificuldade passa pelo baixo contingente de negros e indígenas egressos do ensino superior nessas áreas. Passa também pela dificuldade de desenhar uma orientação adequada no âmbito de outras áreas de especialização que não as do domínio direto dos coordenadores, todos oriundos das Humanidades. E, por fim, pela falta de interesse ou disponibilidade de professores dessas outras áreas para atuarem em parceria com projetos dessa natureza. Essas dificuldades precisam ser contempladas no planejamento de iniciativas desse perfil que almejem atrair cursistas para áreas fora das Humanidades.

Por fim, em termos de formato e conteúdo dos cursos, há consenso entre os coordenadores em torno da importância das atividades de metodologia de pesquisa, tutoria e acompanhamento constante e próximo, leitura e produção textual. E há também a percepção de que os cursos de línguas atuam de forma a proporcionar aos candidatos um contato e uma sensibilização com línguas estrangeiras, sobretudo o inglês, reduzindo sua rejeição e o medo de enfrentá-las, não sendo, contudo, possível proporcionar aprendizado completo em um espaço tão curto de tempo.

No que se refere ao formato, é preciso considerar o perfil do público ao se adotar ofertas concentradas ou extensivas (de maior duração). Nesse planejamento, considerar a possibilidade e a viabilidade de junção com estratégias de EAD. Por fim, é preciso considerar também se as atividades serão ofertadas aos fins de semana ou ao longo da semana — sendo consenso a vantagem do último formato quando possível, por permitir uma maior participação nas atividades de grupos de pesquisa, seminários, palestras, enfim, na rotina da vida universitária.

Em conclusão, é possível afirmar que os programas tiveram um bom desempenho, conseguindo em maior ou menor grau a promoção do ingresso efetivo de negros e indígenas na Pós-Graduação. É preciso considerar, no entanto, que essa avaliação é ainda parcial, pois processos de formação para a Pós-Graduação são de longa duração, continuando a haver relatos de ingresso de ex-cursistas em PPG ao longo do tempo.

Apreendemos, por meio dessas diversas experiências, que houve ganhos quantitativos significativos, mas especialmente ganhos qualitativos e políticos no sentido de fazer avançar uma agenda de políticas afirmativas na educação brasileira.

Referências

ARTES, Amélia Cristina Abreu. Estudantes de Pós-Graduação no Brasil: distribuição por sexo e cor/raça a partir dos censos demográficos 2000 e 2010. In: REUNIÃO ANUAL DA ANPED, 36., 2013, Goiânia. Sistema Nacional de Educação e Participação Popular: desafios para as políticas educacionais, 2013.

BARRETO, Paula Cristina da Silva. Gênero, raça, desigualdades e políticas de ação afirmativa no ensino superior. *Revista Brasileira de Ciência Política*, v. 16, p. 39-64, jan./abr. 2015.

CAPUCHINHO, Cristiane. No curso de medicina, apenas 2,7% dos formandos são negros. *UOL*, São Paulo, 20 maio 2013. Disponível em: <http://educacao.uol.com.br/noticias/2013/05/20/negros-ainda-sao-minoria-entre-formados-no-ensino-superior.htm>. Acesso em: 29 nov. 2015.

PAIXÃO, Marcelo (Org.). *Relatório anual das desigualdades raciais no Brasil*: 2009-2010. Rio de Janeiro: UERJ, 2010.

ROSEMBERG, Fúlvia; MADSEN, Nina. Educação formal, mulheres e gênero no Brasil contemporâneo. In: BARSTED, Leila Linhares; PITANGUY, Jacqueline (Orgs.). *O progresso das mulheres no Brasil 2003-2010*. Rio de Janeiro/Brasília: Unesco, 2011. v. 1, p. 390-433.

TOKARNIA, Mariana. Negros representam 28,9% dos alunos da Pós-Graduação. *Agência Brasil*, 13 maio 2015. Disponível em: <http://agenciabrasil.ebc.com.br/educacao/noticia/2015-05/negros-representam-289-dos-alunos-da-pos-graduacao>. Acesso em: 29 nov. 2015.

CAPÍTULO 2

Afirmação na Pós-Graduação:
experiências, tensões, articulações e deslocamentos de uma proposta de ações afirmativas na Pós-Graduação em Minas Gerais

Shirley Miranda (UFMG)
Vanda Lucia Praxedes (UEMG)
José Eustáquio de Brito (UEMG)

Em 2002, a Organização das Nações Unidas para a Educação, a Ciência e a Cultura (Unesco) divulgou dados sobre a situação socioeconômica da população negra no Brasil analisados por Ricardo Henriques (2002), que evidenciou a naturalização da desigualdade e seu componente racial:

> A intensa desigualdade racial brasileira, associada a formas usualmente sutis de manifestação da discriminação racial, impede o desenvolvimento das potencialidades e o progresso social da população negra. A investigação dos contornos econômicos e sociais da desigualdade entre brasileiros brancos e brasileiros afrodescendentes apresenta-se como prioridade para construir uma sociedade democrática, socialmente justa e economicamente eficiente. A educação emerge como uma dimensão central dessa investigação na medida em que participa do conjunto mínimo de oportunidades sociais básicas que contribuem para assegurar equidade e justiça social. (Henriques, 2002, p. 12)

A ênfase conferida à educação no estudo de Henriques (2002) demonstrou o funcionamento oculto de um mecanismo que colabora para a persistente composição racial da pobreza. Os índices de escolaridade da população brasileira, desagregados pelo critério raça/cor, evidenciaram que, "apesar da escolaridade média de brancos e negros crescer de forma contínua ao longo do século XX, a diferença de 2,3 anos de estudo entre jovens brancos e negros de 25 anos de idade é a mesma observada entre os pais desses jovens" (Henriques, 2002, p. 39-40). Esse paralelismo manteve-se inerte durante todo o século passado conforme os dados arrolados sobre escolaridade média dos adultos brancos e negros nascidos entre 1927 e 1974. A esses dados soma-se o indicador de que em 1997 o número de brancos com curso superior completo (15 anos ou mais de estudo) superava em cinco vezes o número de negros na mesma situação. As evidências incontestáveis do padrão de discriminação racial, inalterado mesmo diante dos progressivos avanços no sistema escolar, mobilizaram instituições de ensino superior públicas a elaborarem políticas de acesso e permanência da população negra no ensino superior, com ênfase na promoção de políticas de ação afirmativa como a adoção de mecanismos de reserva de vagas na modalidade de cotas para afrodescendentes.

As universidades estaduais tomaram a dianteira na implementação de políticas de ação afirmativa no ensino superior, com destaque para a Universidade do Estado do Rio de Janeiro (UERJ) e a Universidade Estadual do Norte Fluminense Darcy Ribeiro (UENF), cujos primeiros vestibulares com adoção do sistema de cotas ocorreram em

2001 e atraíram a atenção da grande imprensa e da opinião pública. Segundo Nilma Gomes (2007), em 2005 havia oito universidades estaduais, entre elas a Universidade do Estado de Minas Gerais (UEMG)[1] que implementavam cotas para negros em seus vestibulares, contra seis federais. Entre as universidades federais, a primeira a aderir ao sistema de cotas foi a Universidade de Brasília (UnB). O processo entre as universidades federais foi gradativo e registrou uma ascensão em 2008, com a adesão de 53 universidades.

Durante esse período de experiências de implementação de sistemas de reserva de vagas para ingresso no ensino superior na modalidade de cotas, observou-se uma intensa mobilização de movimentos sociais negros, de institutos de pesquisas, governos e agências internacionais em torno do debate sobre desigualdades educacionais persistentes em nosso país. O tema ultrapassou os muros das universidades para ser pauta de acaloradas discussões e posicionamentos que tomaram conta do aparato midiático.

Para além das várias experiências ocorridas em universidades públicas estaduais e federais, o debate sobre ações afirmativas e cotas no ensino superior, polarizado pelas repercussões da ideologia da democracia racial, alcançou o aparato jurídico e engendrou uma disputa por reconhecimento inédita no país. Essa efervescência culminou com a ação de arguição de descumprimento de preceito constitucional fundamental requerida, em 2009, pelo então Partido Democrata (DEM) junto ao Supremo Tribunal Federal (STF). Em 2012 o Tribunal, por unanimidade e nos termos do relator, julgou improcedente a arguição. Não propomos aqui uma análise dos argumentos em causa. Apenas assinalamos que os debates sobre "cotas raciais" instauraram uma prática discursiva que permitiu colocar em questão os parâmetros que estabeleceram a identidade nacional, possibilitando o deslocamento de

1. As universidades estaduais que haviam implantado o sistema de cotas em seus processos de ingresso até 2005 eram as seguintes: Universidade do Estado do Rio de Janeiro (UERJ), Universidade Estadual do Norte Fluminense (UENF), Universidade do Estado da Bahia (UNEB), Universidade Estadual de Mato Grosso do Sul (UEMS), Universidade do Estado do Amazonas (UEA), Universidade Estadual de Londrina (UEL), Universidade do Estado de Minas Gerais (UEMG), Universidade Estadual de Montes Claros (Unimontes).

uma brasilidade homogênea para uma sociedade que se representa plural do ponto de vista étnico-racial e dissonante no que se refere ao ideal de nação. É nesse contexto amplo de práticas e discursos desestabilizados que se inserem projetos e programas para garantir o direito ao acesso e à permanência no ensino superior, entre os quais se situam o Programa Ações Afirmativas na Universidade Federal de Minas Gerais (UFMG) e o Núcleo de Estudos e Pesquisas sobre Educação e Relações Étnico-Raciais (Neper) da UEMG. Cabe assinalar que o mecanismo de reserva de vagas na modalidade de cotas circunscreve parte das respostas ao desafio de romper a racialização presente no topo do sistema educacional brasileiro.

Paralelamente ao debate sobre ações afirmativas no ensino superior no nível da graduação, a parceria estabelecida entre a Fundação Ford e a Fundação Carlos Chagas (FCC) em 2001 proporcionou a implementação do Programa Internacional de Bolsas de Pós-Graduação da Fundação Ford, que além do Brasil se fez presente em mais 21 países do mundo.[2] Dessa forma, o debate acerca das desigualdades presentes no sistema educacional brasileiro passou a incorporar o nível da Pós-Graduação *stricto sensu*, ampliando ainda mais a consciência sobre a necessidade de desenvolvimento de ações afirmativas no ensino superior.

Feitas essas considerações iniciais, este texto pretende tematizar aspectos atinentes ao projeto e ao desenvolvimento do Curso de Formação Pré-acadêmica Afirmação na Pós, executado por meio de um consórcio entre as Faculdades de Educação da UFMG/Programa Ações Afirmativas na UFMG e UEMG/Neper.

1. Afirmação na Pós-Graduação: caminhos para a equidade

Criado em 2001, o Programa Ações Afirmativas na UFMG tem por objetivo o desenvolvimento de ações de ensino, pesquisa e extensão

2. Para uma análise acerca do desenvolvimento do programa em nosso país, remetemos o leitor ao artigo de Fúlvia Rosemberg (2013) apontado nas referências.

visando à garantia da permanência bem-sucedida de estudantes negros(as) na graduação da universidade. De acordo com Nilma Gomes (2007, p. 250), o foco principal do programa é "o investimento nos jovens atendidos, com vistas a possibilitar-lhes uma formação de qualidade e um espaço acadêmico democrático para que possam desenvolver suas potencialidades e competir em igualdade de condições nos setores em que desejam atuar". Esse objetivo aliou-se ao fomento da discussão racial no interior da universidade[3] a fim de ampliar as formas de inserção de estudantes afrodescendentes no ensino superior.

A trajetória das ações para garantia do acesso e permanência de estudantes negros na UEMG teve seu impulso no ano de 2004 a partir da aprovação da Lei Estadual n. 15.259 em 2004,[4] que instituiu o mecanismo de cotas para afrodescendentes, portadores de deficiência, indígenas e egressos de escolas públicas para ingresso nas instituições públicas estaduais de ensino superior. No contexto de aprovação da referida Lei, a UEMG criou seu Núcleo de Estudos Afro-Brasileiros, que, em 2010, passou a ser denominado Núcleo de Estudos e Pesquisas sobre Educação e Relações Étnico-Raciais (Neper). A partir do Neper, a UEMG tem desenvolvido estudos para avaliar o desempenho acadêmico dos estudantes cujo ingresso se deu pela política de reserva de vagas.

---

3. A UFMG foi uma das universidades federais mais resistentes à adoção das cotas. Em 2008, quando se comemoraram os 120 anos da abolição formal da escravidão, após o confronto com os dados sobre desigualdades raciais publicados pelo Instituto de Pesquisa Econômica Aplicada (Ipea), a Pró-Reitoria de Graduação elaborou a proposta de adoção de bônus adicional à nota do/a candidato/a ao vestibular da UFMG oriundo de escola pública. Após discussões nas instâncias deliberativas com a participação de discentes, técnicos-administrativos e movimentos sociais, acordou-se a inclusão do recorte étnico-racial à proposição, que consistiu em um bônus adicional de 10% na nota das provas dos/as candidatos/as que tenham cursado os sete últimos anos da educação básica em escola pública e mais 5% para aqueles que, na mesma condição, se autodeclarem negros/as (pretos/as e pardos/as). Esse mecanismo vigorou até a promulgação da Lei n. 12.711, de 2012, a qual dispõe sobre o ingresso nas universidades federais e instituições federais de ensino médio.

4. A Lei Estadual n. 15.259/2004 instituiu o sistema de reserva de, no mínimo, 45% das vagas dos cursos de graduação na seguinte proporção: 20% para afrodescendentes, 20% para egressos de escola pública, 5% para pessoas com deficiência e indígenas.

As trajetórias distintas nas propostas de ações afirmativas em duas universidades públicas presentes no estado de Minas Gerais apontam desafios da institucionalização de políticas de ações afirmativas de estudantes negros/as no ensino superior, entre os quais se encontra a consolidação, nas duas instituições, de mecanismos de permanência e ampliação do escopo para alcançar o nível da pós-graduação *stricto sensu*. A aproximação entre os dois núcleos (Programa de Ações Afirmativas na UFMG e Neper/UEMG) tem sido uma estratégia de fortalecimento institucional mútuo. A participação no edital público do Programa de Formação Pré-acadêmica: Equidade na Pós-Graduação, em 2012, estabeleceu-se por meio de consórcio entre essas duas universidades e ampliou substancialmente a parceria. A formação do consórcio para o desenvolvimento do programa demandou o estabelecimento de uma cooperação em termos de compartilhamento de infraestrutura — salas de aula, bibliotecas, equipamentos e suportes de informática existentes nas instituições —, bem como o planejamento articulado das ações. Optou-se também pelo funcionamento de turmas em cada uma das instituições para que o curso tivesse visibilidade nos dois espaços acadêmicos.

Com a intenção de promover ações articuladas entre os núcleos de estudos e os programas que promovem ações afirmativas no ensino superior instalados no município de Belo Horizonte, firmou-se também um convênio com o Centro Federal de Educação Tecnológica de Minas Gerais (Cefet-MG), por meio do Núcleo de Estudos Afro-Brasileiros. Outros programas da UFMG como o Conexões de Saberes, o Observatório da Juventude e o Observatório da Educação Escolar Indígena aderiram a essa proposta de preparação pré-acadêmica para ingresso em Programas de Pós-Graduação *stricto sensu*. Foi por meio dessa ampla parceria que se constituiu a equipe do curso,[5]

5. Na equipe de docentes do curso de Formação Pré-Acadêmica Afirmação na Pós contamos com dois professores egressos de programas de bolsas da Fundação Ford: doutor José Eustáquio de Brito (UEMG) e doutora. Silvani Valentim (Cefet-MG). O corpo docente foi constituído por profissionais vinculados a cada uma das instituições e programas parceiros e por quatro estudantes de Pós-Graduação, três doutorandas e uma mestranda. Contamos também com contribuições pontuais de docentes não vinculados/as à proposta, aos/às quais expressamos aqui o agradecimento.

denominado "Afirmação na Pós",[6] numa alusão ao objetivo de problematizar a ausência de determinado perfil de estudantes nos Programas de Pós-Graduação de modo a provocar o debate sobre ações afirmativas em nível de Pós-Graduação nos programas existentes nas instituições parceiras.

2. A proposta do curso

O curso Afirmação na Pós adotou como objetivo geral preparar candidatos/as para a seleção em Programas de Pós-Graduação *stricto sensu* com base em um desenho curricular, destacado no Quadro 1, do qual constavam disciplinas e dispositivos que ultrapassavam o modelo disciplinar, como seminários e rodas de conversa articulados pela análise crítica dos projetos de pesquisa.

QUADRO 1

Grade de disciplinas do curso Afirmação na Pós

Disciplina	Carga Horária
Metodologia de Pesquisa	45 h
Leitura e Produção de Textos Acadêmicos em Português	45 h
Leitura de Textos Acadêmicos em Língua Inglesa	45 h
Cultura Informacional, Fontes de Informação Científica e Pesquisa Acadêmica em Ambientes Digitais: Aspectos Teóricos e Metodológicos	30 h
Introdução à Metodologia Quantitativa	30 h
Análise Crítica da Prática Pedagógica e Tutoria Seminários e rodas de conversa	45 h

Fonte: Dados do Projeto de Extensão: Formação Pré-Acadêmica de Jovens Negros para entrada na Pós-Graduação. UFMG/PROEX, 2012.

6. O curso de Formação Pré-Acadêmica: Afirmação na Pós foi aprovado nas instâncias acadêmicas como curso de extensão, em nível de aperfeiçoamento, com duração de 240 horas/aula, cadastrado na Pró-Reitoria de Extensão (Proex) da UFMG. Para a certificação dos/as cursistas, houve a exigência mínima de 75% de frequência e 60% de aproveitamento de acordo com os critérios de avaliação de cada disciplina.

Destaca-se que duas disciplinas — Leitura e Produção de Textos Acadêmicos e Leitura de Textos Acadêmicos em Língua Inglesa — visavam a compensar dificuldades acumuladas pelos/as estudantes ao longo de suas trajetórias acadêmicas. As disciplinas de caráter metodológico se articulavam à elaboração dos projetos de pesquisa. O desenho curricular previu, ao final das disciplinas, um processo de acompanhamento individual da inscrição e da participação em processos de seleção em, pelo menos, três programas de Pós-Graduação, incluindo a elaboração final dos projetos de pesquisa.

Dois dispositivos da proposta curricular merecem destaque, tanto pelos objetivos estratégicos que articulam quanto pela função pedagógica de ampliar o desenho curricular para além do modelo disciplinar estrito. O primeiro dispositivo diz respeito à aula inaugural, planejada como uma estratégia para mobilizar o debate sobre a urgência de institucionalização de medidas de ações afirmativas em Programas de Pós-Graduação. No início do percurso de cada uma das quatro turmas, a aula inaugural realizou-se como um evento aberto ao público interessado e contou com a presença institucional das universidades envolvidas e convidadas, lideranças de movimentos sociais e de egressos de programas de ações afirmativas no ensino superior. Além da análise sobre o tema, os/as participantes do evento se defrontaram com os relatos dos/as estudantes selecionados para o curso sobre sua trajetória e perfil. Dessa forma, tanto os/as estudantes eram instados/as a perceber que sua trajetória individual não era solitária e, portanto, desnaturalizava-se o padrão de subalternidade sócio-racial, quanto os/as representantes das instâncias institucionais envolvidas — direções de unidades, pró-reitorias, professores/as de cursos de Pós-Graduação[7] — eram confrontados/

7. Durante a realização do Afirmação na Pós, a equipe de coordenação realizou várias tentativas de debates e convites a coordenações e colegiados de programas de pós-graduação. Obtivemos êxito somente em duas investidas: o programa da Faculdade de Educação da UFMG e o programa de Psicologia da mesma universidade. Contamos com a participação de professores/as desses e de outros programas de Pós-Graduação em nossas atividades — aula inaugural, rodas de conversa e o Seminário Ações Afirmativas na Pós-Graduação: Desafios e Perspectivas.

as com a necessidade de considerar os aspectos em jogo nas propostas de graduação e pós.

Outro dispositivo importante do desenho curricular foram os seminários, que acabaram por se constituir em "rodas de conversa" com professores/as e pesquisadores/as, especialmente negros/as, já mestres/as e doutores/as, que tiveram trajetórias acidentadas, passaram por Programas de Pós-Graduação, defenderam seus respectivos mestrados e doutorados, muitas vezes em condições adversas, e lograram êxito tanto acadêmico quanto profissional. Esses relatos serviram de estímulo e espelho no percurso desses/as estudantes/as que pretendiam dar continuidade a sua formação acadêmica.

A combinação desses dois modelos — aula inaugural e roda de conversa — foi adotada na promoção do Seminário Ações Afirmativas na Pós-Graduação: Desafios e Perspectivas, realizado em 2013 com o apoio do Programa Equidade na Pós-Graduação. Esse seminário teve por objetivos centrais refletir sobre o acesso dos chamados grupos sub-representados à Pós-Graduação e mobilizar o debate sobre ações afirmativas nesse âmbito e contou com a participação de outras experiências do Programa Equidade. As reflexões produzidas nesse seminário a partir dos relatos de estudantes egressos/as do curso Afirmação na Pós nos auxiliaram na compreensão das dinâmicas que a iniciativa de formação pré-acadêmica instaurou no contexto das instituições. De acordo com os/as egressos/as, é notável a contribuição do curso na instalação daquilo que nomearam como *disciplina acadêmica*, mais precisamente, a organização adequada das estratégias de estudo, incluindo o acesso a fontes de informações, localização de periódicos e outras modalidades de referência bibliográficas, participação em defesas de dissertações e teses, o reconhecimento de grupos e linhas de pesquisa, entre outros canais de produção e difusão do conhecimento científico. As estratégias de solidariedade entre estudantes e a aproximação com docentes das universidades foram indicadas como elementos potencializadores da inserção segura no ambiente de pesquisa. Verificou-se que a problematização de trajetórias de exclusão, até então naturalizadas, tema presente em praticamente todas as disciplinas do curso, contribuiu não só para a construção de autoimagens positivas, mas possibilitou identificar problemas de pesquisa que colaboraram para análises científicas de dinâmicas sociais.

No que se refere ao debate gerado pelos dados de ingresso de grupos sociais sub-representados na Pós-Graduação, a polêmica ações afirmativas *vs.* meritocracia foi uma constante no Seminário de 2013 e nos remeteu a uma reflexão mais detida sobre o tema a partir do perfil dos estudantes.

3. Para além da estratégia curricular: quem são os/as estudantes?

A quem se destinava o curso? A elaboração da proposta a partir do problema da reduzida presença de estudantes negros/as no ensino superior foi relida a partir do objetivo do programa Equidade na Pós-Graduação, que se propôs a atingir os grupos sub-representados nesse nível de ensino. Em nossa tematização, essa sub-representação resulta, de um lado, da função social que é própria à instituição universitária, a qual integra o sistema de opressões ao reproduzir ausências e silenciamentos de formas de conhecimento e de saberes dentro do processo de educação no ensino superior. Por outro lado, ou em consequência, a análise dos grupos sub-representados no ensino superior sustenta-se na teorização desenvolvida por Santos (2010, p. 32) acerca das linhas radicais que dividem a realidade social em dois universos distintos, metaforicamente,[8] o Norte e o Sul. Uma divisão abissal que separa sociedades metropolitanas e territórios coloniais, sendo estes impensáveis para o desenvolvimento do paradigma cien-

8. Embora o domínio colonial tenha se processado pela divisão territorial, a composição das linhas abissais não separa cartograficamente um Norte e um Sul, pois, na condição de representação e sob os efeitos de dominação, há Norte no Sul, assim como há Sul no Norte.

tífico e econômico da modernidade. Vigora, no hemisfério sul dessa linha, "uma vasta gama de experiências desperdiçadas, tornadas invisíveis tal como seus autores" (Santos, 2010, p. 34), povos considerados irrelevantes, incompreensíveis, inviáveis, improváveis candidatos/as à inclusão nos patamares do desenvolvimento social.

Portanto, ao traçar o perfil dos grupos sub-representados, orientou-nos a análise sobre as divisões que estruturam as hierarquias sociais, o que nos remete aos mecanismos de racialização e generificação do poder, em suas vertentes material e simbólica. Por isso, o primeiro aceno na descrição do perfil de candidatos/as veiculada em nossa chamada de inscrição era "identificar-se como negro/a ou indígena". Em relação ao componente de gênero,[9] consideramos as análises de Fúlvia Rosemberg (2013), que problematizam o acesso de homens e mulheres no ensino superior e as estratégias para equidade aplicadas no programa de bolsas. Contudo, nossa análise foi tensionada pelo fato de que, embora no ensino superior se verifique a presença maior de mulheres que de homens, quando se observam a inserção no mercado de trabalho e o padrão salarial feminino, as mulheres prosseguem em desvantagem, sobretudo as mulheres negras. Portanto, entendemos que a ampliação da qualificação feminina em patamares mais elevados do ensino superior é instrumento de construção de equidade social. Assim, não aplicamos nenhuma fórmula para as situações de gênero endossando que o perfil esperado seria majoritariamente composto por mulheres, o que se verifica no Quadro 2, no qual se sinaliza a frequência total de 58 homens e 93 mulheres.

---

9. Assinalamos que a diversidade ou diferença sexual não figurou como critério explícito nos processos de seleção das turmas, revelando uma dificuldade da equipe em estabelecer e proclamar adequadamente critérios que incidissem sobre essa forma de hierarquização social. Contudo, avaliamos que o modo de organização da seleção, os processos de divulgação e a atenção da equipe de seleção aos processos de entrevista viabilizaram a presença de pessoas que se declararam homossexuais — gays e lésbicas. Não contamos com a presença de travestis, transexuais ou transgêneros. Entendemos que uma reflexão sobre as formas de inserção desses grupos no ensino superior em nível de pós-graduação ainda exige investimentos em pesquisa e elaboração de estratégias institucionais que o formato desse curso não alcançou.

QUADRO 2

Perfil dos/as estudantes selecionados/as por turma

Dados do perfil dos estudantes selecionados/as	Turma 1	Turma 2	Turma 3	Turma 4
Sexo				
homem	20	15	11	12
mulher	12	25	29	27
Cor/raça				
branco			01	02
preto	25	26	25	16
pardo	7	14	14	21
indígena				
outros				
Idade				
até 25 anos	5	11	2	02
26 a 30 anos	12	12	16	14
31 a 40 anos	11	11	15	14
41 e mais	4	6	7	09
Residência				
município (do curso)	22	29	24	25
outro município próximo no estado	8	10	14	14
outro município distante no estado	2	1	2	0
outro estado			0	0
Área de formação				
Educação	9	3	17	14
outras Humanas, Sociais, Letras	19	31	18	21
outras não Humanas	4	6	5	04

Fonte: Relatório Final Curso Afirmação na Pós, 2015, dados referentes à primeira turma.

No que se refere ao critério racial, as tensões sobre raça e racismo e a "difícil tarefa de definir quem é negro no Brasil"[10] persistiram

10. A expressão é uma referência à entrevista concedida pelo antropólogo Kabengele Munanga (2004). Destacamos que nos períodos de inscrição para seleção, em todas as edições do curso, houve interrogação e contestação do critério de identificação racial.

e se rearticularam ao longo do desenvolvimento do curso. A lógica instaurada não previa exclusividade, mas sim prioridade da presença negra. Consideramos atentamente as formas de articulação e sobredeterminação das identidades manifestas nos processos de entrevista dos/as candidatos/as. Ou seja, os componentes de racialização estabelecidos na sociedade brasileira — cor da pele e tipo de cabelo — expressam-se em um conjunto de relações de poder que necessita ser interrogado e desestabilizado. A autodeclaração foi considerada junto a outros critérios, como a percepção das formas de "racismo à brasileira", as compreensões sobre desigualdades sociais e ações afirmativas e a atuação em movimentos sociais. Ao mesmo tempo, o debate sobre as desigualdades raciais e sobre identidade negra atravessaram, intencionalmente, as disciplinas e os dispositivos curriculares. Dessa forma, por exemplo, o planejamento da disciplina Metodologia de Pesquisa conferiu ênfase ao processo de pesquisa voltado para o tema das relações raciais, de modo a promover reflexões sobre a pesquisa acadêmica contextualizada nesse vasto e diversificado campo temático.

A ausência de candidatos/as indígenas nas quatro turmas é notável e evidencia as repercussões do sistema de hierarquização e subalternização que dividem radicalmente nossa sociedade. A integração indígena ao ideal de nação brasileira foi um processo marcado por múltiplas violências: extermínio, genocídio, perseguições e estratagemas políticos, como a proibição do uso da língua materna. Esses artifícios são ainda sustentados pela veiculação de representações negativas e pela conformação de estereótipos que bloqueiam o conhecimento sobre a diversidade dos povos indígenas do Brasil e seus processos de autodeterminação. A presença indígena na universidade é registrada em tempos muito recentes e as políticas de acesso ao ensino superior são observadas somente a partir de 2004, com o Programa de Apoio à Formação Superior e Licenciaturas Interculturais Indígenas (Prolind), desenvolvido pelo Ministério da Educação (MEC) por meio da Secretaria de Educação Continuada, Alfabetização e Diversidade (Secad). A implantação desse programa acelerou o processo de ingresso de indígenas nas universidades brasileiras. Há uma década, contabilizavam-se 1300 indígenas com diploma de ensino superior no Brasil. Dados divulgados pelo MEC em 2014 indicavam 7878 indígenas graduados. Esse quadro demonstra a condição de improváveis candidatos que pode ser atribuída aos indígenas. Contudo, constatamos que iniciativas que não alcancem uma relação com as aldeias indígenas — seja do ponto de vista dos deslocamentos territoriais, seja no que se refere às lógicas de organização e produção de saberes — e as desestabilizações que essa presença suscita no ambiente acadêmico tornarão a presença indígena nos Programas de Pós-Graduação não só improvável como inviável.

O perfil de estudantes do curso não pôde, portanto, incidir sobre estruturas sólidas de exclusão do acesso à universidade. Entretanto, repercutiu em trajetórias que poderiam ter permanecido à margem dessa inserção, como é o caso de estudantes que não tiveram a oportunidade de participar de projetos de iniciação científica ou de extensão universitária durante a realização dos cursos de graduação em função da concomitância entre a formação acadêmica e a inserção no mercado de trabalho. Além disso, boa parte dos/as estudantes era egressa de instituições de ensino superior não públicas, como faculdades privadas e centros universitários e se deparavam com a inexistência ou limitação de vagas para se dedicarem à pesquisa acadêmica.

A estrutura letiva tendia a possibilitar o acesso e a permanência de estudantes no curso, tendo em vista seus encargos laborais e familiares. Assim, o horário das aulas considerou a conjugação entre trabalho e estudo já que, em função dos limites orçamentários do programa, não tivemos como custear despesas que pudessem fazer frente às necessidades dos/as estudantes com o perfil que pretendíamos atingir. As aulas ocorreram às sextas-feiras das 19h00 às 22h30 e aos sábados das 08h00 às 17h30. Além disso, a concentração das aulas no último dia útil da semana e aos sábados visou a facilitar o deslocamento de estudantes que residiam em cidades da Região Metropolitana de Belo Horizonte (RMBH) e que poderiam ser acolhidos/as por pessoas de suas redes de apoio no período dos encontros, de modo a facilitar e economizar recursos com deslocamentos.

Na primeira experiência de seleção, estava bem evidente para a equipe de professores/as e para a coordenação do curso que deveríamos levar em consideração a experiência, a trajetória de inserção em movimentos sociais, tendo em vista que esse grupo esteve durante algum tempo alijado da vida acadêmica após a graduação, em virtude de uma série de fatores, entre os quais o processo de elitização da academia, o tempo de suas vidas investido na militância. A formação pré-acadêmica poderia representar, para esse grupo, o espaço de reinserção na cultura universitária, com seus cânones, rituais e letramentos específicos, bem como a oportunidade de produção de conhecimentos em campos que estão ausentes das reflexões da Pós-Graduação.

Em virtude disso, no processo de seleção da primeira turma foi conferida ênfase maior à experiência em movimentos sociais e ações coletivas dos sujeitos inscritos do que propriamente aos demais quesitos exigidos pelos cânones da Pós-Graduação. Esse critério resultou na formação de uma turma bastante homogênea no aspecto da experiência e ativismo em movimentos sociais, mas bem diversificada no que se refere à faixa etária. Era uma turma em que as pessoas em sua grande maioria estavam afastadas da vida acadêmica há um bom tempo, várias delas desde o término da graduação.

No decorrer do curso, observamos que a prioridade ao critério de experiência em movimentos sociais não configurou uma turma com características "adequadas" para o investimento no curso e na formação acadêmica voltada para a Pós-Graduação. Ocorreram muitas ausências nas disciplinas e atividades do curso, quase sempre atribuídas à participação em atividades de movimentos sociais e constatamos que o tempo de investimento no curso, para além da frequência às aulas, era bastante reduzido e poucos concorreram aos processos de seleção de mestrado. Apesar de todos os percalços, foi importante para essas lideranças de movimentos sociais a vivência dessa experiência acadêmica, até para terem a clareza de que seria mais importante um investimento na militância e na formação de lideranças do que na vida acadêmica.

A partir dessa experiência inaugural, na seleção da segunda turma conferiu-se maior ênfase ao perfil acadêmico, observando-se a coerência entre a formação na graduação e a área indicada para a Pós-Graduação e a fundamentação em relação ao tema e ao problema de pesquisa. A disponibilidade para frequentar as aulas e a capacidade de organização para o processo de estudo e elaboração de projetos foram bastante exploradas durante as entrevistas de seleção. Esse mesmo critério orientou a seleção dos/as candidatos/as para a terceira e a quarta turmas do curso.

No que se refere ao debate gerado a partir da leitura dos dados de ingresso de grupos sociais sub-representados na Pós-Graduação, a polêmica ações afirmativas *vs.* meritocracia tem sido uma constante. Em que pesem as limitações das trajetórias sociais, as interrogações acerca do tipo de ensino superior acessado por esses grupos na graduação — áreas menos prestigiadas, como as licenciaturas, concentração em instituições de ensino sem tradição de investimento em pesquisa — indicaram e seguem a apontar a necessidade de continuidade da formação pré-acadêmica para acesso, especialmente da população negra, a espaços de pesquisa. O perfil dos/as estudantes que vivenciaram a experiência do programa nos situa diante da reflexão proposta por Munanga (2013):

> O mérito é um princípio do darwinismo social que estipula que "na luta e na competição pela vida, são os melhores que ganham". Quem são esses melhores em nossos exames de vestibular? Certamente, os alunos preparados nos bons colégios privados e nos melhores cursinhos do país. Mas nada confirma que são por natureza os mais inteligentes se os compararmos com aqueles alunos oriundos da escola pública, brancos e negros. (Munanga, 2013)

Não obstante a percepção do fato, cada vez mais evidenciado em nossas instituições, de que a seleção para a Pós-Graduação tem início ao longo dos cursos de graduação a partir da inserção dos/as potenciais candidatos/as em grupos de pesquisas e projetos de iniciação científica financiados com recursos públicos, compreendemos que o "mérito acadêmico" é, ao mesmo tempo, uma construção histórico-social e um dispositivo de hierarquização social e naturalização das desigualdades. Por isso, ao considerar o mérito em sua dimensão histórico-social, ao mesmo tempo problematizando sua dimensão legitimadora das desigualdades, a formação projetada criou condições para o desenvolvimento de uma cultura acadêmica a partir da atividade de pesquisa, promovendo a familiaridade dos/as estudantes com referências consideradas clássicas no campo da pesquisa científica.

Outro elemento que foi percebido ao longo do curso como um desafio a ser enfrentado pelos/as estudantes diz respeito à proficiência em língua estrangeira, que exclui parte significativa de grupos sub-representados do acesso aos Programas de Pós-Graduação. Muitos de nossos/as estudantes, a despeito da disciplina de Língua Inglesa ofertada no curso, não lograram êxito na prova de proficiência, evidenciando o caráter elitista do aprendizado de idiomas. Por outro lado, mesmo quando esse critério não é exigido para o ingresso nos programas, a situação emerge como um dado relevante para a permanência bem-sucedida daqueles/as que conseguiram ingressar na Pós-Graduação.

4. À guisa de conclusão: deslocamentos na ótica do curso de formação pré-acadêmica

Deslocamentos interpretativos

A inserção em Programas de Pós-Graduação de um grupo de estudantes com as marcas de um perfil sub-representado no ensino superior nos reenvia às análises sobre o ambiente acadêmico em sua composição e organização institucional e em sua função social de produção de saberes socialmente reconhecidos. Já há algum tempo essas teorizações nos alertam para o fato de que a composição do perfil de estudantes universitários/as encontra paralelo entre docentes pesquisadores/as. Em 2010, o estudo coordenado por Inês Teixeira e Vanda Lúcia Praxedes sobre docentes negros/as da UFMG, de diferentes gerações e distintas áreas do conhecimento, evidenciava as dificuldades socioeconômicas ao longo da trajetória de formação acadêmica, as situações de discriminação no interior da universidade e os momentos de sofrimento solitário em um ambiente onde são franca minoria.[11] Esse estudo foi precedido pelo de José Jorge de Carvalho, que em 2005 assinalava a presença de, no máximo, 1% de docentes negros/as nas universidades consideradas referência nacional. Contata-se, então, além da unanimidade, a estabilidade de um padrão que permite afirmar a existência de uma situação de "confinamento racial" vivida pelos/as docentes universitários (Carvalho, 2006, p. 98). São parte dessa estrutura não só o confinamento e a segregação racial, como a reiteração do "caráter colonial da universidade moderna", conforme salienta Boaventura de Sousa Santos (2013, p. 190):

> A universidade não só participou na exclusão social das raças e etnias ditas inferiores, como teorizou a sua inferioridade, uma inferioridade que estendeu aos conhecimentos produzidos pelos grupos excluídos em nome da prioridade epistemológica concedida à ciência.

As evidências apresentadas por Carvalho (2006, p. 93) corroboram essa afirmação e descrevem mecanismos de seu funcionamento: "professores tendem a censurar seus estudantes sobre racismo";

11. A referida pesquisa, conduzida por Inês Assunção de Castro Teixeira e Vanda Lucia Praxedes no âmbito do Programa Ações Afirmativas na UFMG e do Grupo de Pesquisas sobre Condição e Formação Docente da FaE (Prodoc), financiado pelo Programa Uniafro — MEC/ Secad, resultou em livro, publicado em 2009. Cf. Praxedes, Teixeira, Souza e Gonzaga (2009).

orientadores/as tendem a deslocar os argumentos para análises "correlatas ou mais amplas"; perpetua-se um silenciamento nas teorizações quanto às condições de exclusão e segregação racial no Brasil e uma insistência de que esses padrões não são típicos do colonialismo assimilacionista português. Enfim, a posição de vantagem dos/as docentes brancos na enunciação e na interpretação das ciências que pretendem explicar o país para todos leva a que "professores e alunos brancos discutam os modelos de relações raciais partindo do princípio de que esses modelos e interpretações falem da 'sociedade brasileira'" (Carvalho, 2006, p. 100).

Monocultura do saber, reprodução de hierarquizações e desigualdades engendram modelos científicos monorraciais e monoétnicos. Esses são componentes estruturais da universidade que estão a exigir uma renovação institucional e teórica. O curso de formação pré-acadêmica Afirmação na Pós chocou-se com essas exigências, como podemos depreender dos resultados de aprovação em Programas de Pós-Graduação. Na análise dos temas elaborados pelos/as estudantes da primeira turma, percebemos a recorrência a temas atinentes às desigualdades, seja relativos ao racismo — vinte ocorrências —, seja em outros aspectos conflitivos — seis ocorrências — ou ainda diretamente ligados à ação do Estado, em que contabilizamos quatro casos. Esses dados podem ser conferidos nos Quadros 3, 4 e 5 respectivamente, elencados a seguir:[12]

12. Assinalamos que os temas aqui indicados correspondem à fase de elaboração durante a disciplina Metodologia de Pesquisa e que podem ter se alterado ao longo do processo de acompanhamento e inscrição nos programas de Pós-Graduação.

QUADRO 3

Temas atinentes às desigualdades, relações raciais/racismo

Tema	Área de conhecimento	Situação
Bruxaria em África: acusações de bruxaria em Angola direcionadas a crianças, mulheres e idosos	Antropologia	Aprovado
Percursos e memórias de negros(as) universitários(as)	Educação/História	Aprovado
Sexualidade da mulher negra	Psicologia	Aprovado
Impactos do racismo no processo de evasão escolar	Educação	Aprovado
Formação e construção de identidade de crianças candomblecistas a partir da cosmologia africana	Educação/Antropologia/ Ciências da Religião	Aprovado
Processos de ensino/aprendizagem da religiosidade dos sujeitos inseridos em comunidades-terreiro	Educação	
Os efeitos do racismo, da discriminação e da intolerância religiosa em comunidades negras tradicionais	Antropologia/ Ciências da Religião	
O teatro negro no Brasil: heranças e perspectivas	Artes Cênicas	
Ações afirmativas na perspectiva do Direito	Direito	Aprovado
Estudo dos altares de comunidades de tradição negra	Artes Plásticas	
Adolescentes negros no sistema socioeducativo	Educação/Ciências Sociais	
Formação de profissionais da educação infantil na construção da igualdade étnico-racial nas Unidades Municipais de Educação Infantil	Educação	Aprovado
Processo de implementação da Lei n.10.639 em Pará de Minas	Educação	Aprovado
Políticas públicas e direito quilombola	Ciências Políticas	
O trato das relações étnico-raciais nos programas sociais destinados a jovens do bairro Palmital — Santa Luzia	Educação/Ciências Políticas	Aprovado
Juventude, relações étnico-raciais e políticas públicas	Ciências Políticas/ Educação	Aprovado
Possibilidade de novas pedagogias nos processos e ações no contexto escolar quilombola	Educação	
Vida mítica e construção da realidade numa família quilombola	Psicologia	Aprovado
Dimensões educativas das intervenções urbanas (grafite)	Educação/Artes Plásticas	Aprovado
O ingresso de pretos e pardos nos cursos de Pós-Graduação da FaE-UFMG	Educação	Aprovado

Fonte: Relatório Final Curso Afirmação na Pós, 2015, dados referentes à primeira turma.

QUADRO 4

Desigualdades/outros aspectos conflitivos

Tema	Área de conhecimento	Situação
Universidade e movimentos sociais do campo	Educação	Aprovado
Informação e sociedade: conhecimentos intergeracionais e educação	Ciências da Informação	
A experiência de participação de usuários da saúde mental no Movimento da Luta Antimanicomial em Belo Horizonte	Psicologia	
Escolas do sistema socioeducativo e formação de educadores	Educação	
Inserção do fisioterapeuta na atenção primária à saúde	Saúde	
A questão da identidade na sociedade informacional	Ciências da Informação	

Fonte: Relatório Final Curso Afirmação na Pós, 2015, dados referentes à primeira turma.

QUADRO 5

Temas que problematizam o papel/ação do Estado

Tema	Área de conhecimento	Situação
A relação entre poder público, pichação e grafite	Ciências Sociais/Artes Plásticas	Aprovado
Relação entre movimentos sociais e políticas públicas	Ciências Políticas	Aprovado
A efetividade dos direitos sociais no Estado Democrático de Direito	Ciências Políticas	Aprovado
Gênero, violência e políticas públicas: a situação de violência doméstica em mulheres do campo/zona rural	Ciências Políticas/ Ciências Sociais	

Fonte: Relatório Final Curso Afirmação na Pós, 2015, dados referentes à primeira turma.

A maioria dos problemas de pesquisa tematiza efeitos do racismo ou a construção da identidade racial. Tematizam também os movimentos sociais e as lutas por garantias de direitos, as representações negativas, as formas de violência — material e simbólica —, a ineficiência do Estado na desigualdade social. Temas de difícil acolhida e que versam, em alguns casos, sobre sujeitos interpretados como irrelevantes — comunidades negras, crianças candomblecistas, quilombolas, mulheres da zona rural, adolescentes do sistema socioeducativo. Ou objetos classificados como desnecessários, exóticos, caso dos altares de comunidades de tradição negra e do Teatro Experimental do Negro. Ou ainda problemas caracterizados como desnecessários, ou temas desnecessariamente problematizados, como a atenção primária à saúde, o sistema socioeducativo, a luta antimanicomial. A despeito das habilidades individuais dos/as candidatos/as, a incidência temática cotejada com os resultados negativos de ingresso nos Programas de Pós-Graduação evidencia o silenciamento das teorias para determinados problemas sociais, sobretudo se referidos à desigualdades raciais. Ao longo do desenvolvimento do curso, não foram poucos os relatos de dificuldades de acessar Programas de pós-graduação que acolhessem temas e problemas e/ou orientadores/as a acompanhar essas pesquisas.

Se há um padrão reiterado na institucionalidade do processo de produção do conhecimento acadêmico, há também em curso outras epistemologias, marcadas por teorizações que admitem instabilidades, interpretações metodologicamente posicionadas, tentativas de renovação conceitual e ousadias individuais, seja em Programas de Pós-Graduação, seja em grupos e linhas de pesquisa. Obtivemos um alto índice de aprovação dos/as cursistas — aproximadamente 1/4 —, dado que é tributário de um processo de desestabilização provocado pela inserção de pesquisadores/as que atendem ao perfil até então sub-representado entre docentes do ensino superior.

É notável que a maior incidência de temas que lograram aprovação pertença à área da Educação ou a interfaces desse campo. Essas evidências podem ser observadas no Quadro 6.

QUADRO 6

Aprovação dos/as estudantes por programas de pós-graduação

Programa de Pós-Graduação	Número de aprovados
Educação/UEMG	10
Educação/UFMG	8
Educação/UFV	1
Educação/PUC-MG	2
Educação Tecnológica/Cefet	2
Educação/UFSCar	1
História/UFMG	2
História/Ufop	1
Sociologia/UFMG	1
Antropologia/UnB	1
Letras/UFMG	1
Psicologia/UFSJ	1
Psicologia/UFMG	3
Psicologia/PUC-MG	4
Ciência Política/UFMG	1
Direito/UFMG	1
Ciência da Informação/UFMG	1

Fonte: Dados apurados até o processo seletivo de 2014 para ingresso em 2015.

A tendência inicial foi tributar as repercussões desse resultado à participação de docentes ligados/as à área da Educação na condução do curso. Contudo, os índices demonstram que essa primazia não ocorreu. Os temas nos indicam que os problemas e os sujeitos de pesquisa — trajetórias negras no campo, nos quilombos, na educação de jovens e adultos, juventudes estigmatizadas, situações de pobreza e violência — têm sido pertinentes às teorizações do campo educativo, tais como o problema das desigualdades escolares, das lógicas de aprendizagem, da ascensão social, da produção de saberes. Afinal, quando se trata dos problemas de desigualdade social, tanto cientistas quanto gestores de políticas públicas e até aparatos midiáticos indicam a educação como resposta. Entendemos que a lógica interna do campo da Educação é constantemente tensionada pelo fenômeno de que se interessa e isso se revela nesse índice de 23 entre 40 propostas aprovadas. O extraordinário foi, portanto, o acesso de estudantes oriundos/as dessa experiência de formação pré-acadêmica a áreas que se mantiveram imunes ou resistentes aos tensos problemas de pesquisa, como o Direito e, em certa medida, e recorrendo mais uma vez às análises de Carvalho (2006), a Antropologia.

Não se pode desconsiderar que, malgrado seu papel social num quadro de manutenção das desigualdades, a universidade não se constitui como instituição totalmente impermeável nem monolítica. Propostas contra-hegemônicas de funcionamento e a perspectiva de produção de conhecimentos emancipatórios existem e resistem, embora com limites de muitas ordens.

Deslocamentos nas trajetórias dos estudantes

A realização do Curso Afirmação na Pós entre 2012 e 2014, com a formação de quatro turmas, propiciou, até o início de 2016, a entrada de 40 estudantes em diversos cursos de mestrado em Minas Gerais e fora de Minas. Desse grupo, pelo menos seis já concluíram o mestrado e se preparam para se candidatar à seleção em cursos de doutorado.

Devemos destacar ainda que, entre os/as cursistas egressos do Afirmação na Pós aprovados em cursos de Mestrado, alguns/algumas na condição de mestrandos/as, encontram-se inseridos/as como docentes em projetos de ensino e extensão desenvolvidos pelo Programa de Ações Afirmativas na UFMG, além de serem presença ativa em ações e grupos de estudos que abordam questões étnico-raciais e quilombolas. A inserção desses/as mestrandos/as em núcleos de pesquisa, especialmente aqueles com atividades voltadas para a interface pesquisa, ensino e extensão, tem permitido o desenvolvimento de metodologias adequadas à troca de experiência com discentes e docentes das universidades que conseguiram ingressar, bem como possibilitado criar condições de uma permanência bem-sucedida na Pós-Graduação.

Podemos afirmar, embora de forma incipiente, que a entrada desses estudantes negros na Pós-Graduação tem interrogado as estruturas historicamente elitistas — e por que não dizer racistas? — dos Programas de Pós-Graduação.

Ao longo das edições do curso, verificamos que a problematização de trajetórias de exclusão até então naturalizadas, tema presente em praticamente todas as disciplinas, em rodas de conversa e seminários, contribuiu de forma significativa não só para a construção de autoimagens positivas, mas criou possibilidades de identificar problemas de pesquisa que colaboraram para análises científicas de dinâmicas sociais e de trajetórias dos povos negros na sociedade brasileira. Além dessa característica que repercute internamente na dinâmica da pesquisa acadêmica, a problematização das relações raciais na sociedade brasileira criou condições para que se tornassem mais perceptíveis os mecanismos de poder engendrados a partir de lógicas de racismo institucional presentes em alguns Programas de Pós-Graduação em que os/as estudantes ingressaram.

Apesar de diversas ações empreendidas pela equipe do Projeto Afirmação na Pós, do ponto de vista institucional algumas dificuldades tiveram de ser contornadas para a realização do curso de extensão Afirmação na Pós. A primeira delas diz respeito ao desafio para a composição da equipe, dado o número ainda reduzido de profissionais engajados/as nessa temática em nossas universidades ou ainda em virtude das atribuições acadêmicas desses/as poucos/as docentes. Aliado a esse dado, enfrentamos o histórico desprestígio das atividades de extensão a partir dos critérios de avaliação da produção acadêmica dos docentes pela Capes, o que reflete no tempo disponível de outros possíveis professores/as que poderiam aderir ao projeto. A limitação dos recursos financeiros aportados pelo Programa Equidade na Pós-Graduação e a ausência de bolsas institucionais para a cobertura de algumas despesas dificultaram, em parte, a ampliação da equipe de modo a incorporar a presença de mestrandos/as e doutorandos/as. Esses constrangimentos repercutiram no desenvolvimento da proposta de acompanhamento dos/as cursistas até o momento de inscrição em processos seletivos, isto é, na tutoria, e alguns/algumas estudantes não tiveram acesso a esse dispositivo.

Em que pesem as ações institucionais da equipe do curso, observamos que a oposição ações afirmativas *vs.* meritocracia ainda persiste nas considerações acerca do sentido da política e na própria concepção dos Programas de Pós-Graduação no Brasil, dificultando o deslocamento das análises sobre o problema da ausência persistente de determinados grupos sociais, particularmente negros e indígenas, nesse nível de ensino. Sobre esse aspecto, seria interessante ultrapassar o aspecto excludente do mérito e acioná-lo como construção histórico-social para perceber as estratégias que os/as estudantes utilizam como habilidades características de pesquisadores/as: a tenacidade, as trocas em torno do repertório de conhecimento, a disposição e a flexibilidade em situações de recursos exíguos, a capacidade de acionar o problema de modo multidimensional. Vários/as dos/as egressos/as persistem na corrida de obstáculos que é a seleção para Programas de Pós-Graduação e para isso mobilizam colegas que já se inseriram.

As discussões relativas às experiências de cotas para acesso à Pós-Graduação continuam indicando a necessidade de duas reflexões importantes. Em primeiro lugar, a necessidade de rever os critérios de seleção dos Programas de Pós-Graduação. Assim como apontado pelas mais recentes pesquisas, os cursos de maior prestígio acadêmico continuam a concentrar alta seletividade no ingresso e redução de exigências para a conclusão. O contrário se observa em cursos considerados de menor prestígio acadêmico. Esse dado evidencia as ambiguidades dos critérios assentados em discussões sobre o mérito acadêmico.

Outro debate importante refere-se à participação dos/as estudantes de Pós-Graduação na implantação de propostas de cotas na Pós-Graduação, como ocorreu no caso do Museu Nacional. Essa experiência indica uma questão que deve ser enfrentada em nossas ações e propostas de institucionalização; provavelmente, seja possível a partir da implementação do Programa Abdias do Nascimento nos institutos federais de ensino superior (Ifes). Por fim, cabe ressaltar a institucionalização do Programa de Formação Pré-Acadêmica por meio do Programa de Desenvolvimento Acadêmico Abdias do Nascimento[13] nas universidades brasileiras. Por meio desse programa, será possível darmos continuidade à formação pré-acadêmica de negros/as, pardos/as, indígenas, entre outros, e estabelecer um processo de acompanhamento dos/as egressos/as que considere em sua nova trajetória pesquisadores/as acadêmicos/as.

Referências

BOLETIM SÍNTESE DE RESULTADOS. Programa Equidade na Pós-Graduação: Concurso de Dotações para Formação Pré-Acadêmica. São Paulo: Fundação Carlos Chagas, 2015.

CARVALHO, José Jorge. O confinamento racial do mundo acadêmico brasileiro. *Revista USP*, São Paulo, n. 68, p. 88-103, dez./fev. 2005-2006.

______. Ações afirmativas para negros na Pós-Graduação, nas bolsas de pesquisa e nos concursos para professores universitários como resposta ao racismo acadêmico. In: SILVA, Petronilha Beatriz G.; SILVERIO, Valter R. (Orgs.). *Educação e ações afirmativas*: entre a injustiça simbólica e a injustiça econômica. Brasília: Inep, 2003.

13. O Programa de Desenvolvimento Acadêmico Abdias do Nascimento foi criado pelo Ministério da Educação por meio da Portaria n. 1.129, de 17 de novembro de 2013, com o objetivo principal de propiciar condições de "formação e capacitação de estudantes autodeclarados pretos, pardos, indígenas e estudantes com deficiência, transtornos globais do desenvolvimento e altas habilidades, com elevada qualificação em universidades, instituições de educação profissional e tecnológica e centros de pesquisa no Brasil e no exterior, de excelência". E, entre diversos objetivos específicos: "estimular e aperfeiçoar as pesquisas aplicadas no País, tendo em vista o desenvolvimento científico e tecnológico e à inovação para a promoção da igualdade racial, do combate ao racismo, do estudo e valorização das especificidades socioculturais e linguísticas dos povos indígenas e negros". Promover condições e acesso e permanência dos autodeclarados pretos, pardos, indígenas e estudantes com deficiência, transtornos globais do desenvolvimento a altas habilidades no mestrado e doutorado em universidades públicas no Brasil", conforme Portaria n. 1.129, de 17 de novembro de 2013, publicado no *DOU* n. 226, quinta-feira, 21 de novembro de 2013.

GOMES, Nilma Lino. A universidade pública como direito dos(as) jovens negros(as): a experiência do Programa Ações Afirmativas na UFMG. In: SANTOS, Sales Augusto dos (Org.). *Ações afirmativas e combate ao racismo nas Américas*. Brasília: MEC/Secad/Unesco, 2007. p. 245-262.

HENRIQUES, Ricardo. *Raça e gênero no sistema de ensino*: os limites das políticas universalistas na educação. Brasília: Unesco, 2002.

MUNANGA, Kabengele. A difícil tarefa de definir quem é negro no Brasil. *Estudos Avançados*, São Paulo, v. 18, n. 50, p. 51-66, abr. 2004. Disponível em: <www.scielo.br/pdf/ea/v18n50/a05v1850.pdf>. Acesso em: 8 jan. 2016.

______. Considerações sobre o Pimesp e cotas nas universidades paulistas. *Portal Geledés*, mar. 2013. Disponível em: <http://arquivo.geledes.org.br/areas-de-atuacao/educacao/cotas-para-negros/17760-consideracoes-sobre-o-pimesp-e-cotas-nas-universidades-paulistas>. Acesso em: 8 dez. 2015.

PRAXEDES, V. L.; TEIXEIRA, I. A. C.; SOUZA, A. X. de; GONZAGA, Y. *Memórias e percursos de professores(as) negros(as) na UFMG*. Belo Horizonte: Autêntica, 2009.

SANTOS, Boaventura de Sousa. Por uma sociologia das ausências e uma sociologia das emergências. In: SANTOS, Boaventura de Sousa (Org.). *Conhecimento prudente para uma vida decente*. São Paulo: Cortez, 2004, p. 777-821.

______. Para além do pensamento abissal: das linhas globais a uma ecologia dos saberes. In: SANTOS, Boaventura de Sousa; MENEZES, Maria Paula (Orgs.). *Epistemologias do Sul*. São Paulo: Cortez, 2010.

______. *A universidade do século XXI*: para uma reforma democrática e emancipatória da universidade. São Paulo: Cortez, 2013.

RELATÓRIO FINAL CURSO AFIRMAÇÃO NA PÓS. Consórcio UFMG/UEMG. Belo Horizonte: Programa Ações Afirmativas na UFMG, jan. 2015.

ROSEMBERG, Fúlvia. *Ação afirmativa na pós-graduação*: o Programa Internacional de Bolsas da Fundação Ford na Fundação Carlos Chagas. São Paulo: FCC/SEP, 2013.

CAPÍTULO 3

O Programa Equidade na Pós-Graduação no âmbito da Universidade Federal de Sergipe:

quando a máquina burocrática trava, "o que salva é a força de vontade"

Paulo S. C. Neves (UFS)
Maria Batista Lima (UFS)
Edinéia Tavares Lopes (UFS)

Antes de iniciarmos a discussão sobre o processo de execução do Programa Equidade na Universidade Federal de Sergipe (UFS), cumpre explicar o título escolhido para este texto. Ele foi tomado da fala de uma das alunas que fizeram o curso de formação preparatória para seleções na Pós-Graduação até a fase final de avaliação. Quando explicava as dificuldades administrativas pelas quais nós, os gestores do curso, estávamos passando naquele momento e que estavam impedindo o repasse dos recursos previstos para as atividades em execução naquele momento, inclusive em relação às tutorias dos prováveis orientadores em futuros cursos de Pós-Graduação, a aluna fez um comentário singelo: o que importava realmente era a força de vontade de cada um para vencer as dificuldades. Embora reconhecesse que ajudas institucionais também faziam diferença, ela colocava o peso maior no grau de comprometimento de cada um para chegar ao sucesso.

O que nos parece que estava por trás desse enunciado não era a aceitação da tese liberal de que o sucesso de cada um depende apenas dos esforços individuais — a mesma aluna reconhecia a falsidade dessa ideia em outras falas, razão pela qual, ela dizia, havia buscado o apoio oferecido pelo Programa Equidade —, mas antes a reivindicação de que experiências como essa de apoio a jovens sem recursos para se candidatar às seleções de Pós-Graduação tinham o mérito de mostrar o quanto a Pós-Graduação é um objetivo alcançável, desde que adotada uma postura de disciplina e dedicação, justamente as principais metas buscadas pelo Programa Equidade.

Nesse sentido, esse título diz muito sobre o que foi o Programa Equidade na UFS. Com efeito, como veremos nas páginas que se seguem, o que caracterizou o curso em nossa instituição foram as dificuldades administrativas para sua execução, o que inviabilizou a execução do número de turmas previstas inicialmente e também impossibilitou que as estratégias de aproximação entre os alunos do Programa e os Programas de Pós-Graduação fossem postas em prática.

Feitos esses esclarecimentos, era de se supor que esses obstáculos, oriundos da pesada e lenta máquina burocrática que caracteriza nossas universidades públicas e da má vontade de alguns atores institucionais, não apenas tornassem os objetivos do programa inviáveis, como também impedissem que a ideia de uma Pós-Graduação mais aberta às minorias sociais fosse discutida nos fóruns internos universitários. Ora, o que se viu foi que muitos dos alunos que participaram das atividades do Programa Equidade enxergaram nesse espaço institucional uma oportunidade para repensarem seus projetos e suas expectativas de futuro.

Não estamos aqui defendendo a ideia ingênua de que as dificuldades institucionais podem ser vencidas somente com o voluntarismo dos atores sociais. Apenas queremos mostrar que, contra resistências institucionais a mudanças, experiências que empoderam subjetivamente os atores sociais podem ser meios para que energias sociais dispersas possam se reagrupar e provocar alguma dose de transformações.

Criar espaços de oxigenação e democratização no interior das instituições universitárias talvez seja o principal legado de iniciativas como o Programa Equidade, como pretendemos expor ao longo deste texto.

1. Pós-Graduação e equidade

Nas últimas duas décadas, o tema das desigualdades no Brasil vem se tornando objeto de políticas públicas variadas. O processo de democratização do país trouxe ao espaço público e à agenda estatal uma série de reivindicações de grupos socialmente discriminados que buscavam intervir nas políticas públicas para reduzir as desigualdades observadas. Desse modo, negros, mulheres, homossexuais, populações tradicionais, entre outros, passaram a reivindicar mudanças na ação estatal de modo a lhes reconhecer o estatuto de sujeitos de direitos e, portanto, de merecedores de políticas específicas. É nesse contexto que as ações afirmativas vão ganhar espaço na política brasileira.

Assim, não seria exagero afirmar que um dos eixos mais inovadores das políticas públicas brasileiras dos últimos anos tem sido a adoção de políticas afirmativas voltadas para a diminuição de diferenças socioeconômicas entre os diversos segmentos sociais que compõem o país. Essas políticas estão pautadas na tese de que, para garantir a igualdade de direitos, é necessário que o Estado ofereça condições especiais àqueles que, por razões de ordem social, econômica, cultural ou política, estão originalmente em situações desfavoráveis.

Coerentes com essa perspectiva, durante os últimos anos, diversas ações governamentais e de empresas privadas têm sido implementadas, tais como o estabelecimento da obrigatoriedade de 50% de mulheres nas candidaturas para cargos políticos eletivos, a implantação de políticas educativas específicas para indígenas, a adoção por alguns órgãos públicos de condições de acesso privilegiados para afrodescendentes, entre outras.

Porém, a medida que maiores polêmicas tem provocado é certamente a implementação de cotas para afrodescendentes nas universidades públicas do país, o que, por si só, já é um indicador da dificuldade que a sociedade brasileira tem de discutir as desigualdades vinculadas à cor da pele. Inicialmente aplicadas por algumas universidades isoladas (a exemplo das estaduais do Rio de Janeiro e da Bahia, da Universidade de Brasília — UnB etc.), essas medidas vão gerar um acirrado debate acerca não só do princípio da igualdade de oportunidades no país, como também sobre as repercussões das cotas para a qualidade do ensino e para a vida universitária de uma maneira geral (Neves, 2013).

Na verdade, as ações afirmativas têm ocupado o centro do debate acerca das políticas públicas de combate às desigualdades sociais em vários países do mundo. Elas podem ser definidas como medidas que, para combater formas arraigadas de preconceitos, discriminações e exclusões, privilegiam grupos sociais marginalizados e excluídos na alocação de certos recursos raros (vagas nas universidades e no mercado de trabalho, facilidade para ingressar na política etc.). Por terem sido pensadas como meios para diminuir desigualdades socioculturais que atingem determinados grupos na sociedade, as ações afirmativas, como políticas públicas, reafirmam ou negam identidades, modificam a economia da reprodução das desigualdades sociais ao criar possibilidades para a ascensão social de alguns (em detrimento de outros) e, sobretudo, participam dos processos de configuração das fronteiras simbólicas no interior do corpo social.

Desse modo, discutir a questão da integração de minorias sociais por meio das ações afirmativas, em um quadro de sociedades desiguais, significa, ao mesmo tempo, refletir sobre quais desigualdades são consideradas legítimas e quais, ilegítimas. Assim, essas políticas, ao privilegiarem certos grupos em detrimento de outros, dão visibilidade a algumas das linhas divisórias sociais historicamente instituídas, mas, ao mesmo tempo, tornam invisíveis outras. Vem desse duplo caráter das ações afirmativas, certamente, a virulência das polêmicas criadas em torno delas, além de suas repercussões legais e políticas em diversos países (Neves, 2005, 2009).

Linhas divisórias entre os grupos sociais não são unicausais nem são combatidas apenas pelas ações afirmativas. O que estas nos ajudam a entender é a concomitância de fatores que estão por trás da construção dessas fronteiras econômicas e simbólicas. Dentre esses fatores, a questão dos discursos hegemônicos sobre a memória e a identidade nacional, ao naturalizar algumas das desigualdades, tem um peso importante.

Não seria, pois, um exagero afirmar que as ações afirmativas se constituem em uma interessante metáfora para refletir sobre as desigualdades nas sociedades contemporâneas. Elas servem, em primeiro lugar, para pensar o que as sociedades definem como desigualdades, assim como os grupos que são atingidos por elas, e, em segundo lugar, para analisar os modelos cognitivos e simbólicos nos quais as desigualdades estão assentadas.

Como dissemos, dentre as políticas afirmativas adotadas no Brasil, foram as de combate às desigualdades raciais as que ocuparam o maior espaço no debate público. Isso certamente se relaciona com o fato de a identidade nacional do país ter sido construída depois dos anos 1930 em torno da ideia da mestiçagem como forma de integração e, portanto, em última instância de democracia racial (Neves, 2009).

Ora, é justamente nesse contexto que a discussão sobre ações afirmativas na Pós-Graduação começa a ganhar forma na sociedade brasileira. Na esteira do debate sobre a implantação de ações afirmativas para pobres e negros nos cursos de graduação de diversas universidades brasileiras ao longo dos anos 2000, a controvérsia sobre os cursos de Pós-Graduação, embora menos visível, não será menos intensa em termos de princípios arrolados por defensores e adversários dessas medidas.

As ações afirmativas no meio acadêmico vêm sendo discutidas de forma passional desde as primeiras experiências em 2002 nas universidades públicas (Guimarães, 2004). Os principais argumentos contrários giravam em torno da emergência de conflitos pelas novas identidades raciais incitadas pelas cotas e dos temas da meritocracia e da qualidade do ensino ameaçada. Esses últimos temas serão ainda mais pontuados em relação à Pós-Graduação, considerada um espaço de excelência acadêmica e de vigência da lógica meritocrática.[1]

Ou seja, se o debate sobre as cotas nas graduações das universidades públicas, entre o final dos anos 1990 e 2010, foi marcado por preocupações sobre a identidade nacional (é possível definir quem é negro ou não em um país mestiço como o nosso?) e sobre a questão da meritocracia (ingressar na universidade é uma questão de mérito e não de justiça social), a discussão na Pós-Graduação tem se concentrado sobre os efeitos das ações afirmativas para a qualidade dos programas de pós.

Ora, o que diversos estudos sobre avaliação das políticas afirmativas têm mostrado (Santos, 2013; Neves, 2013; Paiva, 2010) é que a qualidade do ensino não tem sofrido quedas e que as diferenças iniciais entre os alunos cotistas e os não cotistas tendem a desaparecer

1. Essa era a opinião, em 2013, do então presidente do Conselho Nacional de Desenvolvimento Científico e Tecnológico (CNPq), Glaucius Oliva, que declarou à revista *Veja*: "Depois de uma graduação, as diferenças na largada da vida acadêmica já deveriam ter sido sanadas há tempos. Se elas não foram, infelizmente, não é possível almejar um mestrado, muito menos um doutorado". Disponível em: <www.tonorumo.org.br/2013/09/politica-de-cotas-avanca-na-pos-graduacao>. Acesso em: jul. 2015.

à medida que os cotistas vão se integrando à vida acadêmica, de tal modo que ao final dos cursos não há mais desníveis marcantes entre os dois grupos. Embora ainda estejam por ser feitas análises mais aprofundadas sobre a influência das cotas na graduação para o recrutamento de negros e pobres nas pós-graduações do país, dados da Pesquisa Nacional por Amostra de Domicílios (PNAD) mostram que esses grupos vêm aumentando sua participação (Rosemberg, 2013), mas que, apesar disso, ainda representavam apenas 28,9% do total de estudantes em 2011.

Essa percepção do problema tem levado muitas universidades a porem em prática ações afirmativas de forma a aumentar a inserção de não brancos e de pobres no sistema de Pós-Graduação do país. Desse modo, mesmo antes da aprovação da chamada "lei de cotas" para os cursos de graduação nas universidades federais em 2012, diversas experiências de ações afirmativas na Pós-Graduação vieram a lume. Como exemplos, podemos citar os cursos de Mestrado em Direitos Humanos na Universidade de São Paulo (USP), na Universidade Federal da Paraíba (UFPB) e na Universidade Federal do Pará (UFPA), que, a partir de 2005, adotaram diferentes modalidades de ações afirmativas para grupos vulneráveis; a Universidade do Estado da Bahia (UNEB), que desde 2003 reserva vagas para indígenas em todos os seus cursos de Pós-Graduação; as pós em Antropologia da Universidade Federal de Pernambuco (UFPE) em 2005, da Universidade Federal do Amazonas (UFAM) em 2009, do Museu Nacional da Universidade Federal do Rio de Janeiro (UFRJ) em 2013 e da USP em 2015; a Universidade Estadual do Sudoeste da Bahia (UESB), que desde 2007 reserva 40% das vagas dos cursos de pós para afro-brasileiros e 5% para indígenas; a Universidade Federal de Goiás (UFG), que aprovou em 2015 cotas para afro-brasileiros em todos os seus cursos de Pós-Graduação etc.[2]

2. Não temos, neste texto, a pretensão de mapear todas as experiências de ações afirmativas atualmente em vigor na Pós-Graduação, apenas de indicar o quanto essa questão está se difundindo no país.

Tudo isso mostra o quanto a discussão sobre as desigualdades nos cursos de Pós-Graduação está se tornando importante no país. É justamente nesse contexto que devemos entender a iniciativa do Programa Equidade na Pós-Graduação que a Fundação Carlos Chagas (FCC), em parceria com a Fundação Ford e com diversas universidades selecionadas via edital, vai desenvolver entre 2012 e 2015.

2. O Programa Equidade na Pós-Graduação na UFS

A ideia do Programa Equidade na Pós-Graduação no âmbito da UFS nasceu a partir de edital da FCC com essa finalidade. Durante as discussões para elaborar o projeto que seria posteriormente enviado, o argumento mais usado foi o de que, apesar da aprovação de cotas para a graduação na UFS em 2009, pouco se tinha avançado efetivamente em termos de uma maior presença de alunos oriundos de escolas públicas e não brancos nos cursos de pós da UFS, ao menos de acordo com a percepção dos professores que compunham o Núcleo de Estudos Afro-Brasileiros e Indígenas (Neabi-UFS), todos atuantes em Programas de Pós-Graduação.

A bem da verdade, as discussões acerca da necessidade de pensar formas de tornar mais fácil o acesso a cursos de Pós-Graduação para estudantes oriundos de grupos minoritários tiveram início durante os debates com a comunidade acadêmica que precederam a aprovação das reservas de vagas na UFS em 2009 para alunos provenientes das escolas públicas.[3] Contudo, embora a ideia de implantar

3. O sistema de acesso por cotas da UFS teve início efetivo no vestibular de 2010 e, até a aprovação da lei de cotas em 2012, reservava vagas para candidatos oriundos da rede pública de ensino, negros, indígenas e portadores de necessidades especiais, segundo critérios próprios. Esse sistema de *reserva de vagas* abarcava as seguintes *categorias* e procedimentos: a) *cota social*: reserva de 50% das vagas totais de todos os cursos de graduação para os candidatos que tenham cursado integralmente o ensino médio e no mínimo quatro anos do ensino fundamental em instituições públicas estaduais, municipais e federais de ensino; b) *cota étnico-racial*: reserva de 70% das vagas para os alunos da cota social de todos os cursos de graduação para os

cotas na pós fosse constantemente aventada por diversos atores que participavam do processo, avaliou-se que essa proposta, por ser mais polêmica, poderia inviabilizar a aprovação das ações afirmativas, criando novas resistências dos setores contrários.

Desse modo, quando da publicação do edital da FCC para o Concurso de Dotações Para Formação Pré-Acadêmica: Equidade na Pós-Graduação em 2011, a equipe que coordenava o Programa de Ações Afirmativas na UFS decidiu participar da seleção, na expectativa de, caso o projeto fosse selecionado, incitar o debate sobre o tema no interior da universidade. Com a aprovação da proposta e após as primeiras reuniões dos coordenadores dos projetos de todas as universidades selecionadas com a equipe responsável da FCC, pôde-se chegar ao desenho final das atividades.

Optou-se, no caso da UFS, pelo formato de um curso de extensão, com a previsão de realização de três turmas, com 40 vagas em cada, entre 2012 e 2013. Conforme se pode ler no projeto inicial, o curso tinha como objetivo geral:

> [...] a democratização do acesso ao ensino universitário ao nível da Pós-Graduação para segmentos da população com pouca representação nesse nível acadêmico, a exemplo de negros, indígenas e mulheres de baixa renda oriundos da escola pública. Desse modo, a seleção dos/as candidatos/as para o curso leva em conta, prioritariamente, critérios sociais e étnico-raciais, em consonância com os Programas e Projetos da Universidade Federal de Sergipe para a graduação. Entre os critérios estabelecidos estão: ter concluído curso de graduação (licenciatura e/ou bacharelado) e ter realizado o ensino médio em escolas da rede pública de ensino (nos níveis federal, estadual ou municipal) (Projeto Equidade UFS).

---

candidatos que se autodeclararem pardos, negros ou indígenas; c) *acesso diferenciado para portadores de necessidades especiais*: reserva de uma vaga por curso para portadores de necessidades educacionais especiais que indiquem sua necessidade educacional especial e que optem por essa reserva. Esses alunos realizarão prova de vestibular diferenciada, adequada a suas necessidades especiais.

Observe-se que se decidiu manter o mesmo nível de exigência que as políticas afirmativas que a UFS utilizava na graduação — a saber, ter realizado o ensino médio em escolas públicas — como forma de garantir algum corte social na seleção. Em parte, isso respondia aos princípios que os coordenadores consideravam importantes em termos de dificuldades de acesso à Pós-Graduação, como os seguintes: precariedade financeira para se manter após o término da graduação, falta de familiarização com as modalidades de seleção de Pós-Graduação, falta de recursos para aprendizagem de línguas estrangeiras etc.

Além disso, no processo de seleção foi adotada a proporcionalidade de no mínimo 70% das vagas serem preenchidas por negros (autodeclarados pretos, pardos ou negros) e indígenas e de no mínimo 50% das vagas serem reservadas para mulheres que se incluam nos critérios anteriores (étnico-racial e social). Nesse sentido, imaginava-se que esses cursos viriam a ampliar as políticas de democratização que estavam sendo implantadas no âmbito da UFS, a exemplo das cotas para alunos de escolas públicas, afrodescendentes, indígenas e pessoas com necessidades educacionais especiais, dos cursos pré-vestibulares para alunos das escolas públicas, da expansão do ensino noturno, da expansão das bolsas de trabalho para alunos de baixa renda, da alocação de bolsas de iniciação científica para alunos cotistas etc. Naquele momento, a UFS já havia implantado o maior percentual de vagas reservadas (50%) para o vestibular no país, o que nos fazia supor que as resistências a um curso de extensão seriam mínimas, uma vez que ele reforçaria o esforço da instituição com uma maior diversificação social e étnica de seus estudantes, o que, como veremos, não foi tão simples assim.

Em termos de estrutura, foram propostas as seguintes disciplinas para os cursos: Inglês instrumental, Metodologia da pesquisa científica e Português acadêmico, com carga de 45 horas cada uma. Essas disciplinas seriam ministradas no período noturno ou aos sábados (para facilitar a adesão de alunos que tinham atividade profissional), na razão de oito horas-aula por semana, concentradas em dois dias.

Além dessas disciplinas, o curso previa a realização de Seminários temáticos, a serem ministrados por um coletivo de docentes voluntários/as do Neabi e do Programa de Ações Afirmativas da UFS, com a participação de professores/as e pesquisadores/as convidados/as dos Programas de Pós-Graduação, atendendo aos temas de interesse dos/as cursistas e às possibilidades de linhas de pesquisa de possíveis programas de ingresso dos/as estudantes. Essa disciplina, com 30 horas, seria ministrada em dia e horário flexível, em calendário elaborado com base na demanda do grupo selecionado.

Esses seminários foram pensados como uma articulação direta com as atividades de tutoria, atividades complementares obrigatórias do curso, que objetivavam orientar, subsidiar e acompanhar os/as cursistas nos encaminhamentos acadêmicos para participação nas seleções para os Programas de Pós-Graduação. Nessa atividade, o corpo de tutoria, formado por docentes com título de doutorado das diferentes áreas de conhecimentos dos/as cursistas, ficaria responsável a cada semestre/turma por até seis orientandos. Essa tutoria era prevista para ter 10 horas-aula por aluno (perfazendo cerca de 60 horas por grupo de seis alunos) e os horários seriam definidos a partir da composição dos subgrupos de orientação e de áreas e/ou eixos temáticos de interesse, considerando na definição dos horários a compatibilidade entre a disponibilidade dos/as cursistas e dos/as tutores/as orientadores/as.

A cargo de professores/as com experiência na orientação em nível da Pós-Graduação e vinculados/as a um dos programa de pós na UFS, a tutoria implicava as seguintes atividades:

1. orientação individual ou em grupo dos alunos no que diz respeito às informações sobre os editais de processos seletivos dos cursos *stricto sensu* da UFS, bem como apresentação da estrutura acadêmica dos programas e de suas linhas de pesquisa, apresentação dos laboratórios e grupos de pesquisas desses programas, assim como o diálogo com alunos/as do programa e o acesso às dissertações já defendidas;

2. orientação metodológica sobre os passos e a elaboração e adequação de dossiês de candidatura para modalidades específicas de cursos de Pós-Graduação, assim como roteiros de estudos para as provas dos processos seletivos quando fosse o caso;
3. orientação sobre a elaboração dos pré-projetos de candidatura às seleções, priorizando a sistematização de conhecimento científico nos formatos de projetos indicados por cada área, bem como a apresentação das normas universais de formatação de projetos acadêmicos.

Além dos cursos específicos e das atividades de tutoria, estava prevista ainda a realização de seminários de estudos e palestras em horários compatíveis com as atividades dos/as alunos/as. Havia a possibilidade de parte desses seminários e palestras serem acompanhados pelos/as alunos/as de modo virtual, na medida em que alguns deveriam ser gravados e disponibilizados *on-line*, proposta que por razões técnicas não pôde se concretizar. Os/as alunos/as foram também incitados/as a participar como ouvintes de disciplinas dos Programas de Pós-Graduação, como meio de familiarização com o universo acadêmico e estratégia de formação para a pesquisa.

Também estavam previstas cerca de 15 horas para atividades complementares extraclasse, tais como estudos dirigidos, pesquisas bibliográficas etc. Desse modo, o curso teria uma carga total de 240 horas distribuídas em quatro meses para cada turma. Como as seleções das pós-graduações no país dividem-se entre o final do ano (novembro e dezembro) e o meio do ano (junho e julho), priorizou-se criar três turmas de 40 alunos cada (duas das quais com final do curso no meio do ano, em razão dos prazos de vigência do convênio assinado entre a FCC e a UFS), a fim de possibilitar que os/as alunos/as participassem de seleções em diversas universidades ao mesmo tempo.

A ideia inicial era que os cursos fossem realizados durante a semana no período noturno, entre as 19 e as 23 horas, visando assim tornar possível a participação de alunos/as que exercem atividades remuneradas. Contudo, em virtude do calendário restrito após a assinatura do convênio entre a UFS e a FCC, na única turma realizada, optou-se que haveria aulas também aos sábados pela manhã e pela tarde, o que, para alguns/as alunos/as foi um impedimento para continuar nas atividades, uma vez que trabalhavam no sábado pela manhã.

De todo modo, o objetivo era que esses/as alunos/as tivessem acesso aos principais serviços postos à disposição pela universidade, a exemplo de carteiras de estudante, passe escolar para transporte público, possibilidade de acesso ao restaurante universitário com direito à tarifa reduzida (R$ 1,00 a refeição), consulta às bibliotecas (com direito a empréstimos), acesso a laboratórios de informática etc. Ademais, os/as alunos/as do curso não apenas tiveram direito à gratuidade no ato de inscrição, como também estariam isentos de pagar as taxas de inscrição nos processos seletivos para as pós-graduações no interior da UFS.

Ao término do curso, os/as alunos/as que obtiveram ao menos 75% de presença nas diversas disciplinas e médias superiores a cinco nas disciplinas fizeram jus a um certificado de participação.

Os/as alunos/as deveriam ser avaliados segundo diversos critérios além das atividades específicas a cada disciplina: a presença nas aulas e nas atividades complementares eram vistas como parte da avaliação global. Ademais, as atividades de tutoria e orientação foram pensadas para ser um barômetro importante para avaliar o compromisso e o potencial dos/as alunos/as, o que implicaria uma maior aproximação entre estes e seus possíveis orientadores, aumentando-lhes as chances de sucesso nos processos seletivos.

Como se pode notar, os princípios norteadores do Projeto Equidade na Pós-Graduação almejavam ampliar as chances dos alunos nos processos seletivos da Pós-Graduação, os quais, em geral, atribuem um grande peso aos projetos de pesquisa e ao domínio de língua estrangeira. No caso da UFS, isso não era diferente, conforme se pode depreender dos dados do Quadro 1.

QUADRO 1

Cursos de Pós-Graduação disponíveis na UFS em 2012

Cursos	Nível (M ou D) e avaliação Capes	Número de vagas	Época da seleção	Processo seletivo
Agroecossistemas	M (3)	M (19)	out./nov.	prova escrita, avaliação do *curriculum vitae*
Antropologia	M (3)	M (16)	out./nov.	projeto, prova específica de língua estrangeira, entrevista
Arqueologia	M (4)	M (20)	dez./jan.	prova escrita, defesa de projeto através de entrevista com comissão de seleção, prova de proficiência em uma língua estrangeira
Biologia Parasitária	M (3)	M (13)	nov.	prova de proficiência em língua estrangeira, prova escrita dissertativa, análise do *curriculum vitae*, defesa de projeto de dissertação
Biotecnologia em Recursos Naturais	M (3)	M (26)	out./nov.	avaliação de Currículo Lattes, prova de conhecimentos
Biotecnologia — Renorbio	D (5)	****	out./nov.	avaliação do projeto de pesquisa, *curriculum vitae*
Ciências da Computação	M (3)	M (15)	out./nov.	análise do *curriculum vitae* e histórico escolar, avaliação do pré-projeto
Ciências da Saúde	M (4) D (4)	M (33) D (26)	out./nov.	mestrado: avaliação do anteprojeto, análise do *curriculum vitae*, prova de proficiência em língua estrangeira, entrevista doutorado: defesa do anteprojeto, análise do *curriculum vitae*, prova de proficiência em língua estrangeira
Ciência e Engenharia de Materiais	M (4) D (4)	M (30) D (30)	out./nov.	prova escrita

Cursos	Nível (M ou D) e avaliação Capes	Número de vagas	Época da seleção	Processo seletivo
Ciência e Engenharia de Processos Químicos	M (3)	M (10)	out./nov.	prova de conhecimentos específicos
Ciências Farmacêuticas	M (3)	M (22)	out./nov.	análise da documentação, defesa do projeto, análise do *curriculum vitae*, prova de língua estrangeira
Ciências Fisiológicas	M (3)	M (20)	nov./dez.	prova de conhecimentos gerais em Ciências Fisiológicas, análise do *curriculum vitae*
Ciência e Tecnologia de Alimentos	M (3)	M (14)	nov./dez.	análise da documentação, prova escrita, prova de proficiência em língua estrangeira, entrevista, análise do *curriculum vitae*, histórico escolar
Desenvolvimento e Meio Ambiente	M (4) D (4)	M (33) D (10)	out./nov.	análise do pré-projeto pelo provável orientador, prova escrita dissertativa sobre tema geral, interpretação de texto em língua estrangeira, apresentação do pré-projeto, análise do *curriculum vitae*
Desenvolvimento Regional e Gestão de Empreendimentos Locais	M (3)	M (15)	out./nov.	exame de conhecimentos gerais em Economia, entrevista, análise do *curriculum vitae*, exame de compreensão e interpretação de texto em língua estrangeira
Direito	M (3)	M (12)	mar./abr.	prova escrita de conhecimento jurídico, língua estrangeira, defesa de projeto
Ecologia e Conservação	M (3)	M (21)	out./nov.	prova escrita dissertativa sobre temas gerais da Ecologia, prova de proficiência em língua estrangeira, análise do *curriculum vitae*
Educação	M (4) D (4)	M (30)	out./nov.	avaliação do projeto de pesquisa, análise do *curriculum vitae*, entrevistas/defesa, língua estrangeira
Engenharia Civil	M (3)	20	out./nov.	prova escrita

▼ continua

▼ cont. **QUADRO 1**

Cursos	Nível (M ou D) e avaliação Capes	Número de vagas	Época da seleção	Processo seletivo
Engenharia Elétrica	M (3)	M (20)	out./nov.	análise do *curriculum vitae*, avaliação do histórico escolar, avaliação da carta de motivação, avaliação da carta de aceitação
Ensino de Ciências e Matemática	M (3)	M (30	out./nov.	prova escrita, avaliação do projeto de pesquisa, análise do *curriculum vitae*, entrevista, língua estrangeira
Física	M (4) D (4)	M (30) D (20)	out./nov.	análise do *curriculum vitae*, entrevista, prova escrita de compreensão e interpretação de texto em língua estrangeira
Geociências e Análise de Bacias	M (3)	20	dez./jan.	análise do *curriculum vitae*, análise da minuta do projeto de dissertação, análise do histórico escolar, análise dos formulários de referência sobre os candidatos
Geografia	M (4) D (4)	M (15) D (19)	out./nov.	análise do *curriculum vitae*, entrevista, prova escrita de compreensão e interpretação de texto em língua estrangeira
Letras	M (3)	20	out./nov.	prova escrita, projeto, análise do *curriculum vitae*
Matemática	M (3)	M (10)	nov./dez.	prova escrita
Psicologia Social	M (3)	M (20)	out./nov.	aceitação do anteprojeto, proficiência em língua, prova de conhecimentos específicos, entrevistas
Química	M (3)	M (25)	out./nov.	prova escrita, análise do *curriculum vitae*
Sociologia	M (4) D (4)	M (20) D (10)	out./nov.	projeto, prova específica de língua estrangeira, entrevista
Zootecnia	M (3)	M (15)	out./nov.	prova de conhecimentos, análise do *curriculum vitae*, análise de projeto

Fonte: Elaborado pelos autores.

Embora esse não seja o escopo de discussão deste texto, não se pode ignorar o fato de que os critérios de seleção de muitos Programas de Pós-Graduação atribuam ao domínio de línguas estrangeiras o mesmo peso das provas de conhecimento específico ou dos projetos de pesquisa. Essa hierarquia de pré-requisitos diz muito sobre a mentalidade ainda predominante entre os docentes que compõem os Programas de Pós-Graduação, em que considerações acerca do acesso socialmente diferenciado dos candidatos a cursos de línguas não são vistas como pertinentes do ponto de vista acadêmico.

De todo modo, o curso Equidade na Pós visava não a sanar as lacunas em termos de domínio de conhecimentos específicos em todas as áreas, fator preponderante nas seleções, mas, simplesmente, a tornar as seleções menos enviesadas por dimensões bem mais dependentes das desigualdades de acesso ao ensino de boa qualidade que do mérito acadêmico (conhecer línguas estrangeiras em geral está associado à possibilidade de viajar ao exterior ou de seguir cursos privados de boa qualidade, por exemplo). Essa era, pois, uma iniciativa cujo intuito era tornar as seleções de Pós-Graduação mais igualitárias, algo que, como veremos a seguir, nem sempre foi assim entendido.

3. Das dificuldades institucionais

Como dissemos, o Programa Equidade na Pós-Graduação na UFS deu-se sob a forma de um curso de extensão. Para isso, a Pró-Reitoria de Extensão e Assuntos Comunitários foi contatada e foi aberto um edital para a realização da seleção dos candidatos. Durante a tramitação do projeto no Conselho de Ensino, da Pesquisa e da Extensão (Conep), etapa necessária para que o curso fosse implementado, o parecer da assessoria jurídica da UFS considerou a cláusula de reserva de vagas de 100% para alunos que realizaram o ensino médio em escolas públicas e, dentro desse percentual, de 70% para não brancos, uma prática discriminatória e, por isso, sugeriu sua supressão do edital de seleção do curso. O principal argumento usado era de que garantir todas as vagas ofertadas para alunos que haviam estudado em escolas públicas era altamente discriminatório para com os outros estudantes. Na compreensão evidenciada no parecer jurídico, as ações afirmativas não podiam ser exclusivas para populações marginalizadas, sob pena de desvirtuar o princípio da igualdade de oportunidades.

Na reunião em que o tema foi abordado, o coordenador do Projeto Equidade na Pós-Graduação foi convidado a prestar esclarecimentos sobre o tema e pôde-se perceber um certo clima de desconfiança em relação ao que se considerava "mais uma ação afirmativa na universidade", desta feita reservado apenas para alunos que cursaram o ensino médio em instituições públicas e com uma proporcionalidade elevada para não brancos e mulheres. Foi preciso esclarecer que um curso de extensão era completamente diferente de um curso regular, pois era voltado para públicos específicos; era assim, por exemplo, com os cursos voltados para a terceira idade ou para certas categorias socioprofissionais. Desse modo, o que se almejava com o curso era ampliar as oportunidades de estudantes pobres e negros nas seleções de mestrado e doutorado. Ora, aplicar o mesmo mecanismo da graduação, que previa apenas 50% das vagas para alunos de escolas públicas, era, na prática, anular os objetivos da formação, uma vez que reduzia o número de pobres e pretos beneficiados pela medida.

Argumentou-se ainda que os alunos oriundos do ensino médio de escolas particulares não necessitavam de formação complementar, pois em geral tiveram boas formações no ensino médio e conseguiram de algum modo se inserir em equipes e grupos de pesquisa, sendo já preparados para participar de processos de seleção de Pós-Graduação se assim o desejassem. O público que se buscava atingir era exatamente outro, que tinha terminado a graduação sem experiência com pesquisa e que, não fosse a iniciativa do curso de extensão em debate, não teriam muitas chances nos processos seletivos dos Programas de Pós-Graduação.

Graças ao apoio da Pró-Reitora de Extensão, presente na reunião, as resistências foram vencidas e o curso foi aprovado pelo Conep de acordo com o projeto inicial, abrindo assim a possibilidade para que a divulgação e as inscrições fossem realizadas. Apesar do desfecho positivo, a simples contestação jurídica do princípio de busca de equidade na Pós-Graduação demonstra o quanto essa questão desperta resistências e preconceitos.

De todo modo, uma vez aprovado o curso de extensão, procedeu-se a sua divulgação na imprensa, por meio de redes de militantes antirracistas no estado e de redes sociais na internet. Em virtude do calendário apertado, pretendíamos realizar o curso entre meados de outubro e final de dezembro de 2012 para que os alunos pudessem se inscrever e participar de algumas seleções de Pós-Graduação que se davam nesse período. Mas isso significou reduzir o tempo de divulgação do curso a apenas duas semanas, o que se traduziu no número relativamente restrito de inscritos, 43 candidatos para 40 vagas. A seleção dos candidatos consistiu na análise de currículo e de uma carta de intenções, além da entrevista, fase efetivamente mais importante do processo. Dado o perfil dos candidatos e a baixa concorrência, a comissão avaliadora, composta por professores do Neabi-UFS, decidiu aprovar todos os candidatos, exceto um que não respondia a todos os critérios do edital.

O curso foi iniciado após a assinatura do convênio entre a UFS e a FCC em setembro de 2012, mas antes que o convênio entre a UFS e a instituição gestora dos recursos, a Fundação de Pesquisa da UFS (Fapese), fosse formalmente estabelecido (fato de que só tomamos conhecimento depois do início das aulas). Em razão de problemas institucionais e legais dessa fundação, não foi possível usar os recursos previstos no projeto, o que dificultou a execução das atividades a serem desenvolvidas. Desse modo, os professores que ministraram as disciplinas, em sua maioria externos ao quadro de funcionários da UFS, não foram pagos, por exemplo. Da mesma forma, os recursos previstos para as tutorias, para as cópias de material didático etc. também não puderam ser utilizados.

Por tudo isso, o curso teve apenas uma turma, das três previstas. As dificuldades para liberar os recursos permaneceram durante os anos de 2013, 2014 e 2015, quando o convênio assinado entre a UFS e a FCC chegou ao final.

Durante a realização do curso, uma das principais reclamações dos alunos era a alta concentração das atividades, que ocupavam 16 horas por semana, fato que foi uma consequência dos atrasos na assinatura do convênio entre a UFS e a FCC (em virtude das imposições legais que a Procuradoria Federal impôs). Ou seja, a insegurança jurídica do curso, ao menos no que concerne à UFS, criou uma série de barreiras para a execução das atividades nas melhores condições possíveis.

Acrescente-se ainda que, em razão do calendário apertado e das dificuldades já apontadas, o curso Equidade foi realizado em um período concomitante ao das seleções de Pós-Graduação, o que, por um lado, inviabilizou a participação de alguns alunos nessas seleções e, por outro lado, levou outros a abandonarem as aulas para se dedicarem aos processos seletivos.

Outra grande dificuldade foi a resistência de alguns colegas vinculados às pós-graduações em aceitar os alunos do curso nas atividades de tutoria. Muitos se negaram a participar, alegando que isso daria maiores vantagens a nossos alunos em relação a outros candidatos. Esse foi, particularmente, o caso do Programa de Pós em Economia, que deliberou formalmente pela não participação de seus professores nas atividades de tutoria previstas no curso Equidade na Pós-Graduação. Com isso, um dos princípios norteadores do curso Equidade (a saber, a aproximação dos candidatos aos possíveis orientadores) não teve o êxito esperado.

Esse exemplo expressa uma inversão dos objetivos do curso Equidade na Pós-Graduação: a iniciativa que deu origem ao programa — reduzir as desigualdades educativas e democratizar o acesso à Pós-Graduação — foi interpretada como uma prática que privilegiava alguns nas seleções da pós. Há aí, certamente, uma dose de falta de informação por parte de alguns professores, mas isso expressa também uma certa recusa em considerar legítimo o enfrentamento da questão da falta de representatividade de negros e pobres na Pós-Graduação. Embora o curso tenha sido amplamente divulgado no interior da instituição e apesar de cada professor tutor ter recebido um documento explicando os objetivos do curso, seus compromissos como tutor e o valor a que ele teria direito, não houve da parte da coordenação do curso de extensão a proposta de reuniões individuais com os coordenadores dos programas de Pós-Graduação, o que, talvez, poderia ter sanado algumas dificuldades desse tipo.

Na verdade, reações como essas revelam os valores que ainda prevalecem nas universidades brasileiras, onde nem sempre as desigualdades são vistas como tais e sim como fruto de diferenças relacionadas à competência individual. A produção do conhecimento é vista apenas como fruto do nível de excelência dos professores e dos alunos, sem se considerar as condições sociais em que essa produção se dá e seus efeitos para o próprio conhecimento produzido. Pouco importa, por exemplo, que o nível de conhecimento de línguas estrangeiras expresse mais a possibilidade de pagar cursos de idiomas que a competência acadêmica e que o uso desse conhecimento nas seleções implique um corte de classe e de raça evidente. Pouco importa também que a disponibilidade para participar de atividades de pesquisa nas fases iniciais dos cursos de graduação — o que requer condições financeiras para se manter apenas estudando — signifique maiores chances nas seleções de pós, em razão dos vínculos já estabelecidos com os orientadores e do manejo da cultura acadêmica hegemônica em determinada área. Ou seja, questões que estão ligadas ao modo como o mundo acadêmico está organizado e que influenciam maiores chances de sucesso de alunos com um certo perfil de classe e de cor não são ou não devem ser postas em análise nem desestabilizadas por iniciativas como os cursos de extensão ensejados pelo Programa Equidade na Pós-Graduação. Segundo esse modo de pensar, práticas antidiscriminatórias são vistas como criadoras de privilégios; ações de combate ao elitismo são vistas como ameaças à qualidade de ensino e à excelência acadêmica etc.

Sem querer aderir a teses conspiratórias simplistas, não é de todo estapafúrdia a hipótese de que decorrem desse sentimento difuso de que o curso de extensão em análise era uma experiência injusta, compartilhado por atores institucionais importantes, algumas das dificuldades encontradas pelos coordenadores, professores e alunos durante a realização das atividades previstas. Mesmo atividades simples como alocar salas de aulas para as atividades eram, por vezes, extremamente cansativas e problemáticas, para mencionarmos apenas um dos exemplos mais triviais.

De todo modo, estamos diante de um caso que demonstra que, quando se trata de combater os efeitos nocivos do racismo e das desigualdades sociais no âmbito das universidades (que têm exercido tradicionalmente o papel de espaço de reprodução das elites), as resistências institucionais não podem ser dissociadas de fenômenos como o racismo e o preconceito de classe institucionalizados (Silvério, 2002).

4. À guisa de conclusão: que ensinamentos tirar da experiência?

Apesar de todos os problemas relatados, consideramos a experiência altamente exitosa para o debate sobre as desigualdades de acesso à Pós-Graduação na UFS. Em primeiro lugar, o curso despertou um grande interesse de potenciais candidatos: mesmo depois de iniciadas as aulas, recebemos contatos com pedidos de informações sobre novas turmas e formas de preparo para participar. Esse interesse se explica tanto pelos projetos de cursar uma Pós-Graduação como também pelo fato de antigos alunos terem mencionado em suas redes de amizade o curso como uma boa oportunidade para se atualizar com vistas a uma eventual seleção de Pós-Graduação.

Entre os candidatos aprovados na seleção da única edição do curso realizada, algo evidente tanto para os coordenadores da proposta quanto para os professores das disciplinas foi o ganho de autoestima dos alunos. Com efeito, esses, quando aprovados, passam a ver-se como capazes de continuar seus estudos e competir de igual para igual com os candidatos que não cursaram o Equidade.

Procuramos manter esse entusiasmo inicial por meio de um engajamento de um maior número de docentes (sobretudo nas atividades de tutoria) e de medidas de caráter simbólico (debates, seminários etc.), uma vez que consideramos esse o principal ganho do curso. Nas reuniões de avaliação que realizamos durante a vigência do curso, muitos alunos exprimiram isso em termos de "sentirem-se mais preparados" ou de descobrirem "que entrar na Pós-Graduação não era um bicho de sete cabeças". Embora admitindo as dificuldades enfrentadas (insistiram, por exemplo, sobre a importância de um cronograma menos pesado para os alunos e a necessidade da adequação do curso ao calendário das seleções de Pós-Graduação, pois eles se sentem mais motivados nos períodos próximos a essas seleções), eles eram unânimes em reconhecer que saíam do curso mais autoconfiantes. Temos aqui a demonstração do que autores como Taylor (1992) e Honneth (2003) vêm ressaltando: o reconhecimento é fundante de uma identidade positiva de si e imprescindível para um posicionamento no mundo de forma ativa.

Do ponto de vista dos resultados práticos obtidos, dos 42 alunos inscritos inicialmente, 19 terminaram o curso e 5[4] foram aprovados em programas de Pós-Graduação (Educação, Meio Ambiente, Antropologia, Direito), o que significa que em algum grau o curso teve também um efeito positivo na preparação em termos de conteúdos e de conhecimento da cultura acadêmica para os alunos.

Isso demonstra também o quanto iniciativas como as do curso Equidade na Pós são capazes de potencializar projetos de ascensão social e de intervenção sobre a realidade de integrantes de grupos minoritários. Assim, por exemplo, uma das alunas aprovadas em um Programa de Pós-Graduação é negra e oriunda de uma comunidade tradicional (catadoras de mangaba), sendo considerada por muitos uma liderança em ascensão no interior de sua comunidade de origem.

Ou seja, o curso Equidade na Pós-Graduação deu visibilidade, no âmbito da comunidade acadêmica, à questão do acesso de populações discriminadas à Pós-Graduação, o que se pode observar pelo debate que ele incitou e pelas expectativas de militantes da luta antirracista de que a UFS responda de alguma forma às tendências recentes de ações afirmativas na Pós-Graduação em diversas universidades públicas. Esse curso também foi importante para que alguns indivíduos

---

4. Esse é um número que corresponde apenas aos casos comunicados à coordenação do curso Equidade, podendo haver outros casos não reportados.

engajados em processos de transformações sociais se capacitassem e buscassem inserir-se em espaços de formação pós-graduada.

Oxalá tudo isso ajude no debate público mais amplo sobre a importância das ações afirmativas para as políticas igualitárias no país.

Referências

GUIMARÃES, Antonio Sérgio Alfredo. O acesso de negros às universidades públicas. In: SILVA, Petronilha Beatriz Gonçalves; SILVÉRIO, Valter Roberto (Orgs.). *Educação e ações afirmativas*: entre a injustiça simbólica e a injustiça econômica. Brasília: MEC/Inep, 2004. p. 193-216.

HONNETH, Axel. *A luta por reconhecimento*. São Paulo: Editora 34, 2003.

NEVES, Paulo S. C. Luta antirracista: entre reconhecimento e redistribuição. *Revista Brasileira de Ciências Sociais*, São Paulo, v. 20, n. 59, p. 81-96, 2005.

______. Les discriminations positives dans une perspective comparée: les cas brésilien et français. *Hommes et Migrations*. Documents, v. 1281, p. 92-101, 2009.

______. A política de reserva de vagas da Universidade Federal de Sergipe para alunos de escolas públicas e não brancos: uma avaliação preliminar. In: SANTOS, Jocélio Teles dos (Org.). *O impacto das cotas nas universidades brasileiras (2004-2012)*. Salvador: EdUFBA-Ceao, 2013. v. 1, p. 243-278.

PAIVA, Angela R. (Org.). *Entre dados e fatos*: ação afirmativa nas universidades públicas brasileiras. Rio de Janeiro: PUC-Rio/Pallas, 2010.

ROSEMBERG, Fúlvia. *Ação afirmativa na pós-graduação*: o Programa Internacional de Bolsas da Fundação Ford na Fundação Carlos Chagas. São Paulo: FCC/SEP, 2013.

SANTOS, Jocélio T. (Org.). *O impacto das cotas nas universidades brasileiras (2004-2012)*. Salvador: Ceao, 2013.

SILVÉRIO, Valter R. Ação afirmativa e o combate ao racismo institucional no Brasil. *Cadernos de Pesquisa*, São Paulo, n. 117, p. 219-246, nov. 2002.

TAYLOR, Charles. *Multiculturalism and the "politics of recognition"*. Princeton: Princeton University Press, 1992.

CAPÍTULO 4

Ação afirmativa na UEMS-UCDB com vistas à equidade na Pós-Graduação para negros/as e indígenas

Beatriz dos Santos Landa (UEMS)
Eva Maria Luiz Ferreira (UCDB)

Atendendo a demandas geradas pelo processo colonial e monárquico, por regimes ditatoriais e por um período republicano que ainda não cumpriu com os seus ideais em relação aos segmentos historicamente marginalizados, silenciados, desvalorizados e invisibilizados, a promulgação da Constituição de 1988 acolheu e garantiu direitos humanos sistematicamente negados ao longo da história brasileira. Também fez eclodir na década de 1990 movimentos reivindicatórios de mulheres, negros, indígenas, lésbicas, gays, bissexuais, travestis, transexuais e transgêneros (LGBT), deficientes, campesinos e outros que buscavam ter acesso aos bens da sociedade relacionados à educação de qualidade, saúde, respeito às formas de relacionamento não hegemônicas, equidade nas diferentes esferas da vida pública, educação superior e valorização das culturas partilhadas por grupos minoritários, entre outros. Desde então esse reconhecimento e a mobilização dos movimentos sociais vêm consolidando a adoção de políticas públicas voltadas para segmentos historicamente marginalizados nos diferentes níveis do processo formal educativo.

Nos últimos 15 anos, tem ocorrido uma expansão na graduação por meio de políticas governamentais federais, como o Programa de Apoio a Planos de Reestruturação e Expansão das Universidades Federais (Reuni), que criou novas universidades públicas;[1] a ampliação no número de cursos e, por conseguinte, de matrículas; a expansão dos cursos de graduação em locais onde esse nível de ensino só era oferecido por centros universitários ou faculdades isoladas; o acesso mais democrático proporcionado pelo Exame Nacional do Ensino Médio (ENEM), pelo Sistema de Seleção Unificada (SISU), em que as notas obtidas na avaliação são o critério para a disputa em universidades públicas de qualquer lugar do país, minimizando os custos de inscrições e deslocamentos, principalmente para aqueles de menor renda, entre outras ações.

Apesar desse esforço federal de ampliação do acesso ao ensino superior, percebem-se vários fatores de desigualdade: 74,7% das matrículas ainda estão computadas em instituições privadas, quadro cuja modificação exigirá um grande investimento; a maior parte das instituições públicas concentra-se nas regiões Sul e Sudeste, onde estão, por sua vez, as mais bem avaliadas e com padrão de excelência ratificado por avaliações internacionais, seja em virtude das estruturas físicas apresentadas ou do acesso a verbas públicas que são distribuídas desigual e irregularmente para os diferentes entes federados.

---

1. No Mato Grosso do Sul, o exemplo é a criação da Universidade Federal da Grande Dourados (UFGD).

Enfim, todas essas variáveis aliadas a outras configuram um quadro de desigualdades nas oportunidades educacionais para a região na qual o projeto foi desenvolvido: o Centro-Oeste brasileiro.

Ao mesmo tempo, de 2003 a 2010 houve uma expansão de mais de 50% na Pós-Graduação, passando de 112,3 mil matrículas para 173,4 mil segundo André Lázaro, a partir da análise de dados disponibilizados pela CAPES/MEC.[2] Nesse nível de ensino, contudo, revela-se uma inversão na oferta de matrículas: 83,6% delas concentram-se nas instituições públicas. Entretanto, como as vagas são bastante restritas, esse nível também apresenta uma menor taxa de populações historicamente excluídas da vida escolarizada, principalmente pessoas negras e indígenas. Este último segmento tem acessado a Pós-Graduação de forma tímida, mas efetiva e sistemática nos últimos dez anos.

O curso Equidade na Pós-Graduação: o acesso de populações sub-representadas, objetivou a preparação de pessoas negras, indígenas, professoras/es da rede pública de ensino e outros segmentos da população cuja presença ainda é pouco perceptível nos programas *stricto sensu*. Esse projeto foi apresentado à Fundação Ford no ano de 2011, por meio do consórcio entre a Universidade Estadual de Mato Grosso do Sul (UEMS) e a Universidade Católica Dom Bosco (UCDB), sendo oferecidas anualmente duas turmas de 50 cursistas, uma na capital, Campo Grande, e outra em Dourados. As ações afirmativas com recorte étnico-racial que as universidades vêm implantando desde o ano 2000 têm resultado em um número significativo de ingressantes dos segmentos anteriormente excluídos do ensino superior — nesse caso específico negras/os e indígenas — em diferentes cursos de graduação, mas ainda em quantidade muito inferior ao que se aproximaria da efetiva equidade nesse nível educacional.

---

2. André Lázaro, professor da UERJ, pesquisador da FLACSO-Brasil, coordenador do projeto GEA-ES, em palestra no evento. Ação afirmativa no Ensino Superior. Projeto Equidade na Pós-Graduação: percurso, balanço e perspectivas. Fundação Ford, Rio de Janeiro, agosto de 2013.

A UCDB, uma das proponentes do consórcio, apresenta linhas de pesquisa na Pós-Graduação em Educação e em outros programas que têm acolhido pessoas pertencentes às diferentes etnias existentes no Mato Grosso do Sul de forma regular nos últimos sete anos, o que tem atraído jovens recém-graduados para seus quadros discentes. O estado apresenta a segunda maior população indígena no Brasil, e segundo os dados do IBGE de 2010, eram em torno de 73 mil índios, pertencentes às etnias Guarani e Kaiowá (43401) e Terena (28845), e ainda Kadiweu, Kinikinau, Guató, Kamba e Atikum. Essa política na Pós-Graduação tem consolidado a UCDB como uma das instituições que, embora não tenha implantado o regime de cotas, apresenta uma política de ação afirmativa significativa no nível superior, como demonstra uma das linhas de pesquisa do programa de Educação, que tem acolhido sistematicamente indígenas em seus quadros, com doze mestres e doutores já em atuação profissional. Esse dado é corroborado novamente pelo indicador de que 40% dos aprovados em programas *stricto sensu* que frequentaram o curso Equidade na Pós-Graduação: o acesso de populações sub-representadas — doravante denominado apenas por "Equidade" — estejam matriculados nessa instituição (Concurso, 2015). Além de indígenas, pessoas negras também têm ingressado na Pós-Graduação e se dedicado a pesquisas que se articulam com as demandas de segmentos historicamente excluídos dos processos educacionais formais.

A UCDB é uma instituição comunitária e tem como política de ação afirmativa para povos indígenas a oferta de bolsas de estudo que cobrem 100% do valor das mensalidades. Os indígenas pertencem em sua maioria à etnia Terena, com representantes dos Kadiweu, Kinikinau, Bororo e Xavante em cursos como Direito, Psicologia, Educação Física, Enfermagem, História, Fisioterapia, Design, entre outros. Não há uma política específica para o acesso do segmento negro.

Após a aprovação de legislações estaduais, a UEMS regulamentou a partir de 2003 o sistema de cotas, o qual estabeleceu que 10% do total de todas as vagas ofertadas seriam destinadas aos povos indígenas e 20% para os que se declarassem negros (CEPE, 2003, 2004;

Mato Grosso do Sul, 2002, 2003). Essa política inclusiva, vigente desde então, mesmo depois da adesão ao Sisu no ano de 2010, vem garantindo uma transformação no perfil discente da instituição. Enfrentando cotidianamente o preconceito, a discriminação e o racismo (velados, explícitos ou mal-disfarçados), eles têm conseguido ampliar suas oportunidades educacionais, superando inclusive a formação deficitária recebida na educação básica, acessando a educação superior em universidades públicas, privadas e comunitárias do estado.

Há indígenas em todos os cursos da instituição, dos quais 75% pertencem à etnia Terena, 20% à Guarani e Kaiowá e 5% a outras etnias, inclusive de fora do estado, fato que se ampliou com a adesão ao Sisu no ano de 2010. Em 2014, estavam matriculados 275 estudantes em licenciaturas, bacharelados e cursos tecnológicos, distribuídos em 12 das 15 unidades universitárias[3] do Mato Grosso do Sul, com grande variação: de 1 estudante indígena como nos municípios de Mundo Novo e Ivinhema, em torno de 50 em Campo Grande e 90 na sede em Dourados. Em relação ao gênero, há uma distribuição praticamente igualitária na instituição, o que pode ser atribuído ao fato de que os povos indígenas decidiram autonomamente, por meio de suas lutas, estimular o ingresso de crianças e jovens à educação formal escolarizada independentemente do sexo, mesmo que haja diferenças na permanência dos grupos (Landa, 2013), buscando garantir os direitos conquistados e reconhecidos na Constituição de 1988. Os cursos mais procurados são as licenciaturas, cujos concluintes estão atuando nas escolas localizadas nas diferentes áreas indígenas ou externamente a estas, o que vem contribuindo para a melhoria da educação nos municípios onde se inserem e para a motivação de estudantes da educação básica.

Outras universidades do estado possuem políticas de ação afirmativa que focam populações específicas, como as universidades

---

3. São denominadas unidades universitárias e não *campus* cada uma das estruturas de ensino, pesquisa e extensão localizadas em 15 municípios do MS, onde são oferecidos os cursos de graduação e Pós-Graduação que fazem parte da UEMS.

federais, que, desde a aprovação da Lei n. 12.771 (Brasil, 2012), têm possibilitado o acesso de segmentos socioeconomicamente vulneráveis, pessoas negras e estudantes de escolas públicas.

1. Estrutura e oferta do curso

Tendo em vista a experiência das duas instituições no atendimento a pessoas negras e indígenas, foram divulgadas na imprensa local as vagas — em número maior para os segmentos já mencionados — nas licenciaturas em Biologia, Letras, Matemática, Educação Física, Pedagogia, Licenciatura Intercultural e Filosofia e nos bacharelados em Direito, Enfermagem, Administração, Agronomia, Bioquímica e Assistência Social, entre outros. Os dados dos questionários analisados pela equipe da Fundação Carlos Chagas (FCC) apontam que 24% das pessoas inscritas para o curso eram graduadas na área de Humanas, com destaque para Pedagogia/Educação (Concurso, 2015, p. 12), dado verificado no perfil dos estudantes com um histórico educacional excludente, pois são provenientes de escolas situadas em bairros periféricos, zonas rurais, com estruturas escolares deficitárias, professores/as despreparados/as e mal-remunerados/as, em muitos casos sem formação específica para a disciplina que ministram, entre outros aspectos. Entretanto, é preciso reconhecer que a inserção dessas pessoas graduadas nessas mesmas escolas poderá significar a ruptura dessa situação e a busca pela Pós-Graduação (*lato* ou *stricto sensu*) indica essa perspectiva de superação e minimização das desigualdades nesse campo específico de acesso aos bens da sociedade envolvente.

Outro ponto a ser destacado é que várias pessoas que não preenchiam os requisitos propostos na seleção (pertencer aos segmentos negros e indígenas, e no terceiro edital também foi incluído professor/a da escola pública ou vulnerável socioeconomicamente) entraram em contato para fazer parte do curso, externando sua contrariedade por meio de comentários que demonstravam o desconhecimento da política que envolve as ações afirmativas, como "Por que só para negros e índios? Isto é discriminação também". Quando as pessoas da coordenação percebiam que havia interesse do candidato em compreender o motivo da diferenciação para esses segmentos, os objetivos do projeto e o porquê desse público, explicava-se a proposta em detalhes, mas quando se tratava de uma crítica calcada no senso comum e no processo já bastante conhecido e vivenciado no estado de preconceito e discriminação a esses grupos marginalizados no setor educacional, optou-se por esclarecimentos menos densos. Esses comentários exprimem que ainda há um longo caminho a percorrer quando se trata de garantir direitos a esses grupos fortemente estigmatizados no estado do Mato Grosso do Sul.

As motivações para o interesse no curso, declaradas nos instrumentos utilizados na inscrição para o processo seletivo de ingresso no curso preparatório sinalizam questões e sentimentos relacionados à condição de pertencimento a grupos que desenvolveram estratégias para a superação das desigualdades vivenciadas nas trajetórias escolares e vulnerabilidades socioeconômicas, acompanhados de uma relação intrínseca com suas comunidades e realidades históricas. Assim, além dos aspectos relacionados aos objetivos como ampliar o conhecimento e elaborar projetos significativos a fim de concorrer em condições de igualdade com os demais candidatos e ser aprovado nos processos seletivos de programas *stricto sensu,* as outras motivações apontadas foram: o fato de não se sentirem preparados para os processos seletivos das universidades representando o maior número de respostas (50%), possibilidade de ascensão na carreira atual (17%), atuar como docentes em universidades (17%) e conhecimento dos Programas de Pós-Graduação (17%). (Concurso, 2015, p. 14). Além dessas, outras justificativas, alinhadas com as lutas dos movimentos negro e indígena, foram verbalizadas ao longo dos três anos de oferta dos cursos. As ideias presentes nesses discursos permitiram compreender a existência de fortes vínculos desses postulantes com demandas étnico-raciais que têm pontos em comum, como a superação das desigualdades, mas que apresentam também diferenças específicas de cada um desses segmentos e relacionadas ao fator regional da sociedade envolvente, conforme exemplos verbalizados a seguir.

Os representantes indígenas presentes no curso, considerando o componente étnico e de povo do qual são originários, vislumbram estudar seu povo sob a ótica acadêmica aliada à aquisição de conhecimento para propor alternativas para a superação dos problemas existentes em suas comunidades nas áreas da saúde, educação, assistência social, sustentabilidade, direito e para atender demandas coletivas. Os relatos a seguir evidenciam essas perspectivas:

> *Contribuir para a manutenção e valorização da cultura, procurando oferecer uma educação de qualidade para os alunos indígenas, que venha realmente ao encontro com seus projetos de futuro e de autonomia.* (I. M.)

> *O mestrado será um caminho para buscar o conhecimento de nossa comunidade, escrever nossa língua e nossa cultura na história, assim compreendendo nossa realidade do estado do Mato Grosso do Sul.* (M. R. F.)

> *Faço parte de uma minoria que por séculos foi posta à margem da sociedade. [...] Compartilhar uma cultura que é rica como qualquer outra. Sonhar com uma sociedade mais integrada, em que origens, crenças e culturas tenham espaço, respeito e compreensão.* (V. A. S.)

> *Trabalhar com meu povo contribuindo para um mundo mais justo, onde homens e mulheres indígenas possam ocupar espaço que não seja só o da miséria e do preconceito.* (M. A. M.)

O ingresso em um Programa de Mestrado é vislumbrado como possibilidade de superação das condições educacionais desiguais e um meio de minimizar essas e outras situações, como se observa na justificativa de uma das cursistas: "Sofri e ainda sofro muita discriminação por minha origem, mas não foi empecilho para eu desanimar".

Nos relatos de pessoas negras inscritas também se percebem aspectos relacionados a projetos de futuro que motivam o desejo de ingressar no mestrado como uma das opções para superar as desigualdades étnico-raciais presentes nas escolas e universidades brasileiras

— responsáveis, como se sabe, pela evasão, retenção e repetência de uma parcela significativa de estudantes desses segmentos da população. Os dados dos questionários de ingresso demonstram que mais de 65% dos familiares possuem ensino fundamental incompleto. Assim, as/os candidatas/os ao projeto "Equidade" estão de fato rompendo com a baixa escolarização familiar. Contudo, para que possa haver uma mudança na pirâmide social, essa escolaridade precisa ter continuidade na geração atual com outros membros (irmãos, sobrinhos, primos) e nas seguintes.

Outra informação importante é a conclusão da graduação em situação de vulnerabilidade social e econômica, pois a maioria das/os 300 inscritas/os aponta que, entre as principais dificuldades enfrentadas nesse período, estão as financeiras, acompanhadas pela falta de tempo para se dedicar aos estudos por precisarem trabalhar ou, no caso das mulheres, cuidar dos filhos. Muitos/as assumem na carta de intenção elaborada para o ingresso no curso que fizeram a graduação "sem a dedicação necessária para ter o preparo para continuar os estudos em níveis mais elevados". Entre indígenas, o item que aponta a "baixa colaboração de amigos e colegas" também foi assinalado mais frequentemente por ser uma realidade vivenciada no cotidiano universitário, em que são marginalizados nos trabalhos em grupos, suas opiniões são frequentemente desconsideradas e, em casos mais extremos, sua presença não é bem-vinda ou não é aceita na formação das configurações para o cumprimento das atividades acadêmicas. Os saberes e os conhecimentos tradicionais/locais trazidos por indígenas são desqualificados, desvalorizados, considerados de segunda categoria e, dependendo da área abordada, ainda são vistos como crendices, bruxarias ou atraso intelectual. Como argumentam Brand e Calderoni (2012, p. 182), isso implica "repensar como se deram na América os processos de colonização, que deslegitimaram e subalternizaram povos e conhecimentos, impondo-lhes uma forma de saber, a europeia, colocada como universal".

A baixa autoestima resultante desse contexto desumano desmotiva possíveis candidatos/as para a continuidade dos estudos em Programas de Pós-Graduação, mesmo com a existência de direitos educacionais garantidos por legislações avançadas teoricamente, mas que ainda tem uma enorme dificuldade em promover equidade e igualdade de condições nas várias áreas do cotidiano, impelindo jovens promissoras/es a abandonar os estudos, ou a não se sentirem capazes de continuar o processo formativo, como é possível depreender do seguinte argumento: "Nem todos têm a oportunidade de sair da graduação e ingressar em programas de mestrado e doutorado, pois não se sentem preparados" (J. G. B.).

Ao mesmo tempo, as/os candidatas/os reconhecem que, por meio de estudos em programas de mestrado e doutorado, podem enfraquecer/quebrar estereótipos arraigados na sociedade e que as ações afirmativas contribuem para esse esforço de superação do imaginário que exterminou povos inteiros, subalternizou e desqualificou saberes seculares, ao mesmo tempo que transformou seres humanos em escravos para o sucesso do empreendimento colonizador.

> *Eu quero fazer parte de um grupo que faz a diferença na vida, na sua comunidade e que possa contribuir para uma sociedade melhor.* (S. S. E.)
>
> *Minha intenção é criar uma referência para a comunidade afrodescendente, onde gravitam estereótipos culturalmente incorporados, que acabam por se contrapor aos valores da dignidade.* (M. A. B.)
>
> *Certamente um número maior de afrodescendentes na pós pode contribuir para ampliar o estudo e a compreensão da realidade social dessas populações, inclusive refletindo sobre o reduzido número de negros na academia.* (V. A. S.)

Todas as seis turmas, sendo três em Campo Grande e três em Dourados, já concluíram a formação de 200 horas/aula nas quais foram oferecidas disciplinas de Português Acadêmico, para ampliar a leitura e a interpretação de textos; Inglês Instrumental, tendo em vista que a maioria das provas de proficiência dos processos seletivos indica essa língua estrangeira como obrigatória ou uma das opções possíveis a serem selecionadas pelas/os candidatas/os. Apesar da fronteira com o Paraguai e a Bolívia, em Mato Grosso do Sul a maioria dos processos seletivos escolhem o inglês e desconsideram o espanhol como segunda língua de valor acadêmico. Somente um programa aceita a língua Guarani como uma das possibilidades de prova, mas é pouco divulgada entre os próprios indígenas falantes do idioma. A disciplina de Metodologia Científica foi oferecida para proporcionar aos cursistas elementos formais para a elaboração dos projetos, já que uma parcela de somente 18% das pessoas inscritas (Concurso, 2015) participou de programas de iniciação científica e/ou extensão que lhes propiciassem experiências na elaboração, na produção e na divulgação de conhecimentos, que resultariam, por sua vez, em uma produção intelectual socializada por meio de eventos, anais e revistas científicas.

Verificou-se que 90% dos inscritos não possuíam, ou sequer sabiam da existência do Currículo Lattes, instrumento nacional por meio do qual é visibilizada toda a produção científica do país. Esse desconhecimento sinaliza que, ao cursarem a graduação, não se vincularam a grupos de pesquisa ou de extensão em suas instituições formadoras e, portanto, não tiveram prática na elaboração de projetos, textos científicos e outras produções como relatórios, resumos etc. Muitos desses cursistas não tiveram como critério para graduar-se a produção de um trabalho de conclusão de curso (TCC), o qual lhes permitiria um contato, ainda que reduzido, com as diversas etapas de uma pesquisa, com a produção de uma monografia e com o processo de construção do conhecimento.

Isso pode ser creditado ao fato de que 50% concluíram seus cursos em instituições privadas (Concurso, 2015, p. 11), situação corroborada pelos dados do Instituto Nacional de Estudos e Pesquisas Educacionais Anísio Teixeira (Brasil, 2011) em que mais de 70% das vagas no ensino superior de Mato Grosso do Sul são ofertadas por instituições dessa categoria administrativa. Há que se incluir nesse cenário ainda dois fatores: a educação a distância, que, nos últimos dez anos, também ampliou as vagas nesse nível educacional, e o valor das mensalidades dos cursos de licenciaturas no estado, que podem ser consideradas irrisórias. A combinação desses elementos resulta em uma precariedade na formação de egressos, em cursos nos quais não são exigidos trabalhos de elaboração individuais como os

TCCs ou são feitos coletivamente, o que não permite a experiência da execução de projeto de pesquisa.

O perfil das turmas formadas para o curso, que agrega muitos destes fatores, tornou-se um agravante para a coordenação do projeto e para os ministrantes, pois foi necessário esclarecer questões e situações relacionadas à produção de conhecimento, desnecessárias para estudantes que participam de iniciação científica, extensão ou mesmo de outras atividades relacionadas à vida acadêmica. Por outro lado, esse é o público do projeto em tela, pois o princípio para a oferta de um curso com essas características é justamente preparar pessoas que buscam preparar-se para os processos seletivos para programas *stricto sensu*, mas que ao longo de sua formação não tiveram oportunidade de participar de programas de iniciação científica, ou que não realizaram trabalhos de conclusão de curso em função de sua não obrigatoriedade na instituição, ou que se interessaram mais tarde pela investigação científica para compreender as questões contemporâneas.

A faixa etária entre os 30 e os 45 anos representa o maior percentual de alunos e contribui para a compreensão da pouca/nenhuma experiência em pesquisas na graduação, pois quando concluíram seus cursos, não havia a exigência de realização de trabalhos de conclusão que oportuniza uma experiência com a prática investigativa, mesmo que limitada. Mais de 70% dos graduados são provenientes de cursos pertencentes às Ciências Humanas, e esse dado merece atenção, já que a maior concentração de inscritos para as seleções de pós-graduação *stricto sensu* também ocorrerá em programas relacionados a essa área de conhecimento, como Educação, Antropologia, História e Geografia, indicando que não somente concorrerão entre si, mas com pessoas mais jovens que vêm construindo um currículo acadêmico de acordo com as normas de agências como a Coordenação de Aperfeiçoamento de Pessoal de Nível Superior (Capes) e o Conselho Nacional de Desenvolvimento Científico e Tecnológico (CNPq).

Ao mesmo tempo, há uma grande discrepância de gênero, com as mulheres representando praticamente o dobro em relação aos homens (Concurso, 2015, p. 6): "A maioria dos inscritos para uma vaga nos cursos de formação pré-acadêmica era de mulheres indígenas que concluíram o ensino médio entre 1990 e 2005 em escolas públicas, com índice de 60%" (Idem, p. 10). Esse dado está em consonância com a mudança de perfil escolarizado, pois, nos últimos 30 anos, em todos os níveis formais da educação as mulheres vêm superando o déficit educacional, estando em maior número inclusive nos programas de mestrado e doutorado.

A grande maioria das/os candidatas/os não tem interesse em sair do estado de Mato Grosso do Sul para cursar programas *stricto sensu*, já indicando que farão seleção preferencialmente nas universidades localizadas em Dourados e Campo Grande, cidades em que estão sendo oferecidas as preparações em tela e que concorrerão, portanto entre si nos programas existentes no estado. Ao serem alertados/as sobre essa situação, alegaram que a estrutura familiar e/ou profissional vivenciada não lhes permitia o afastamento para outros estados. Pode-se afirmar que está sendo reproduzido o que foi colocado anteriormente: constrangimentos econômicos e pessoais limitam a formação, mesmo em níveis mais elevados, indicando que são necessários investimentos significativos em ações afirmativas para alterar efetivamente o quadro das desigualdades raciais, étnicas, de gênero, econômicas e culturais.

Outro fator importante que recebeu atenção especial por parte da coordenação por meio das tutorias, foi a orientação para a preparação de todo o dossiê — projeto adequado ao programa para o qual a/o cursista iria se candidatar, preenchimento do Currículo Lattes, preparo da documentação, leitura atenta dos editais etc. — de maneira que fossem reduzidas as probabilidades de indeferimento das inscrições por alguma falha na apresentação da documentação exigida em cada universidade, e que segundo os coordenadores de diferentes programas que fizeram palestra como uma das atividades do curso, tem sido um fator recorrente para determinar a reprovação antecipada.

Os profissionais selecionados para atuar no curso apresentavam sensibilidade em relação a esses segmentos da população, formação em programas *stricto sensu* de mestrado e doutorado e sobre a temática que seria tratada, de forma que as/os cursistas em pouco tempo se apropriaram das informações necessárias para participar dos processos seletivos com boas chances de aprovação. Entretanto, a língua inglesa representa uma barreira praticamente intransponível, pois há muitos que tiveram somente as aulas ofertadas na escola ou que nunca tiveram contato com a aprendizagem de uma segunda língua, como é o caso dos indígenas. Essa situação já é um elemento de exclusão para esse nível de educação, pois poucos programas não possuem o inglês como língua estrangeira no processo seletivo. Há que se destacar que o programa em educação da UFGD aceita o guarani como segunda língua, o que amplia as chances de esses indígenas que dominam sua língua materna e o português como segunda língua, mas é a única no conjunto das instituições que oferecem Pós-Graduação *stricto sensu*.

2. Aprendizagens institucionais com a oferta do curso

Apesar de todo o empenho da coordenação e do oferecimento de ajuda de custo para auxiliar no deslocamento e na alimentação para aquelas pessoas que moravam fora das cidades de oferta, verificou-se uma taxa de desistência entre 60 e 65%. Os principais motivos para a alta evasão se deveram a fatores que não estavam no controle da gestão do projeto e que não podiam ser transformados para manter a presença do cursista, como os seguintes: mudança para outra cidade, problemas de saúde, representações nos movimentos indígenas, casamento e trabalho, estiveram entre os motivos expostos na justificativa de desistência. Mesmo não participando de todas as disciplinas oferecidas, os/as cursistas puderam aproveitar o aprendizado em suas atividades cotidianas e alguns demonstraram que a desistência era provisória, com a perspectiva de retornar à preparação para cursar uma pós-graduação:

Incompatibilidade de horários, tendo em vista que inicialmente eu tinha um determinado horário de trabalho e, quando o curso iniciou, meu quadro de horário mudou e, portanto, não pude dar seguimento ao curso. (A. C. S. B.)

Infelizmente optei por desistir no curso, com aperto no coração, pelos motivos supracitados, e aproveito para agradecer a oportunidade dada, pois as aulas que participei contribuíram para uma aprendizagem significativa. (D. S.)

Muito obrigado pela oportunidade, espero revê-la em outra ocasião, não desisti de fazer mestrado apenas preciso me reorganizar para que esse sonho se concretize. (A. S.)

Mas avalio o curso como uma iniciativa positiva e mais um instrumento ao lado das classes populares nesse mundo injusto. (R. L. S.)

Infelizmente não tenho com quem deixar meu filho. [...] Curso de suma importância em minha vida. Parabéns aos professores pelo excelente trabalho realizado no curso e por sua colaboração sempre tão prestativa a todos. (F. S.)

O relato a seguir é de um cursista que viajava 800 quilômetros (ida e volta) e que foi atendido com a ajuda de custo:

Este tipo de auxílio é fundamental para os cursistas que não possuem condições financeiras, eu, por exemplo, sou de um município distante de Campo Grande, sendo o valor da passagem alto, fora alimentação e outros transportes necessários para chegar à universidade. Sem auxílios deste tipo, muitas pessoas não poderiam fazer o curso. (P. A. B.)

Entretanto, a abertura de processos seletivos motivou a finalização de projetos apresentados a diferentes Programas de Pós-Graduação para mestrado e doutorado. Foram submetidos projetos que respeitaram suas expectativas e motivações para pleitear o acesso aos programas *stricto sensu* nas instituições existentes no Mato Grosso do Sul. Destes, doze foram aprovados; outros teriam condições de participar de processos seletivos, mas, por decisão individual, as/os cursistas optaram por não o fazer. Mesmo sendo aprovados, alguns terão o desafio de pagar a mensalidade nas universidades privadas. Um dos critérios para ter acesso a bolsas (CNPq Capes) é possuir um currículo acadêmico com publicações em revistas com classificação Qualis, participação em eventos, entre outras exigências e, como exposto, a maior parte das/os alunas/os do curso não realizou iniciação científica e/ou extensão na graduação.

As aprovações ocorreram em programas com perfil acadêmico e profissionalizante ofertados em Dourados e Campo Grande com representantes dos segmentos que motivaram a apresentação do projeto Equidade ao edital da Fundação Ford. Observa-se que as mulheres apresentaram melhor resultado após todas as etapas seletivas. Conforme apresentado anteriormente, 40% das/os cursistas foram aprovados na UCDB, 40% na UFGD e um aluno negro foi aprovado na Universidade Federal do Estado do Rio de Janeiro (UNIRIO), sendo o único caso de busca por uma universidade fora do Mato Grosso do Sul. Considerando que a maioria era proveniente da área de Humanas, as aprovações segundo a área de conhecimento foram bastante equilibradas: sendo 20% em cada uma das áreas relacionadas: Linguística, Letras e Artes, Ciências Humanas, Ciências Sociais Aplicadas, Ciências da Saúde e Multidisciplinar (Concurso, 2015, p. 15).

O relato de duas aprovadas fortalece o significado da oferta de cursos que tenham como escopo criar condições de igualdade na "competição" desigual que está instalada nos processos seletivos para programas de pós-graduação:

> *Posso dizer que esse curso fez toda a diferença na minha caminhada, e dessa vez, aliando a minha vontade de alcançar um objetivo e uma boa preparação, que só foi possível através desse curso, fiquei bastante confiante e então fiz a seleção para o mestrado em Letras da UFGD e consegui obter a aprovação tão desejada! Não basta só ter força de vontade, se não houver preparo, dificilmente se conquistará o que se deseja! Os conhecimentos e o amadurecimento das ideias foram fundamentais, a troca de experiência que houve no curso, sem dúvida, contribuiu muito para o sucesso, que, creio, é também o sucesso do grupo e dos profissionais que se dedicaram a esse curso.* (M. B.)

> *Agradecimento aos professores pelo apoio, ensinamento e orientação. Agradecimento especial pelo carinho, ajuda e incentivo. Obrigada!* (F. C. S.)

A oferta de seis cursos ao longo de três anos atendeu a 300 pessoas de cursos variados, mas principalmente da área de Humanas, pertencentes a segmentos histórica e socialmente discriminados do acesso ao processo escolarizado. Por meio de consócio entre duas universidades com categorias administrativas diferentes, o projeto Equidade requereu estratégias para adequar não somente o perfil do público-alvo, mas processos de negociação com os setores administrativos responsáveis por gerenciar a verba repassada pela Fundação Ford, com a equipe da Fundação Carlos Chagas, com os tempos e as disponibilidades dos/as cursistas, e com ministrantes das disciplinas previstas. Na seleção dos ministrantes e tutores, além do domínio do conteúdo, as coordenações consideraram que os profissionais deveriam ter sensibilidade com o público-alvo e os objetivos da proposta do curso. A dedicação dos professores aparece como exitosa na avaliação feita pelos alunos (Concurso, 2015, p. 16).

O envolvimento do pessoal que atuou administrativamente no projeto, tanto na UEMS quanto na UCDB, minimizou os entraves burocráticos característicos da gestão em universidades estaduais que recebem verbas provenientes em geral da esfera pública, mas que nesse caso eram oriundas de uma fundação que não se enquadra nessa categoria, como é o caso da Fundação Ford. Independentemente de sua origem, a aplicação dos recursos segue os mesmos trâmites para sua execução. A título de exemplo, os processos licitatórios duravam mais de 8 meses para finalização, assim era obrigatória a publicação no Diário Oficial do estado de todas as fases seletivas ou alterações que ocorriam. Isso garantiu transparência na execução de um recurso captado para promover experiências que possam servir de subsídio para a proposição de políticas públicas e institucionais que tornem a Pós-Graduação um reflexo da sociedade pluricultural e multiétnica brasileira e que contribuam para o rompimento dos padrões educacionais excludentes e desiguais existentes até o presente momento.

O curso foi desenhado para atender a um público específico formado prioritariamente por indígenas e negros/as, com objetivo principal de propiciar preparação qualificada para que o/a cursista tivesse chances igualitárias para ingressar em Programa de pós-graduação *stricto sensu*. Ao final do curso, mais do que ingressos nos Programas de Pós-Graduação, as coordenações foram surpreendidas com relatos de alunos que, embora atendessem todas as exigências mais comuns dos diversos programas, optaram por não se submeter a processos seletivos ofertados pelas instituições de ensino sul-mato-grossenses. Essa situação pode estar relacionada ao fato de não se sentirem seguros em relação à língua estrangeira, à baixa estima por estarem fora do padrão etário que acessa esses programas, às questões familiares e econômicas não resolvidas na época, e à não priorização da continuidade dos estudos no momento, entre outras variáveis que deverão ser investigadas. O conhecimento recebido no curso serviu como um elemento para melhoria de vida, como decidir pelo ingresso em outra graduação, inovar suas atividades no ambiente de trabalho, gerar autoconfiança e autonomia para em outro momento ingressar na Pós-Graduação, entre outros.

Por meio do consórcio UEMS-UCDB, o projeto Equidade permitiu o ingresso na Pós-Graduação de pessoas negras a indígenas, que possivelmente teriam muito mais dificuldade para acessar esse nível educacional, ou mesmo não se motivariam para se submeter aos processos seletivos, dado que a maioria estava muito distanciada dessa cultura acadêmica, com pouco ou nenhum contato com docentes e as práticas da universidade para a Pós-Graduação. Como o próprio boletim de avaliação da Fundação Carlos Chagas destaca, além de inserirem pessoas negras, indígenas e pertencentes a outros grupos discriminados, os cursos apoiados "inseriram na cultura da Pós-Graduação um público tradicionalmente excluído deste espaço acadêmico" (Concurso, 2015, p. 22).

As perspectivas de continuidade desse projeto, a ampliação do acesso a esse público em Programas de Pós-Graduação, a institucionalização dessa experiência de ação afirmativa e a continuidade do financiamento motivaram a participação no edital.

A proposta de Abdias Nascimento, apresentada pela UEMS, em parceria com docentes da UCDB, foi uma das aprovadas, e permitirá a continuidade de mais um espaço acadêmico e formativo para a preparação de pessoas negras e indígenas para a continuidade de seus estudos, o que certamente significará uma mudança gradual, mas efetiva nas relações acadêmicas nas universidades.

3. Considerações finais

O apoio de uma instituição como a Fundação Ford, que vem colaborando com ações que promovem a atenção às pautas de reivindicação de diferentes segmentos sociais minoritários, que está presente nos cinco continentes e estimula iniciativas para a superação das desigualdades existentes em cada uma dessas regiões, é fundamental para demonstrar nesses espaços institucionais a importância das temáticas que visem à superação do racismo, do preconceito, da discriminação. Além disso, esse apoio evidencia que essas são ações valorizadas internacionalmente e indicam compromisso da instituição com a promoção para um mundo socialmente justo, fortalecem também pessoas e grupos que lidam cotidianamente com essas realidades e que vivenciam as tentativas de desqualificação e desvalorização de suas atividades, temas de pesquisa e inserção social com segmentos ainda vistos como não prioritários nas políticas de formação profissional qualificada de alto nível.

A Pós-Graduação em programas *stricto sensu* ainda não é acessível a uma parcela significativa de graduados/as, sobretudo pessoas dos segmentos negro e indígena, que são sub-representados em todos os níveis de ensino, mas particularmente na Pós-Graduação. Por fazerem parte de um contingente que desde jovem deve se inserir no mundo do trabalho para garantir o sustento pessoal e familiar, frequentemente às custas da continuidade do estudo, pessoas negras e indígenas têm reduzidas oportunidades de acesso aos níveis mais elevados da educação. Nesse contexto, as ações afirmativas devem se tornar políticas fundamentais na luta contra a discriminação racial e étnica. A execução do projeto Equidade, financiado por organismo externo, contribuiu para minimizar as desigualdades do acesso à Pós-Graduação, com o ingresso de doze pessoas que teriam muito mais dificuldades de preparar-se para os processos seletivos de Programas de Pós-Graduação.

Referências

BRAND, A.; CALDERONI, V. A. M. O. Povos indígenas, conhecimentos tradicionais e diálogo de saberes nas instituições de educação superior: desafios para uns e outros. *Série-Estudos*, Campo Grande, n. 34, p. 179-188, jul./dez. 2012.

BRASIL. *Constituição Federal*. Brasília: Gráfica do Senado, 1988.

______. Lei n. 12.771, de 28 de dezembro de 2012. Dispõe sobre o subsídio de Ministro do Supremo Tribunal Federal, referido no inciso XV do art. 48 da Constituição Federal, e dá outras providências. Disponível em: <www.planalto.gov.br/ccivil_03/_Ato2011-2014/2012/Lei/L12771.htm>. Acesso em: 24 abr. 2015.

BRASIL. Instituto Nacional de Estudos e Pesquisas Anísio Teixeira. *Censo da Educação Superior*, 2011. Disponível em: <http://sistemascensosuperior.inep.gov.br/censosuperior_2011>. Acesso em: 24 abr. 2015.

CONCURSO de Dotação para Formação Pré-Acadêmica: Equidade na Pós-Graduação. *Boletim Síntese dos Resultados*, São Paulo: Fundação Carlos Chagas, UEMS/UCDB, 2015.

CEPE. Resolução n. 382, de 14 de agosto de 2003. Aprova as normas para a realização do processo seletivo de ingresso de candidatos às vagas aos cursos de graduação da UEMS, e revoga as Resoluções que menciona. Governo do Estado de Mato Grosso do Sul, 2003. Disponível em: <www.uems.br/proe/nulen/legislacao/legis_inst/res_cepe/res_cepe_382.doc>. Acesso em: 24 abr. 2015.

______. Resolução n. 430, de 30 de julho de 2004. Aprova as normas para a realização do processo seletivo de candidatos às vagas nos cursos de graduação da Universidade Estadual de Mato Grosso do Sul. Governo do estado de

Mato Grosso do Sul, 2003. Disponível em: <www.uems.br/proe/nulen/legislacao/legis_inst/res_cepe/res_cepe_430.doc>. Acesso em: 24 abr. 2015.

LANDA, B. S. Gênero e equidade no ensino superior: estudantes indígenas na UEMS. In: SEMINÁRIO SUSTENTABILIDADE E POVOS INDÍGENAS, 5., *Anais...*, Campo Grande, UCDB, 2013.

MATO GROSSO DO SUL. Lei n. 2.589, de 26 de dezembro de 2002. Dispõe sobre a reserva de vagas aos vestibulandos índios na Universidade Estadual de Mato Grosso do Sul (UEMS). Governo do estado de Mato Grosso do Sul. Campo Grande, 2002. Disponível em: <www.redeacaoafirmativa.ceao.ufba.br/uploads/uems_lei_2002_2589.pdf>. Acesso em: 24 abr. 2015.

MATO GROSSO DO SUL. Lei n. 2.605, de 6 de janeiro de 2003. Dispõe sobre a reserva de vagas para negros nos cursos de graduação da Universidade Estadual de Mato Grosso do Sul, e dá outras providências. Governo do Estado de Mato Grosso do Sul. Campo Grande, 2003. Disponível em: <www.redeacaoafirmativa.ceao.ufba.br/uploads/uems_lei_2003_2605.pdf>. Acesso em: 24 abr. 2015.

OLIVEIRA, A. M. S. Projeto Equidade na Pós-Graduação: combate ao racismo e sexismo na educação superior. *Revista Extensão*, Cruz das Almas, v. 5, n. 1, p. 137-142, nov. 2013.

CAPÍTULO 5

Práticas de ação afirmativa:
o consórcio Equidade no Centro-Oeste brasileiro

Paulo Alberto dos Santos Vieira (Unemat)
Priscila Martins Medeiros (UFSCar)
Antonio Hilário Aguilera Urquiza (UFMS)
Hellen Cristina de Souza (Cefapro/Tangará da Serra)
Tânia Paula da Silva (Unemat)

Neste texto, relatamos um pouco das experiências do curso Formação Pré-Acadêmica: Equidade na Pós-Graduação, realizado em consórcio entre a Universidade do Estado de Mato Grosso (Unemat) e a Universidade Federal do Mato Grosso do Sul (UFMS) em parceria com a Fundação Carlos Chagas (FCC) e com financiamento da Fundação Ford. O curso teve como objetivo preparar potenciais candidatos para os processos seletivos de mestrado em Programas de Pós-

-Graduação (PPG) de universidades brasileiras. Essa preparação foi pautada, por um lado, em aulas presenciais (realizadas aos finais de semana) com disciplinas de Redação Acadêmica, Metodologia de Pesquisa e Inglês Instrumental e, por outro lado, em atendimentos de tutores (especialmente via internet, mas também presencialmente) que orientaram a construção e a consolidação dos projetos de pesquisa que seriam posteriormente inscritos nos programas de Pós-Graduação.

A característica mais interessante do edital lançado pela FCC e para o qual a Unemat e a UFMS se inscreveram é seu público-alvo: a proposição foi voltada para grupos historicamente sub-representados tanto na graduação quanto, e principalmente, na Pós-Graduação. Foram atendidas, preferencialmente, pessoas que se autorreconheciam como negras ou indígenas, que haviam cursado o ensino médio em escolas públicas (ou em escolas privadas com bolsa) e também aquelas que provinham de uma condição familiar de vulnerabilidade socioeconômica.

O projeto levado a cabo pelo consórcio Unemat/UFMS constituiu um dos esforços a fim de impulsionar os debates e a visibilidade acerca das questões étnico-raciais e de ação afirmativa numa região de fronteiras nacionais e étnicas e onde a Pós-Graduação está ainda em processo de consolidação. O curso foi cadastrado nas respectivas universidades na categoria de atividades de extensão universitária e, na medida em que colocou em evidência seu caráter de ação afirmativa para grupos historicamente vulnerabilizados, trouxe contribuições para que as universidades refletissem sobre a importância das Leis n. 10.639, de 2003, e n. 11.645, de 2008, e da Resolução n. 1, de junho de 2004, do Conselho Nacional de Educação (CNE/MEC). A Resolução do CNE/MEC estabelece em seu parágrafo 1º que:

> As Instituições de Ensino Superior incluirão nos conteúdos de disciplinas e atividades curriculares dos cursos que ministram, a Educação das Relações Étnico-Raciais, *bem como o tratamento de questões e temáticas que dizem respeito aos afrodescendentes,* nos termos explicitados no Parecer CNE/CP 3/2004. (CNE, 2004, grifo nosso).

O texto que se segue apresenta uma sucinta descrição do contexto social dos estados de Mato Grosso e Mato Grosso do Sul, ressaltando a composição étnico-racial e alguns eventos históricos importantes que envolvem a luta dos movimentos indígena, quilombola e negro. Em seguida, discutimos a presença negra e indígena no ensino superior brasileiro, trazendo alguns dados sobre as últimas três décadas. Depois disso, abordamos de maneira quantitativa e qualitativa a experiência e os resultados do consórcio Unemat/UFMS,[1] e tecemos algumas considerações finais.

1. Negros e indígenas em Mato Grosso e em Mato Grosso do Sul

Referir-se às populações indígenas em Mato Grosso e Mato Grosso do Sul é, na verdade, abordar uma história de população; afinal, desde o início do século XVIII, os bandeirantes passaram a adentrar os territórios tradicionais desses povos indígenas e, nos casos dos que ofereceram mais resistência, como os Payaguá, não se tratou apenas de conquista territorial, mas de dizimação.

Fugindo das frentes de colonização, alguns desses povos indígenas migraram do litoral em direção ao centro do país, a exemplo do povo Xavante, que buscou refúgio às margens orientais do Rio Araguaia. De uma forma ou de outra, também os grupos de negros fugiram da escravidão nas fazendas litorâneas e se refugiaram em regiões próximas a Cuiabá e Vila Bela da Santíssima Trindade e, mais recentemente, no sul de Mato Grosso do Sul, construindo e reorganizando a vida em lugares de difícil acesso (furnas), na forma predominante de coletividades, baseadas em relações de parentelas e afinidades culturais.

---

1. Em 2014 foram ofertadas duas turmas no estado do Mato Grosso do Sul, uma em Campo Grande e outra em Três Lagoas. Como os dados sobre essas turmas não tinham sido consolidados até a data de fechamento do relatório final, consideramos neste texto apenas as informações das turmas de Cáceres e de Tangará da Serra.

Em meados do século XVIII, Cuiabá chegou a ser uma das cidades mais povoadas do Brasil, fruto das levas de migração temporária para a exploração dos garimpos de ouro, quase sempre aluviais, e posteriormente para a exploração de diamantes. Essa onda de migração e de ocupação violenta do território para fins de garimpo aconteceu em territórios tradicionais dos povos indígenas, em especial do povo Bororo, os quais perderam parte significativa de suas terras e quase foram dizimados. Temos registros, também nesse período dos séculos XVIII e XIX, de sérios conflitos das forças coloniais e depois imperiais contra comunidades quilombolas, invadindo, massacrando e desmantelando quilombos com largas histórias regionais de autonomia nas elaborações culturais e na produção de alimentos.

Nos séculos XVIII e XIX as frentes de ocupação se localizaram mais na região centro-sul de Mato Grosso (Cuiabá/Cáceres) e, com intensidade passageira (afinal, a mineração na região de Cuiabá foi do auge à decadência em pouco mais de 50 anos), ao passo que, a partir da segunda metade do século XIX, especificamente após a Guerra da Tríplice Aliança, mais conhecida regionalmente como Guerra do Paraguai ou a Grande Guerra, teve início um intenso e violento processo de ocupação da atual região de Mato Grosso do Sul.

Nesse período, famílias quilombolas oriundas da Bahia e de Minas Gerais passaram pelo sul de Goiás e chegaram ao Mato Grosso do Sul, onde ocuparam pequenas porções de terra, em especial em áreas de difícil acesso, conhecidas como furnas (Dionísio, Boa Sorte, Baianos, Mata-cavalo etc.) e, em pouco tempo, desenvolveram a agricultura familiar, com considerável produção de grãos e hortifrutigranjeiros.

Diferentemente dessa ocupação familiar realizada pelos grupos quilombolas, os demais colonos vinham com o objetivo de ocupar a maior extensão possível de área. Concretizava-se, aos poucos, o modelo de exploração extensiva da pecuária, agudizando-se com o tempo o modelo da monocultura agroexportadora: soja, milho, cana-de-açúcar, carne etc. Uma ocupação marcada pela violência e pela concentração de terras nas mãos de poucos, com prejuízo direto das comunidades indígenas, que viram, em pouco tempo, seu território ser reduzido drasticamente, o que comprometeu sua reprodução física e cultural.

Consolidou-se, dessa forma, o lema "terra sem homens para homens sem terra", ou seja, o governo desconsiderou a presença indígena nessa área de fronteira e, com base em uma equivocada estratégia geopolítica, decidiu povoar essa "terra sem homens", o que ocorreu com base em um modelo de monocultura e de concentração de terras. Assim, chegamos na atualidade a uma situação de "homens sem terra".

Em especial a partir dos anos 1970, eclodiu o movimento indígena em Mato Grosso e Mato Grosso do Sul, assim como em outras regiões do país, com várias reivindicações, entre elas a de recuperação de seus territórios tradicionais. Tais reivindicações encontrarão eco na Constituição Federal de 1988, que reconhece, pela primeira vez, em seu artigo 231, os direitos indígenas: "São reconhecidos aos índios sua organização social, costumes, línguas, crenças e tradições, e os direitos originários sobre as terras que tradicionalmente ocupam, competindo à União demarcá-las, proteger e fazer respeitar todos os seus bens" (Brasil, 1988).

A partir desse contexto favorável, o movimento indígena seguiu pressionando o governo para o cumprimento dos dispositivos constitucionais e para a demarcação de seus territórios, o que tem sido impedido pela força dos ruralistas e pelo conservadorismo do Congresso brasileiro. Na impossibilidade de solução política, cresce a violência, com a morte seletiva de várias lideranças indígenas. Por outro lado, constatamos a redução de terras indígenas, com populações cada vez maiores, comprometendo os modos tradicionais de viver, assim como sua autonomia e suas práticas de sustentabilidade.

Com a redução de seus territórios, tornou-se muito difícil a reprodução física e cultural desses povos indígenas. Talvez por isso os representantes indígenas vejam a educação como uma das janelas abertas para reequilibrar as relações assimétricas com o mundo capitalista/colonizador. É nesse contexto que essas populações vêm buscando, de forma crescente, o ensino escolar básico e, mais recentemente, o ensino superior, como ferramenta que pode ajudá-los a enfrentar o futuro incerto. Os registros mais expressivos da demanda dos povos indígenas pelo ensino universitário no Brasil são de meados dos anos 1980, período que também registra a emergência e o fortalecimento do movimento indígena. Uma demanda que pode ser considerada tardia, pois somente adquire contornos sociologicamente significativos nos anos 1990, com a crescente matrícula de estudantes indígenas em instituições de ensino superior privadas, e que se consolida a partir de 2000, quando se estabelecem nas instituições de ensino superior públicas as discussões sobre políticas de inclusão com um recorte étnico e cultural e a formulação de cursos superiores específicos para a formação de professores indígenas.

Nos últimos anos, muitos jovens indígenas têm entrado nas universidades. No entanto, apesar das políticas atuais de ingresso e permanência, muitos indígenas não conseguem terminar a graduação. Em Mato Grosso, até 2005, apenas seis povos indígenas tinham acessado o ensino superior em cursos de bacharelado — os Karaja, os Xavante, os Paresí, os Bakairi, os Chiquitano, os Bororo e os Umutina —, uma situação que pode estar relacionada à ausência de políticas públicas de acesso ao ensino médio, visto que em 2010 escolas desse nível de ensino só estavam disponíveis entre os Xavante, os Bakairi, os Bororo, os Umutina, os Paresí, os Chiquitano, os Karajá Tapirapé e os Irantxe.

Nesse sentido, a educação vem se constituindo como uma demanda importante na luta pelos direitos dos povos negros e indígenas no Brasil e, em particular, no Mato Grosso do Sul. A partir das práticas concretas de educação indígena nas últimas décadas, já é possível perceber a influência da visão culturalmente diferenciada desses povos, a força que suas práticas rituais e míticas exercem, influenciando, de certo modo, até mesmo as propostas curriculares. Assim, o respeito às formas de pedagogia endógenas (processos próprios de aprendizagem), o uso de seus idiomas, a formação e a capacitação de professores indígenas, assim como a elaboração de materiais didáticos culturalmente aceitáveis, são algumas das bandeiras e desafios para as universidades.

Entretanto, estar na universidade faz surgirem alguns problemas, ou desafios, como a dificuldade de dialogar com esses povos, situados em outra tradição cultural, com saberes e processos sociais e históricos diferenciados. Nesse sentido, podemos elencar as questões relacionadas a práticas de discriminação (funcionários, colegas que evitam participar de grupos de estudos/trabalhos com acadêmicos indígenas), a dificuldades de compreensão dos códigos acadêmicos (linguagem, leitura e compreensão de textos, expressão oral), à burocracia acadêmica (documentos, prazos), entre outros.

2. Presença negra e indígena no Ensino Superior

No Brasil, a distância entre os povos indígenas e o ensino superior toma forma e permanência porque opera em um contexto nacional marcadamente excludente no que diz respeito às condições gerais de acesso a esse nível educativo e à relação com os povos indígenas em particular. Desde o final dos anos 1990, alguns negros e indígenas, de forma individual e enfrentando barreiras quase intransponíveis, conseguem chegar ao ensino superior na região Centro-Oeste. Um ponto de inflexão no estado de Mato Grosso do Sul foi a aprovação da lei de cotas na UEMS em 2002 por iniciativa do deputado Pedro Kemp, do Partido dos Trabalhadores (PT).

Desde sua efetivação em 2003, negros e índios vêm utilizando essa modalidade de ingresso, ainda que com altos níveis de evasão. Considerando a presença incipiente dos povos indígenas na educação superior e com o intuito de garantir sua permanência, teve início em 2006 uma parceria entre a Universidade Católica Dom Bosco (UCDB) e a UEMS, que resultou no Programa Rede de Saberes, financiado pela Fundação Ford.

Após dois anos, em 2008, essa parceria inicial foi estendida para duas universidades federais, a Universidade Federal do Mato Grosso do Sul (UFMS) e a Universidade Federal da Grande Dourados (UFGD), compondo uma rede entre as quatro maiores instituições de ensino superior de Mato Grosso do Sul, abrangendo ao redor de 80% dos estudantes indígenas nesse nível de ensino. Entre várias iniciativas, o Programa Rede de Saberes propõe um espaço institucional de acolhida aos estudantes indígenas, de convivência, acesso a tutorias e monitorias personalizadas, fotocópia de textos acadêmicos, iniciação científica, auxílio para participação em eventos acadêmicos, organização anual do encontro de estudantes indígenas, palestras formativas para docentes e técnicos das instituições (com temas relacionados à diversidade, antropologia indígena etc.), encontros de estudo sobre a valorização dos saberes tradicionais indígenas nas universidades.

A proposta, na verdade, é proporcionar espaços reais de diálogo intercultural, em que a diferença e a diversidade sejam assumidas no interior dessas instituições e possam gerar espaços de negociação entre culturas. Defendemos que esses povos tradicionais (negros e índios) buscam os espaços da educação superior como forma de favorecer a construção da autonomia, a gestão de seus territórios, assim como estratégias de se apoderarem de ferramentas para dialogar com o mundo circundante da economia de mercado.

Nestes últimos dez anos, verificamos que o número de ingressantes é crescente, mas o índice de evasão dos estudantes indígenas e de negros é constante, ainda que com algumas variações, dependendo do período e da universidade. No início do século XXI, mais da metade dos estudantes indígenas deixavam a universidade sem terminar a graduação. Percebemos que, a partir da criação do Programa Rede de Saberes, essa evasão diminuiu consideravelmente, porém permanece ainda uma taxa de desistência acima de 35% para estudantes indígenas que ingressam em cursos regulares. Aqueles que entram para cursar a licenciatura específica têm um resultado bem diferente: aproximadamente 90% terminam seus cursos,[2] o que demonstra o quanto a universidade deve se adequar epistemologicamente às culturas e aos conhecimentos dos povos indígenas.

De acordo com dados do Instituto Brasileiro de Geografia e Estatística (IBGE), no ano de 2012 aproximadamente 15,1% dos jovens com idades entre 18 e 24 anos estavam cursando o ensino superior. Nesse mesmo ano, de acordo com o Censo da Educação Superior (MEC/INEP), o número de matrículas girava em torno dos sete milhões, mas a grande maioria delas se dava no ensino privado (5,1 milhões). Dos sete milhões de universitários brasileiros, apenas 187 mil eram estudantes autodeclarados pretos e 746 mil eram pardos, o que representa, portanto, 13,3% do total. A maioria desses universitários negros (608 mil) estava matriculada em instituições particulares.

Para termos outra perspectiva estatística, considerando agora o total de jovens negros e brancos no país (e não o total de universitários), os dados da Pesquisa Nacional por Amostra de Domicílios (PNAD), anunciados pelo IBGE em novembro de 2013, demonstram que em 2012 66,6% dos jovens brancos entre 18 e 24 anos de idade cursavam o ensino superior, ao passo que 37,4% dos jovens negros da mesma faixa etária estavam nesse mesmo nível de ensino. Os dados revelam a continuidade de desigualdades entre jovens negros e brancos.[3]

No entanto, se considerarmos toda a última década, o crescimento do número de jovens no ensino superior é algo novo e altamente relevante na história do Brasil. No período de 2001 a 2011, o aumento do número de matrículas na graduação foi de aproximadamente 132%, conforme o último Censo da Educação Superior (MEC/INEP). No caso dos jovens negros, entre 18 e 24 anos de idade, embora sua representação no ensino superior esteja abaixo da proporção apresentada

---

2. Dados coletados em: Equipe do Programa Redes de Saberes (2007); e BROSTOLIN, Marta Regina (2009). Acesso em: 9 de maio de 2016.

3. Disponível em: <http://g1.globo.com/educacao/noticia/2013/11/374-de-jovens-negros-e-pardos-estao-no-ensino-superior-diz-ibge.html>. Acesso em: 12 dez. 2013.

pelos jovens brancos (37,4% contra 66,6% dos brancos), houve um aumento expressivo dessa presença nos bancos das universidades e faculdades, pois em 2002 apenas 12,2% deles estavam no ensino superior. Houve, portanto, um aumento de mais de 300%, encabeçado especialmente pelo Programa Universidade para Todos (ProUni). Esse grande incremento demonstra que havia uma demanda represada de estudantes que só puderam vislumbrar sua entrada no ensino superior a partir dos programas de ação afirmativa nas instituições públicas e privadas, através do ProUni e das cotas iniciadas nas universidades antes da Lei de Cotas de 2012.

Silvério[4] argumenta que há um dado fundamental a ser destacado: as cotas com critério racial estabelecidas pelo ProUni foram alvo de poucas críticas por parte da mídia brasileira e das elites. Ainda que a Lei n. 11.096, que deu origem ao ProUni, tenha sido arguida em sua constitucionalidade, vigora nos dias atuais sem maiores percalços. Esse não foi o caso das cotas com critério racial estabelecidas nas universidades públicas, que foram sistematicamente criticadas pelos jornais e pelas revistas de maior circulação no país, além de terem "ressuscitado" dentro de parte da elite acadêmica brasileira o argumento da mestiçagem (portanto, ninguém seria negro no país) e o discurso mitológico da democracia racial. Vale dizer que é nas universidades públicas que se diploma a maior parte dos integrantes das elites políticas e econômicas do país; é nas universidades públicas que se concentram as pesquisas de maior relevância, a criação de metodologias inovadoras de pesquisa e os altos investimentos em criação de novas tecnologias. Por tudo isso as universidades públicas têm sido tão "protegidas" pelas elites brasileiras, de modo que não se pluralizem para outros grupos sociais historicamente excluídos desse meio — pobres, negros e indígenas.

---

4. Em sua palestra intitulada "Relações étnico-raciais e ações afirmativas no brasil", realizada na Universidade Federal do Mato Grosso do Sul, campus de Campo Grande, em 6 de junho de 2014, o professor Valter Roberto Silvério realizou um balanço sobre as mudanças nas políticas de Estado relacionadas com a inclusão de negros, indígenas e população pobre nas universidades por meio das ações afirmativas.

Apesar de todo esse contexto histórico contrário aos povos indígenas, Mato Grosso do Sul é o estado brasileiro que mais possui jovens indígenas na educação superior, ao redor de 900 alunos, em especial, nas três universidades públicas (UFMS, UFGD e UEMS) e na Universidade Católica Dom Bosco (UCDB). Cremos que essa situação ocorre também porque, para os indígenas, a educação superior pode ser considerada uma ferramenta de negociação com o mundo do "branco", fundamental para a construção de sua autodeterminação e de suas propostas de futuro.

De acordo com uma série histórica elaborada por Paixão et al. (2010) com base em dados das edições da PNAD de 1988 a 2008 por cor ou raça, houve um aumento proporcional de negros no total de discentes de Pós-Graduação em relação aos brancos. Segundo os autores, em 1988 os pretos e partos representavam apenas 7,0% do total de estudantes de mestrado e doutorado, cifra que sobe para 19,9% em 2008. Ao passo que o crescimento geral do número de estudantes foi de 553% no período, o crescimento de brancos na Pós-Graduação foi de 486,7%, e o de pretos e pardos foi de 1.749,5% (Paixão et al., 2010, p. 242).

Rosemberg e Madsen (2011) realizaram um estudo parecido com base nas edições da PNAD de 2003 a 2009, desagregando informações para quatro grupos: homens brancos, mulheres brancas, homens negros e mulheres negras. Os resultados encontrados diferem daqueles apresentados por Paixão et al. (2010), uma vez que a escolha do recorte temporal é outra. De acordo com as autoras, em 2009 as mulheres brancas representavam 45,1% dos estudantes na Pós-Graduação (mestrado e doutorado); seguidas de homens brancos, com 31,3%; depois vinham as mulheres negras, com 12,5% e, por último, os homens negros, com 9,4% de participação. As taxas de crescimento para o período (2003 a 2009) foram as seguintes: 30,9% para homens negros; 23,2% para mulheres negras; 5,2% para mulheres brancas e uma taxa negativa de 3,4% para homens brancos (Rosemberg; Madsen, 2011, p. 425). Na comparação com os dados apresentados por Paixão et al. (2010), a tendência observada é a mesma: apesar de um crescimento representativo, os negros ainda estão muito aquém dos brancos no acesso à Pós-Graduação.

No contexto do Programa Rede de Saberes, os indígenas passaram a demandar o acesso à Pós-Graduação. A partir de 2006, começaram a realizar-se no âmbito da UCDB oficinas de preparação de indígenas para o ingresso em Programas de Pós-Graduação, inclusive com a possibilidade de pleitear bolsas da FCC para os aprovados. Essas oficinas consistiam em retomar conceitos básicos de metodologia e elaboração de projetos de pesquisa, assim como o auxílio individual na escolha de temas, sugestão de autores e linhas teóricas e a elaboração concreta de um projeto de pesquisa para concorrer nos processos de seleção.

Cabe destacar a importância do International Fellowships Program (IFP) no fomento ao debate sobre ações afirmativas na Pós-Graduação brasileira. O programa foi desenvolvido no Brasil pela FCC em parceria com a Ford Fundation. Criado em 2001 e previsto para ter duração inicial de dez anos, o IFP foi prorrogado até junho de 2012 e implementado em 22 países. Seu objetivo principal era conceder bolsas de estudos a grupos historicamente sub-representados no ensino superior e que atestassem compromisso com a justiça social. Ao longo dos doze anos do programa no Brasil, foram concedidas 343 bolsas de mestrado e doutorado para pessoas preferencialmente de origem étnico-racial negra ou indígena, provenientes das regiões Nordeste, Norte ou Centro-Oeste, que tiveram poucas oportunidades econômicas ou educacionais e que assumiam encargos ou responsabilidades familiares (Rosemberg, 2013, p. 14-15 e 74).

O apoio da Ford Fundation se manteve por meio do incentivo a cursos preparatórios para mestrado e doutorado em várias universidades brasileiras dentro do Programa Formação Pré-Acadêmica: Equidade na Pós-Graduação, desenvolvido de 2012 a 2014, ao qual se dedica este texto. Em maio de 2014, a Secretaria de Educação Continuada, Alfabetização, Diversidade e Inclusão (Secadi/MEC) lançou uma chamada pública inspirada nas experiências da Formação Pré-Acadêmica: trata-se de dois editais do Programa de Desenvolvimento

Acadêmico Abdias do Nascimento, uma iniciativa voltada às instituições públicas de ensino superior, federais e estaduais, para a criação de cursos de formação de possíveis candidatos a processos seletivos de Pós-Graduação. O programa lançado pela Secadi/MEC tem por objetivo apoiar estudantes e pesquisadores negros, indígenas e pessoas com deficiência com a concessão de cursos (de no mínimo 180 horas de duração), com bolsas de estudos e com incentivo à mobilidade internacional, criando canais de cooperação entre grupos de pesquisa brasileiros e estrangeiros.[5]

3. O consórcio Unemat/UFMS: a relevância do projeto Equidade na Pós-Graduação

Fruto da associação de duas universidades públicas localizadas na região Centro-Oeste, o Projeto Equidade na Pós-Graduação também envolveu articulações entre dois núcleos de estudos afro-brasileiros e um programa sobre saberes indígenas. A mobilização acadêmica para a apresentação da proposta à chamada pública da FCC, divulgada em 2011, fez com que a Unemat, a UFMS, o Núcleo de Estudos sobre Educação, Gênero, Raça e Alteridade (Negra), o Grupo de Estudos sobre Raça e Ação Afirmativa (GERAA) e o Programa Rede de Saberes se associassem em torno da política de ação afirmativa contemplada na chamada pública a fim de contribuir para a verticalização acadêmica de estudantes negros e indígenas dos estados de Mato Grosso e Mato Grosso do Sul. Formou-se assim o Consórcio Centro-Oeste para o desenvolvimento da proposta submetida à chamada pública.

Com a aprovação da proposta desse consórcio, logo se estabeleceram procedimentos para a realização do Projeto Equidade na Pós-

5. Disponível em: <http://sao-paulo.estadao.com.br/noticias/geral,mec-lanca-programa-de-bolsas-no-exterior-para-negros-e-indios-imp-,1096844>. Acesso em: 28 maio 2014.

-Graduação. Considerando alguns aspectos como as dimensões geográficas, a presença de ações assemelhadas e a existência de outros projetos em andamento no âmbito dos núcleos de estudos afro-brasileiros e do Programa Rede de Saberes, definiu-se que no ano seguinte, isto é, entre os meses de março e dezembro de 2012, seriam ofertadas duas turmas concomitantemente nas cidades de Cáceres e Tangará da Serra, no estado de Mato Grosso.

A oferta de 100 vagas, divididas igualmente entre as duas cidades, foi regida por intermédio de edital específico. Constavam nesse edital, entre outras, informações relacionadas às condições mínimas para a seleção, à quantidade de vagas, ao período de execução do projeto e ao perfil que se desejava alcançar. Surpreendentemente, o Projeto Equidade na Pós-Graduação recebeu aproximadamente 300 candidatos para a seleção de ambas as turmas. Essa procura superou as expectativas mais otimistas, chamando a atenção da equipe gestora para as possibilidades futuras e para os impactos positivos caso a proposta fosse exitosa, ainda que minimamente. Os recortes étnicos, raciais, regionais e econômicos, previstos no edital, asseguravam à proposta estar em plena sintonia com as orientações das políticas de ação afirmativa oriundas da FCC (Rosemberg; Pinto; Silvério, 2011).

Para a etapa em Tangará da Serra, foram deferidas 197 inscrições. Cerca de 80% dos inscritos eram trabalhadores da educação relacionados às escolas de assentamentos, quilombos e indígenas. Entre os estudantes indígenas, exceto a inscrição de uma estudante guarani da aldeia Jaguapiru em Dourados e uma estudante dos Paresí, que foram levados para Cuiabá na primeira metade do século XX pelo Marechal Cândico Rondon, todos os demais candidatos eram oriundos das aldeias Umutina e Paresí dos municípios de Barra do Bugres, Tangará da Serra e Sapezal. Os assentados que tiveram a inscrição deferida eram provenientes dos assentamentos da reforma agrária na região, principalmente dos assentamentos Antônio Conselheiro, Riozinho, Rio Branco e Gleba União nos municípios de Tangará da Serra, Nova Olímpia e Marilândia. Os candidatos inscritos relacionados às terras de quilombo eram todos do município de Barra do Bugres e viviam ou trabalhavam no Território Quilombola Vão Grande. A prevalência dos candidatos das terras indígenas, quilombos e assentamentos se deve principalmente ao modelo de divulgação e seleção adotado nessa etapa em Tangará da Serra. No entanto, nesses grupos prevalece a formação superior quase que exclusivamente nas licenciaturas e na Pedagogia. Os dados sobre a formação no assentamento Antônio Conselheiro são emblemáticos e podem apontar um mesmo modelo de acesso ao ensino superior (licenciaturas e Pedagogia) comum aos outros assentamentos, quilombos e terras indígenas da região, embora principalmente na Terra Indígena Umutina se verifiquem novas alternativas de formação em andamento.

Outro dado importante para compreender o contexto local é que essa distribuição na formação entre as licenciaturas e os bacharelados não se aplica no cotidiano. Por exemplo, a assentada bacharel em Direito trabalha na área administrativa da escola e os engenheiros agrônomos têm encontrado no ensino médio profissionalizante uma oportunidade de trabalho, ainda que com salários inferiores aos de mercado para os engenheiros com essa formação.

Esses dados revelam que ainda há regiões e populações no Brasil para as quais o acesso ao ensino superior se dá principalmente por meio da formação de professores. Também podem lançar luzes sobre as possibilidades de atuação profissional em terras indígenas, quilombos e assentamentos, já que nessas regiões as oportunidades se relacionam principalmente ao universo das políticas públicas para a educação básica, ampliando-se, embora timidamente, para a atenção básica na saúde pública.

O processo de seleção permitiu identificar uma espécie de demanda reprimida, pois de um modo geral os candidatos, bem como os aprovados, tinham concluído seus cursos de graduação na primeira década deste século. Apesar de ser possível a identificação de trajetórias acadêmicas acidentadas (Costa, 2005), já se podia notar certo impacto das políticas de ação afirmativa nos cursos de formação inicial. No caso do Consórcio Centro-Oeste, cerca de 20% dos candidatos tinham sido contemplados por alguma política afirmativa no estado de Mato Grosso.

As atividades acadêmicas do Projeto Equidade na Pós-Graduação foram iniciadas com o suporte acadêmico e financeiro aprovado no Plano de Trabalho submetido às instâncias da Unemat. O plano previa um conjunto de ações de suporte acadêmico visando engendrar condições mínimas que assegurassem que os estudantes concluíssem com êxito o curso. Esse suporte acadêmico possuía um leque bastante amplo de possibilidades: desde a aquisição de passagens terrestres até a concessão de horas de acesso à internet, passando pelo fornecimento de materiais impressos e estendendo-se ao custeio de refeições nos casos em que os estudantes percorriam longas distâncias.[6]

Dadas as condições mínimas de infraestrutura acadêmica, a equipe gestora, naquela oportunidade, acreditava que um dos maiores desafios seria a efetiva preparação dos estudantes para compreender as lógicas dos Programas de Pós-Graduação. Ao discutir determinados aspectos dos processos de seleção dos cursos de Pós-Graduação *stricto sensu*, Carvalho (2005) já indicava a presença de subjetividades que poderiam exceder a questão do mérito acadêmico, sobre o qual, cabe destacar, não tem havido um grau de consenso nestes últimos anos (Santos, 2003).

Buscando encontrar alternativas que resultassem em aprovações nos Programas de Pós-Graduação, a equipe gestora propôs aos estudantes que a conclusão do Projeto Equidade na Pós-Graduação tivesse como ponto alto a apresentação pública dos projetos de pesquisa perante uma banca e a realização de entrevistas simuladas. Ambas as propostas foram rapidamente compreendidas em seu alcance e aceitas pelos estudantes.

Ao olharmos em retrospectiva os dados consolidados no Boletim Síntese de Resultados (FCC, 2015), tudo indica que essas estratégias

6. Os ingressantes residiam em cidades distantes entre 40 e 600 quilômetros das cidades em que as turmas foram ofertadas. A possibilidade de adquirir passagens terrestres foi fundamental para a permanência dos estudantes que vinham de cidades mais distantes.

foram acertadas na medida em que as taxas de sucesso dos concluintes do Consórcio Centro-Oeste foram praticamente as mesmas obtidas na média geral das demais propostas, ou seja, 25% dos estudantes do Projeto Equidade na Pós-Graduação obtiveram aprovação em Programas de Pós-Graduação de diversas áreas do conhecimento, ainda que tenha ocorrido concentração na área das Humanidades.

Esse índice pode ser atribuído sem muita margem de engano aos próprios cursistas, que não mediram esforços para a conclusão do projeto diante das dificuldades inesperadas que foram se apresentando já nos meses iniciais do curso. Deve-se também registrar que o engajamento dos professores — os responsáveis pelas disciplinas, os orientadores, os que participaram das bancas de avaliação de projeto de pesquisa e os que integraram a coordenação — foi crucial para que o projeto pudesse ser concluído de maneira exitosa. Ministrando aulas aos fins de semana em período integral, não medindo esforços para realizar orientações — presenciais e/ou virtuais — e participando ativamente das bancas, os professores trouxeram inestimáveis contribuições para o programa.

Ora, se tudo isso se sucedeu de maneira exitosa, onde, então, estiveram localizados os maiores desafios? Se a tenacidade de cursistas e professores foi responsável pela realização de uma proposta bem-sucedida, tudo se passou sem maiores problemas? Se essas perguntas intrigam, as respostas (embora provisórias) que encontramos se relacionam não só com o passado, aqui brevemente caracterizado, mas também com questões contemporâneas que se apresentam na cena pública quando se debate a obrigatoriedade de os direitos, quaisquer que sejam eles, estenderem-se a todos os grupos sociais, incluindo, evidentemente, negros e indígenas.

Considerando a "juventude" da equipe gestora e o fato de seu quadro ser composto por pesquisadores recém-egressos dos cursos de doutorado, poder-se-ia especular acerca da experiência dessa equipe. Esse argumento, expresso em algumas oportunidades, parece não encontrar respaldo na trajetória acadêmica e no perfil dos pesquisadores, alguns já experientes no trato institucional de projetos de extensão, pesquisa e Pós-Graduação financiados por agências de fomento e por secretarias de estado de ministérios.

Os maiores desafios enfrentados no curso do Projeto Equidade na Pós-Graduação estiveram associados ao tratamento dado pelos gestores de pastas específicas da Unemat ao Plano de Trabalho autorizado a ser posto em prática com anuência de todos os atores diretamente envolvidos. A elaboração e a aprovação de um Plano de Trabalho era condição *sine qua non* para o início das atividades, bem como para a liberação das parcelas dos recursos financeiros. O Plano de Trabalho do Consórcio Centro-Oeste era de pleno e total conhecimento dos gestores da Unemat, bem como do Projeto Equidade na Pós-Graduação.

Conforme já afirmamos, os obstáculos enfrentados apresentaram-se ao longo da realização do projeto e, para surpresa da equipe gestora, não diziam respeito a questões acadêmicas ou pedagógicas, mas residiam, sobretudo, nos trâmites da burocracia universitária. Encontrar dificuldades operacionais para a execução de um Plano de Trabalho previamente de conhecimento das partes diretamente envolvidas e esbarrar na execução financeira pela imposição de novos procedimentos administrativos pode ensejar um amplo leque de interpretações.

Sem que tenhamos espaço adequado para o desenvolvimento das hipóteses, acreditamos que a concepção do projeto, de alguma maneira, encontrou estruturas mais rígidas e pouco dispostas a compreender em profundidade o que se gestava nas turmas ofertadas pelo Projeto Equidade na Pós-Graduação em Cáceres e Tangará da Serra, cidades localizadas no interior do estado de Mato Grosso.

Está em curso, desde a implementação das ações contidas no Plano de Trabalho do Projeto Equidade na Pós-Graduação, uma associação entre excelência acadêmica e compromisso social (Silva, 2008) que possibilitaria a estudantes negros e negras e a homens e mulheres indígenas a se inserirem no competitivo mundo da Pós-Graduação *stricto sensu* no Brasil. Os resultados finais sugerem que a concepção da proposta desenvolvida, apesar dos revezes, era foi acertada e pôde contribuir para o acesso de estudantes dos perfis anteriormente mencionados a cursos de mestrado e doutorado no país.[7]

Embora o Plano de Trabalho tenha sofrido restrições, mesmo após ter sido aprovado pelos gestores universitários — o que dificultou e, no limite, impediu a execução total dos recursos repassados —, avaliamos positivamente os resultados finais.[8]

O Boletim Síntese de Resultados, elaborado pela FCC para um seminário que ocorreu no primeiro semestre de 2015, é o documento-base para que possamos aprofundar a compreensão acerca do desenvolvimento e dos resultados obtidos pelo Consórcio Centro-Oeste na execução do Projeto Equidade na Pós-Graduação.

Buscaremos sintetizar alguns dos dados apresentados, bem como compartilhar algumas análises realizadas no mencionado seminário. Inicialmente, traçaremos um quadro geral do qual constarão as universidades e os consórcios contemplados no Concurso de Dotação para Formação Pré-Acadêmica, para logo em seguida nos determos em algumas especificidades da articulação entre a Unemat e a UFMS.

Quinze foram as universidades contempladas naquele concurso; doze delas apresentaram propostas próprias e três outras associaram-se sob a forma de consórcio. A Tabela 1 apresenta as universidades, os consórcios, bem como dados relacionados a candidatos, estudantes, concluintes e ingressantes em programas de Pós-Graduação.

---

7. 25% dos concluintes ingressaram em Programas de Pós-Graduação. Em 2013, uma das estudantes concluintes foi selecionada para o curso de doutorado em Enfermagem da Universidade de São Paulo (USP), *campus* Ribeirão Preto. Essa mesma estudante realizou no ano seguinte doutorado-sanduíche no Canadá, junto à *University of Bristish Columbia, School of Nursing*.

8. O Projeto Equidade na Pós-Graduação, desenvolvido pela Unemat/UFMS recebeu, logo nos primeiros meses, a primeira parcela dos recursos financeiros, aproximadamente 30% do valor total do projeto. A burocracia universitária permitiu que apenas uma parcela desses recursos pudesse ser utilizada, o que causou muitas dificuldades e transtornos para a realização das turmas. Essas dificuldades foram tão grandes que o restante dos recursos financeiros não pôde ser repassado.

TABELA 1

Projeto Equidade na Pós-Graduação. Distribuição por universidades, consórcios, turmas, perfil e ingressantes em Programas de Pós-Graduação no Brasil — até maio de 2015

Universidades	Turmas		Perfil			Ingressantes até maio 2015
	Previstas	Realizadas	Candidatos	Alunos	Concluintes	
UEMS/UCDB	6	4	200	194	56	12
UEPG	3	4	118	117	82	10
UFBA	3	3	295	144	75	26
UFMG/UEMG	4	3	511	112	109	34
UFPE	2	2	146	66	45	06
UFPR	3	3	166	95	53	16
UFRB	2	2	100	66	39	06
UFRR	3	3	93	82	41	02
UFS	3	1	43	42	19	05
UFSCar	2	2	135	63	35	14
UnB	3	3	226	116	66	17
Unemat/UFMS	2	2	293	100	68	17
Total	36	32	2.326	1.197	656	165

Fonte: Boletim Síntese de Resultados (FCC, 2015).

Conforme se depreende dos dados da Tabela 1, a procura pelas turmas ofertadas pelo Consórcio Centro-Oeste foi bastante acentuada. Se tomarmos como referência que as turmas oferecidas pela Unemat/UFMS ocorreram em cidades do interior, o dado pode ser redimensionado a fim de ratificar a importância de iniciativas dessa natureza em territórios ainda carentes de oportunidades, como as previstas no projeto, para ingresso na pós-graduação *stricto sensu*. Outro dado que ganha relevância na Tabela 1 são as seguintes proporções: concluintes/alunos e ingressantes/concluintes. Com percentuais de 68% e 25%, respectivamente, essas cifras ratificam o compromisso e a tenacidade demonstrada pelos cursistas ao longo do projeto. São percentuais que podem também atestar o elevado espírito acadêmico presente entre os professores que colaboraram com a realização da proposta.

A Tabela 2, apresentada em termos percentuais, indica a faixa etária dos candidatos e dos ingressantes em Programas de Pós-Graduação, assim como a pertença étnico-racial declarada no momento da inscrição dos candidatos.

TABELA 2

Projeto Equidade na Pós-Graduação. Candidatos ao curso de formação pré-acadêmica e ingressantes em Programas de Pós-Graduação segundo faixa etária e autodeclaração de cor/raça — Unemat/UFMS e geral em percentuais totais

Faixa etária (em anos)	Candidatos (%)		Ingressantes (%)	
	Unemat/UFMS	Geral	Unemat/UFMS	Geral
18-24	12	10	—	2
25-34	42	45	56	55
35-44	29	27	22	27
45 e mais	16	16	22	14
Cor/raça (%)				
Branca	18	15	—	9
Preta	30	40	—	59
Parda	42	32	33	28
Indígena	5	10	67	5
Outros	4	3	—	—

Fonte: Boletim Síntese de Resultados (FCC, 2015).

Os dados da Tabela 2 informam que, de um modo geral, os percentuais relacionados à faixa etária dos candidatos e dos ingressantes, quando comparados ao comportamento geral, não apresentam diferenças muito expressivas. A demanda de candidaturas ao projeto concentrou-se nos intervalos entre 25-34 e 35-44 anos e essas faixas etárias concentraram as taxas mais vigorosas de aprovação para os Programas de Pós-Graduação. Ainda que haja a necessidade de estudos mais aprofundados, percebe-se que, quando comparada aos dados gerais, a faixa 25-34 anos se destaca concentrando aproximadamente 80% dos candidatos. Esse dado se modifica quando dedicamos atenção aos ingressantes, pois nessa condição os que estão nessa mesma faixa etária, ou seja, 25-34 anos, comparecem muito acima, em termos percentuais, quando comparados com os demais intervalos etários.

Considerando os contornos do Projeto Equidade na Pós-Graduação e o edital elaborado para o preenchimento das vagas, não é surpresa a forte presença de negros (pardos + pretos) e de indígenas. Esse fato deve ser sublinhado, pois é convergente com as orientações contidas na base da formulação do Projeto Equidade na Pós-Graduação. A população negra (pardos + pretos) em Mato Grosso é de aproximadamente 60% e o estado possui grande número de povos indígenas dispersos por todo o território, incluindo os indígenas em contexto urbano. Essa diversidade étnico-racial foi contemplada na proposta; por isso, chama a atenção o percentual de ingressantes negros e indígenas quando comparados à média geral.

Ainda em relação aos candidatos e ingressantes há um dado trazido pelo Boletim Síntese de Resultados (FCC, 2015) que merece atenção. A Unemat possui programas de ação afirmativa desde o início da década de 2000. Em 2001 tiveram início as atividades do Terceiro Grau Indígena, que, em síntese, ofertavam vagas em cursos de nível superior para indígenas de etnias mato-grossenses e de outras unidades da Federação. Em 2004 foram aprovadas as cotas para negros, que passaram a ser implementadas a partir do ano seguinte.

O Projeto Equidade na Pós-Graduação foi marcado pela presença de mulheres. Entre os candidatos, 77% na Unemat/UFMS e 73% no geral eram do sexo feminino respectivamente; entre os ingressantes, as taxas foram de 89% para a Unemat/UFMS e 64% para a média geral. A Tabela 3 contém dados segundo o estado civil e a renda de candidatos e ingressantes.

TABELA 3

Projeto Equidade na Pós-Graduação. Candidatos ao curso de formação pré-acadêmica e ingressantes em Programas de Pós-Graduação segundo renda em salários mínimos e áreas de conhecimento — Unemat/UFMS, em percentuais totais

Renda (salários mínimos)	Candidatos (%)		Ingressantes (%)	
	Unemat/UFMS	Geral	Unemat/UFMS	Geral
Até 2	42	46	0	20
Entre 02 e 05 S.M.	48	39	89	60
Entre 05 e 10 S.M.	Não informado	7	11	15
Acima de 10 S.M.	7	8	0	5
Áreas de conhecimentos dos ingressantes (%)				
ÁREAS	**Unemat/UFMS**		**Geral**	
Multidisciplinar	14		12	
Linguística, Letras e Artes	0		11	
Ciências Humanas	43		58	
Ciências Sociais Aplicadas	0		10	
Ciências Agrárias	0		1	
Ciências da Saúde	29		4	
Engenharias	0		1	
Ciências Biológicas	14		2	

Fonte: Boletim Síntese de Resultados (FCC, 2015).

Sob o ponto de vista da renda expressa em salários mínimos, parece não ser muito significativa a diferença entre os candidatos às vagas ofertadas pelo Consórcio Centro-Oeste. Com baixa presença de rendimentos acima de dez salários mínimos, os candidatos estão concentrados nas faixas que se estendem até cinco salários mínimos, com presença marcante dos que declararam perceber até dois salários mínimos. Esses candidatos, contudo, não aparecem entre os ingressantes em Programas de Pós-Graduação. Aproximadamente 90% dos ingressantes integram a faixa entre dois e cinco salários mínimos.

Os ingressantes do Consórcio Centro-Oeste foram aprovados nas seguintes instituições de ensino superior: Universidade Estadual Paulista (Unesp) e Universidade São Francisco, em São Paulo, Unemat e UFMS, respectivamente em Mato Grosso e Mato Grosso do Sul. Considerando que as universidades públicas têm múltiplos *campi*, que todas possuem taxas de inscrição para os respectivos processos de seleção e que apenas uma pequena parcela dos recursos financeiros pôde ser efetivamente utilizada em função da burocracia universitária, pode-se sugerir uma hipótese de trabalho acerca da total ausência de aprovados nos processos seletivos entre os ingressantes com menor renda, como demonstra a Tabela 3.

Em relação às áreas de conhecimento dos ingressantes, há um movimento que se assemelha aos demais projetos. Entretanto, merece atenção o percentual de ingressantes nas áreas das Ciências Biológicas e da Saúde, o que pode ser explicado por condições locais, pela presença de Programas de Pós-Graduação nessas áreas e pelo perfil étnico-racial dos concluintes. A forte presença indígena nas áreas de Saúde e de Ciências Biológicas pode estar diretamente relacionada com o destaque que tais áreas do conhecimento têm entre os ingressantes da Unemat/UFMS.

4. Considerações finais

O acesso dos estudantes indígenas, negros e oriundos de assentamentos aos níveis mais altos da educação escolar no Brasil associam-se com as características mais amplas do sistema universitário no país, o qual se desenvolveu a partir de um modelo centralizador, urbano e elitista, com índices gerais de ingresso muito baixos. É possível pensar que um amplo sistema de práticas institucionais permitiu estruturar processos de escolarização que contribuíram para consolidar no ensino superior um complexo afastamento dos povos indígenas, do campo, dos negros e quilombolas em relação aos níveis mais altos da educação no país. As ações formativas relacionadas ao acesso aos Programas de Pós-Graduação *stricto sensu* podem constituir-se, como afirmam os estudantes Umutina, em uma estratégia política de formação com força para combater os efeitos de séculos de políticas educacionais que alijaram dos espaços autorizados da pesquisa acadêmica os povos indígenas.

Para os professores indígenas Umutina que disputam o acesso aos programas de mestrado e doutorado, os projetos preparatórios para o acesso à Pós-Graduação se caracterizam por uma orientação fortemente política. Na perspectiva da escola Umutina, tais projetos têm um papel importante pela potencialidade que apresentam. Em primeiro lugar, promovem o acesso aos programas *stricto sensu* de populações historicamente excluídas do ensino superior. Em segundo, ao postularem o objetivo de discutir sobre a escola indígena desde a perspectiva dos próprios povos indígenas, poderão contribuir para o atual debate sobre os modos como se constituíram os saberes no Ocidente capitaneado pela colonização ibérica e pelo atual modelo de globalização da economia.

Além do acesso de negros e indígenas ao ensino superior e à Pós-Graduação, outro tema que também deve ser considerado no cotidiano de quem pensa e faz a educação brasileira é a criação de metodologias, conteúdos, programas, projetos e atividades culturais e políticas de combate ao racismo e às formas de discriminação. Ainda que o racismo seja um aspecto estruturante das relações sociais no Brasil, podemos afirmar que há mudanças sinalizadas no horizonte, o que inclui também importantes avanços no campo da Educação, como a aprovação dos vários instrumentos legais para a adoção de ações afirmativas.

No Brasil, uma outra dinâmica cultural e societária, especialmente a partir da década de 1980, tem exigido uma nova reflexão sobre desigualdades, diversidade cultural e conhecimento. Esse processo tem estreita relação com as demandas dos movimentos sociais, como pudemos perceber nas lutas por democratização e nas estratégias coletivas para sensibilizar o Estado para temas que historicamente foram deixados de lado. Tudo isso não acontece isoladamente, mas são demandas que estão na esteira das exigências sociais mundiais do pós-Segunda Guerra Mundial, das quais destacamos as seguintes: as lutas por libertação nos continentes africano e asiático; os movimentos por direitos civis nos Estados Unidos; os estudos mundiais sobre relações étnico-raciais, especialmente aqueles realizados pela Organização das Nações Unidas para a Educação, a Ciência e a Cultura (Unesco) e que envolveram pesquisas no Brasil; o fortalecimento do movimento negro no Brasil a partir do surgimento do Movimento Negro Unificado, em 1978; e a crítica ao economicismo das políticas públicas, que se mostraram pouco eficientes no combate às desigualdades sociais.

Esse contexto complexo nos demonstra a centralidade das políticas que visem a representatividade de negros e indígenas nos cursos universitários e na Pós-Graduação, respondendo a uma luta histórica. Iniciativas como o "Equidade na Pós-Graduação" são historicamente necessários e merecem continuidade. Para além da representatividade dos grupos em situação subalterna, as reflexões a respeito do respeito à diversidade exigem também uma revisão dos debates sobre a produção do conhecimento e a formação de professores. A renovação necessária não mais se restringe à teoria, mas sim à relação que mantemos entre teoria e prática e entre os sujeitos da educação. Nesse sentido, os currículos universitários se transformam em um território em disputa, especialmente de sujeitos que demandam por reconhecimento social, entre eles as populações negra e indígena.

Referências

BRASIL. *Constituição da República Federativa do Brasil de 1988*. Disponível em: <www.planalto.gov.br/ccivil_03/Constituicao/Constituicao.htm>. Acesso em: 9 maio 2016.

______. MINISTÉRIO DA EDUCAÇÃO. Lei n. 11.645, de 10 de março de 2008, Brasília: MEC/SECAD, 2008.

______. MINISTÉRIO DA EDUCAÇÃO. Lei n. 11.096, de 13 de janeiro de 2005. Brasília: MEC, 2005.

BRASIL. MINISTÉRIO DA EDUCAÇÃO. Diretrizes Curriculares Nacionais para a Educação das Relações Étnico-Raciais e o Ensino de História e Cultura Africana e Afro-Brasileira. Brasília: MEC/SECAD, 2004.

______. MINISTÉRIO DA EDUCAÇÃO. Lei n. 10.639, de 09 de janeiro de 2003. Brasília: MEC/SECAD, 2003.

BROSTOLIN, Marta Regina. Projeto de pesquisa "*Rede de Saberes — Permanência Indígena no Ensino Superior*", 2009.

CARVALHO, José Jorge de. *Inclusão étnica e racial no Brasil*: a questão das cotas no ensino superior. São Paulo: Attar, 2005.

CNE. Conselho Nacional de Educação. Resolução 1/2004. Institui Diretrizes Curriculares Nacionais para a Educação das Relações Étnico-Raciais e para o Ensino de História e Cultura Afro-Brasileira e Africana. *Diário Oficial da União*, Brasília, 22 jun. 2004, seção 1, p. 11.

COSTA, Jacqueline da Silva. *Cor em movimento*: um estudo de caso sobre a vida cotidiana de jovens e adultos negros do projeto pré-vestibular gerido pela Unemat no município de Cáceres-MT. Dissertação (Mestrado em Educação) — Universidade Federal de Mato Grosso, Cuiabá, 2005.

EQUIPE DO PROGRAMA REDES DE SABERES. *Relatório final*. Novembro de 2005 a novembro de 2007. Encaminhado para o programa Trilhas de Conhecimentos, LACED, 2007b.

FUNDAÇÃO CARLOS CHAGAS (FCC). *Boletim Síntese de Resultados*. São Paulo: Fundação Carlos Chagas, 2015. (Mimeo,)

INSTITUTO BRASILEIRO DE GEOGRAFIA E ESTATÍSTICA (IBGE). Pesquisa Nacional por Amostra de Domicílio. Brasília, novembro de 2013.

MINISTÉRIO DA EDUCAÇÃO. Instituto Nacional de Estudos e Pesquisas Educacionais Anísio Teixeira. *Censo da Educação Superior*. Brasília: MEC/INEP, 2012.

PAIXÃO, Marcelo et al. (Org.). *Relatório anual das desigualdades raciais no Brasil:* 2009-2010. Constituição cidadã, seguridade social e seus efeitos sobre as assimetrias de cor ou raça. Rio de Janeiro: Garamond/Laeser, 2010.

ROSEMBERG, Fúlvia. *Ação afirmativa na Pós-Graduação*: o Programa Internacional de Bolsas da Fundação Ford na Fundação Carlos Chagas. São Paulo: FCC/SEP, 2013.

ROSEMBERG, Fúlvia; MADSEN, Nina. Educação formal, mulheres e gênero no Brasil contemporâneo. In: BARSTED, Leila L.; PITANGUY, Jacqueline. *O progresso das mulheres no Brasil 2003-2010*. Rio de Janeiro/Brasília: Cepia/: ONU Mulheres, 2011. p. 390-424.

ROSEMBERG, Fúlvia; PINTO, Regina Pahim; SILVÉRIO, Valter Roberto. *Relações raciais no Brasil*: pesquisas contemporâneas. São Paulo: Contexto, 2011.

SANTOS, Sales Augusto dos. Ação afirmativa e mérito individual. In: SANTOS, Renato Emerson dos; LOBATO, Fátima (Orgs.). *Ações afirmativas*: políticas públicas contra as desigualdades raciais. Rio de Janeiro: DP&A, 2003. p. 83-126.

SILVA, Petronilha Beatriz Gonçalves e. Ação afirmativa na UFSCar: em busca da qualidade acadêmica com compromisso social. *Políticas Educativas*, Campinas, v. 2, n. 1, p. 41-53, dez. 2008. Disponível em: <http://seer.ufrgs.br/index.php/Poled/article/view/18350/10805>. Acesso em: 28 nov. 2015.

CAPÍTULO 6

Caminhos trilhados pelo Projeto Equidade na UFRB: aprendizagens e desafios

Ana Maria Silva Oliveira (UFRB)
Denize de Almeida Ribeiro (UFRB)

A educação brasileira está vivenciando um crescente processo de expansão. A cada ano são inauguradas diversas Instituições de Ensino Superior (IES), assim como se amplia o quadro discente no país. Como demonstram os dados do Censo da Educação Superior, divulgados pelo Instituto Brasileiro de Geografia e Estatística (IBGE, 2009), o número de matrículas dobrou em uma década, e as mulheres já são maioria entre os universitários. O Brasil registrou em 2009 a marca de 6,5 milhões de universitários — 6,3 milhões em cursos de graduação e 173 mil na Pós-Graduação.

Os cursos de Pós-Graduação também têm sofrido significativas transformações — tanto quantitativas como qualitativas — nos últimos anos em virtude da construção de novas universidades e da qualificação do corpo docente. Segundo dados da Coordenação de Aperfeiçoamento de Pessoal de Nível Superior (Capes), nos anos 1960 havia 38 cursos de Pós-Graduação no país; em 2008, eram 2.588, conforme se pode ver na Tabela 1.

TABELA 1

Cursos de Mestrado e Doutorado reconhecidos pela Capes, por região

Região	Programas e cursos de Pós-Graduação					Total de cursos de Pós-Graduação			
	Total	M	D	F	M/D	Total	M	D	F
Centro-Oeste	184	93	2	17	72	256	165	74	17
Nordeste	456	249	14	37	156	612	405	170	37
Norte	110	68	2	6	34	144	102	36	6
Sudeste	1.316	399	18	122	777	2.093	1.176	795	122
Sul	522	242	5	43	232	754	474	237	43
Brasil	2.588	1.051	41	225	1.271	3.859	2.322	1.312	225

Legenda:
M: mestrado acadêmico.
D: doutorado.
F: mestrado profissionalizante.
M/D: mestrado acadêmico/doutorado.
Fonte: MEC/Capes (2008).

É notório o avanço nos Programas de Pós-Graduação, que se traduz na criação de novos cursos, no aumento significativo do número de vagas e no acompanhamento da qualidade dos cursos ofertados. Segundo Cury (2004, p. 780), tal sucesso se deve a uma atuação efetiva do Estado brasileiro:

> Tal política pública propiciou uma realidade bem-sucedida logo convertida em verdadeiro sistema com um reconhecimento nacional e

internacional de sua qualidade. Nesse processo especial destaque se confere aos processos de avaliação levados adiante pela Coordenação de Aperfeiçoamento de Pessoal de Nível Superior (CAPES). Cooperam para tal tanto as bolsas concedidas por esta fundação, pelo CNPq e também por algumas fundações estaduais de amparo à pesquisa (FAP) quanto outros programas de apoio e fomento fornecidos por tais agências.

Embora o crescimento do número de cursos na Pós-Graduação seja um fato inequívoco, a análise dos dados da Tabela 1 coloca em relevo um dos grandes problemas que ainda permanecem no sistema de Pós-Graduação brasileiro: a assimetria regional, visto que a Região Sudeste concentra 61,1% dos cursos de Mestrado e Doutorado do país. Além da concentração regional, os programas também estão presentes, em sua grande maioria, nas capitais dos estados e apenas um número muito reduzido é ofertado em cidades centrais, como é o caso do Recôncavo Baiano.

Outro problema é a distribuição da população brasileira por etnia nesses cursos, pois há um baixo índice de negros que frequentam Programas de Pós-Graduação. Um recorte étnico de dados estatísticos da educação superior retrata que o Brasil ainda é um país de desigualdades e preconceitos étnicos, econômicos e sociais. Segundo a Síntese de Indicadores Sociais (SIS), divulgada pelo Instituto Brasileiro de Geografia e Estatística (IBGE), no Censo 2010, apenas 10% das pessoas negras tinham diploma de ensino superior na Grande São Paulo, apesar dessa categoria étnica representar mais da metade da população. É um dado que fomenta reflexões já que, segundo levantamento do jornal, no estado de São Paulo, os negros ocupam apenas 18% dos cargos da elite paulista e os piores indicadores sociais (Folha de São Paulo, 2015).

O recorte de gênero também chama a atenção: embora as mulheres já constituam a maioria na educação superior, as mulheres pretas[1]

1. Segundo o IBGE, a população negra representa o somatório de pretos e pardos. Assim, a categoria "mulheres pretas" não inclui as mulheres pardas.

são vítimas não só da exclusão por gênero como também por raça. O percentual de acesso acadêmico de mulheres pretas é estatisticamente mínimo na maior parte das IES e retrata as dificuldades e os desafios estabelecidos pela sociedade em que estão inseridas.

1. A necessidade de políticas afirmativas

A exclusão étnica que ocorre na educação superior é evidente e afeta diretamente o número de negros que frequentam os Programas de Pós-Graduação. Nesse sentido, a adoção de ações afirmativas, entendidas como políticas públicas ou privadas direcionadas à redução das desigualdades sociais, é de suma importância para diminuir as graves distorções étnicas, regionais e de gênero que permeiam a educação superior.

A Secretaria de Assuntos Estratégicos (SAE), em parceria com a Faculdade Zumbi dos Palmares, a Secretaria de Políticas de Promoção da Igualdade Racional (Seppir) e a Fundação Getúlio Vargas (FGV), produziu em 2012, o primeiro banco de dados nacional sobre a população negra no Brasil. Com base em alguns dos dados coletados, constata-se que, no Brasil, 51% da população é formada por negros. No entanto, as informações obtidas para o banco de dados mostram que, apesar dos avanços, ainda existe uma grande desigualdade étnica, econômica e social no país: apenas 20% dos brasileiros ganham mais de dez salários mínimos e a população negra representa somente 20% dos brasileiros que chegam a cursar Programas de Pós-Graduação no país.

Como uma das consequências da exclusão étnica nos cursos de Pós-Graduação está o acesso restrito a cargos de melhores remunerações e qualificações. Tanto no setor público como no privado a exigência por qualificação é cada vez maior e acaba contribuindo para a marginalização étnica e social. Isso é evidenciado na Tabela 2, que mostra como o corpo acadêmico das principais universidades brasileiras é composto por um número mínimo de professores negros.

TABELA 2

Professores negros por universidade

Instituição	Total de professores	Professores negros	%
Universidade de São Paulo (USP)	4.705	5	0,1%
Universidade Federal do Rio Grande do Sul (UFGRS)	2.000	3	0,15%
Universidade Estadual de Campinas (Unicamp)	1.761	4	0,2%
Universidade Federal do Rio de Janeiro (UFRJ)	3.200	20	0,6%
Universidade Federal de Minas Gerais (UFMG)	2.700	20	0,7%
Universidade de Brasília (UnB)	1.500	15	1%

Fonte: Carvalho (2005).

Os dados da Tabela 2 são de uma pesquisa pioneira elaborada por Carvalho (2005), antropólogo, professor da Universidade de Brasília (UnB) e pesquisador do Conselho Nacional de Desenvolvimento Científico e Tecnológico (CNPq). Carvalho aborda o sistema de cotas, a reserva de vagas para negros e índios nas universidades públicas e a composição étnica do corpo discente e docente. O autor descreve como a sociedade brasileira é extremamente excludente, a ponto de necessitar de mecanismos para reserva de vagas étnicas e sociais, e revela ainda que o país tem apenas 1% de diplomatas negros em um universo de mil profissionais.

Assim, ações e políticas afirmativas são imprescindíveis para a superação das mazelas sociais a que foram submetidas as pessoas negras, reconhecendo e corrigindo a exclusão acadêmica e os direitos negados socialmente a esse grupo ao longo da história. Por meio delas espera-se reduzir gradativamente as distâncias socioeconômicas que permeiam a vida social brasileira e propiciar a equidade.

2. Combatendo o racismo e o sexismo na Pós-Graduação: a experiência da UFRB

Como enfrentamento das numerosas desigualdades educacionais presentes em nosso país e almejando propiciar um ensino mais equânime na educação superior, a Universidade Federal do Recôncavo da Bahia (UFRB) implementou o Projeto de Pós-Permanência: Equidade na Pós-Graduação, desenvolvido pela Pró-Reitoria de Políticas e Ações Afirmativas (Propaae), em parceria com a Fundação Carlos Chagas (FCC) e a Ford Foundation. O objetivo preponderante era preparar candidatos egressos de cursos de graduação para a pós-permanência, habilitando-os para os processos seletivos dos Programas de Pós-Graduação (Mestrado e Doutorado), em condições igualitárias do ponto de vista étnico e econômico.

O projeto foi oferecido na modalidade Extensão em Políticas Afirmativas, Formação e Pós-Permanência e tinha como público-alvo graduandos da UFRB, egressos de instituições públicas e privadas de ensino superior situadas na região do Recôncavo Baiano, representantes de movimentos sociais e de comunidades populares com graduação completa.

Foi, então, publicado o edital de abertura de inscrições ofertando 30 vagas para candidatos que almejavam ingressar no curso de Mestrado e Doutorado. Como estava previsto no contrato entre a FCC e a UFRB, formaram-se duas turmas: a primeira no *campus* da UFRB de Amargosa, em 2012, e a segunda, no *campus* de Cachoeira, em 2013.

As inscrições foram realizadas em formulários que permitiam identificar dados acadêmicos, étnicos e econômicos dos candidatos e utilizá-los no processo seletivo. Os Gráficos 1, 2 e 3 apresentam uma breve síntese de alguns dados dos candidatos inscritos.

GRÁFICO 1

Instituição de origem dos candidatos

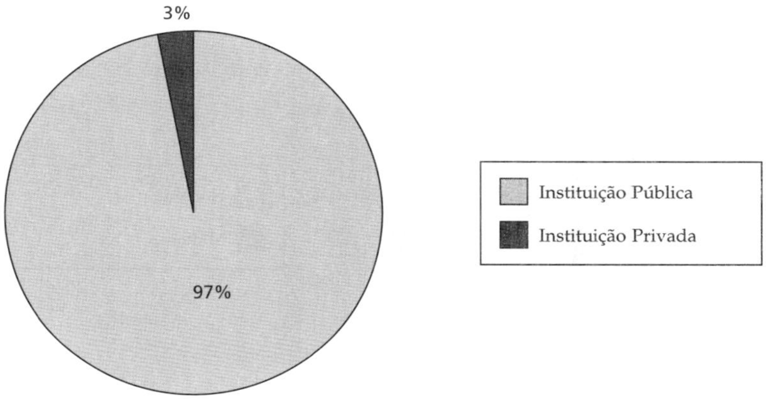

Fonte: Elaboração da autora.

GRÁFICO 2

Etnia dos candidatos

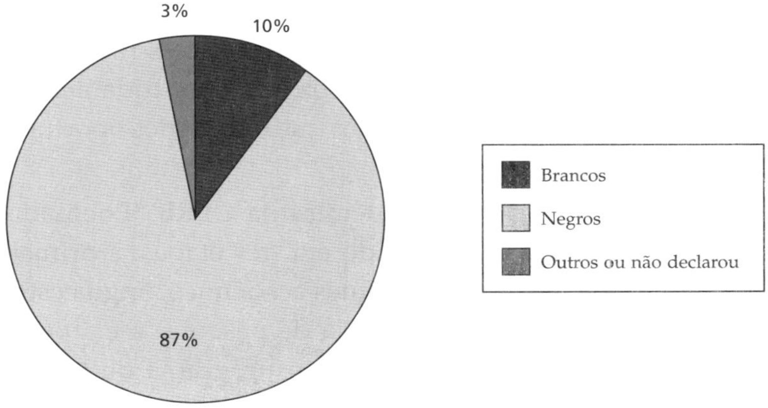

Fonte: Elaboração da autora.

GRÁFICO 3

Sexo dos candidatos

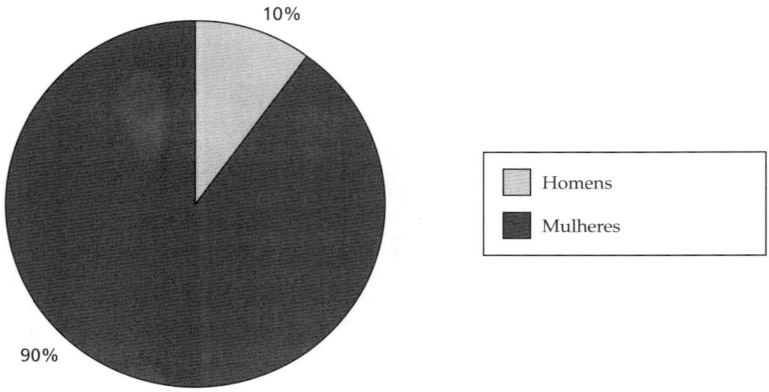

Fonte: Elaboração da autora.

A análise dos dados apresentados nos Gráficos 1, 2 e 3 nos permite afirmar que o programa conseguiu atrair seu público-alvo: grupos oriundos de diversas cidades do Recôncavo Baiano, tradicionalmente discriminados por questões étnicas e de gênero e que, estatisticamente, estão em sua maioria excluídos dos Programas de Pós-Graduação.

Como o objetivo do projeto era oferecer uma preparação acadêmica e, por meio dela, oportunizar equidade de acesso aos Programas de Pós-Graduação, o processo seletivo priorizou estudantes cotistas, mulheres negras, quilombolas e grupos que têm menos oportunidades de ingresso na educação superior.

O curso de formação pré-acadêmica na UFRB "Equidade e ingresso na pós-graduação" é dividido em três etapas: a primeira é a formação geral, com aulas de português acadêmico, língua estrangeira instrumental (inglês) e metodologia de pesquisa e elaboração de projeto; na segunda etapa, é realizado o programa de tutoria, por meio do qual os estudantes são acompanhados por um professor na elaboração dos projetos e na organização da documentação para inscrição em Programas de Pós-Graduação; a terceira etapa consiste na participação dos estudantes em eventos acadêmicos que discutem temáticas propícias à formação política estudantil e à participação social dos alunos como agentes transformadores.

O projeto tem carga de 180 horas, dividido em aulas às sextas-feiras, das 18 às 22 horas e aos sábados, das 8 às 12 horas, nos meses de agosto a novembro. A etapa de tutoria ocorre ao longo do curso e culmina com a apresentação do projeto. Essa divisão permite ao discente um melhor aproveitamento das disciplinas e lhe proporciona flexibilidade para que sua vida profissional não seja afetada. Como muitos estudantes residem em outras cidades, ofertar o curso de segunda à sexta-feira o tornaria inviável.

A conclusão da primeira turma do projeto alcançou resultados positivos, já que quatro estudantes[2] foram aprovados em Programas de Mestrado de diversas instituições públicas de ensino superior. Houve também muitos outros benefícios que não estão especificados numericamente: segundo relato de estudantes do projeto, o estímulo à produção acadêmica e os conhecimentos obtidos no decorrer do curso serão relevantes para futuras aprovações em seleções de Pós-Graduação.

Como análise dessa primeira etapa do projeto, após observar os índices de aprovação, ficou evidente que não basta oferecermos um bom material didático e termos uma equipe de professores qualificada; também é necessário informarmos constantemente quais são os processos seletivos abertos e realizar um trabalho motivacional com cada estudante para melhorar os índices de aprovação nas seleções de Pós-Graduação.

2. São eles: Carlos Adriano Oliveira, aprovado no Mestrado em Educação na Universidade Estadual de Feira de Santana (UEFS); Reginaldo Pereira dos Santos, aprovado no Mestrado em Gestão Pública para o Desenvolvimento do Nordeste na Universidade Federal de Pernambuco (UFPE); Silmary Silva, aprovada no Mestrado em Educação Científica e Formação de Professores de Ciências e Matemática na Universidade Estadual do Sudoeste da Bahia (UESB) e Lilia Bittencourt Silva, aprovada no Mestrado em Psicologia na Universidade Federal da Bahia (UFBA).

Com base em depoimentos de alguns alunos, constatamos que a maior parte dos estudantes que frequentou o curso não se inscreveu em nenhuma seleção de Pós-Graduação. Creditamos a isso o fato de a primeira turma não ter tido um número maior de aprovados. Diante dessa constatação, decidimos que, na aula inaugural da segunda turma, os estudantes do projeto, além de preencherem a documentação de matrícula, receberiam também um termo de compromisso no qual assumiriam a responsabilidade de se inscrever em pelo menos uma seleção de Pós-Graduação. Com isso, esperávamos melhores resultados.

A segunda turma abriu inscrições no período de 20 de junho a 19 de julho de 2013 e disponibilizou 30 vagas. O resultado da seleção divulgado em 31 de julho apresentou a relação de 30 alunos aprovados e a formação de um cadastro de reserva de 10 estudantes. Como o foco do projeto era propiciar uma Pós-Graduação mais equânime, um dos critérios de aprovação era a etnia e a condição social dos candidatos.

Tanto os estudantes aprovados como os do cadastro de reserva foram convidados para a aula inaugural que ocorreu no pavilhão de aulas do *campus* de Cachoeira no dia 15 de agosto de 2013. Ficamos surpresos por notar a presença de todos os estudantes durante esse momento. Sentimos que a turma estava bastante motivada e que teríamos bons resultados.

Conscientizar sobre a importância de formação contínua foi uma das demandas da equipe pedagógica do projeto. Criar uma rotina de estudo, participar de eventos acadêmicos e se inserir em projetos de pesquisa e de extensão propiciam a formação crítica e emancipadora do estudante e são atividades fundamentais para o desenvolvimento acadêmico. É necessário reforçar a compreensão de que o "aprender" é um processo contínuo intrínseco à vivência humana e essa postura formativa foi incentivada ao longo do curso.

Tivemos alguns problemas na parte financeira do projeto e acreditamos que isso tenha resultado na desistência de cinco estudantes. Embora o curso tenha iniciado em 15 de agosto, em virtude de muitos entraves burocráticos, só conseguimos disponibilizar o auxílio-

-alimentação no mês de outubro. Como a maioria dos alunos classificados com cadastro de reserva estava frequentando regularmente as aulas, a equipe decidiu disponibilizar um auxílio no valor de R$ 138,34 para todos os 35 alunos regulares do curso.

Além desse auxílio financeiro para despesas com alimentação, outro benefício disponibilizado, embora também tardiamente, foi a hospedagem de todos os estudantes que não residiam em Cachoeira, sendo ofertadas vagas em pousadas da região. Esse benefício possibilitou que os estudantes formassem grupos de discussão após as aulas e tivessem melhor aproveitamento aos sábados.

Outra dificuldade enfrentada pelos estudantes da segunda turma foi em relação à tutoria. O processo de tutoria, que deveria ter começado no início das aulas, só principiou na metade do curso e uma parte dos estudantes teve tutoria apenas no final. Esse problema se deveu à coincidência do curso com o período de férias docentes da UFRB; assim, poucos professores mostraram interesse em desempenhar o papel de tutor. Além disso, os entraves burocráticos dificultaram a contratação e o pagamento dos tutores, atrasando o período de construção e acompanhamento dos projetos.

Em razão do começo tardio, muitos estudantes só tiveram tutoria após o período de inscrição de grande parte dos processos seletivos para os Programas de Mestrado e Doutorado. Esse foi um dos fatores que contribuíram para não termos um índice de aprovação ainda maior da segunda turma,[3] pois como os estudantes começam o curso sem ter um pré-projeto, a etapa de tutoria é de suma importância para orientação e construção textual.

Outro elemento que prejudicou a obtenção de resultados melhores foi o contexto político e educacional de oferta de cursos de

3. Da segunda turma, foram aprovados os seguintes alunos: Elane Conceição Anias — Mestrado em Ciências Sociais na UFRB; Maria das Candeias dos Santos — Mestrado em Ciências Sociais na UFRB; Ary Albuquerque Cavalcanti Junior — Mestrado em História na Universidade do Estado da Bahia (UNEB); Danielle Machado Cavalcante — Mestrando em História na UNEB; Jadson Ferreira dos Santos — Mestrado em História da África na UFRB; Josenaldo Souza Cruz — Mestrado em Ensino de Filosofia na UFBA.

Pós-Graduação. Há poucos programas *stricto sensu* disponíveis no Recôncavo Baiano, razão pela qual 70% dos aprovados tiveram que sair da região para estudar em outras universidades. Como grande parte dos estudantes já constituiu família e tem algum vínculo empregatício, deixar sua cidade tem se revelado um elemento dificultador para o ingresso e permanência na Pós-Graduação. Assim, a concentração regional e econômica dos Programas de Pós-Graduação tem sido uma barreira e um dos fatores impeditivos para a promoção de um sistema mais equânime e para a realização do sonho de ingressar nesses cursos.

Para celebrar os resultados do projeto, no dia 7 de dezembro de 2013, realizamos um coquetel de encerramento. Foi um momento para socialização das experiências e aprendizagens. Segundo o depoimento dos estudantes, apesar das dificuldades e dos problemas ocorridos ao longo do curso, o projeto foi uma oportunidade valiosa para aprendizagem e aperfeiçoamento de conhecimentos. Possibilitou a construção de novas relações no âmago da academia na medida em que o conhecimento científico foi ressignificado por suas vivências e experiências profissionais, agregou novos imaginários e leituras e fomentou novos desafios.

Com o intuito de verificar os pontos positivos e negativos do projeto, foram aplicados questionários avaliativos. Um dos pontos salientados pelos estudantes diz respeito à duração do curso. A maioria acredita que o tempo foi insuficiente, como comprovamos na fala de Maraisa: "Foi muito bom o conteúdo, mas [...] o período foi muito curto, deveria ser estendido. Acho que o curso deveria ser desenvolvido no período de um ano". A estudante foi aprovada na primeira etapa — análise do projeto — do Mestrado em Ciências Sociais da UFRB com o trabalho intitulado *A inserção dos ciganos nas igrejas neopentecostais de Cruz das Almas*. Maraisa afirma que seu projeto é inédito, já que não há estudos que dialoguem com a temática.

A avaliação geral do Projeto de Pós-Permanência: Equidade na Pós-Graduação é bastante positiva, com índices de 80% para a dedicação dos docentes, matriz curricular e proposta de atividades. Por outro lado, o acompanhamento dos projetos de pesquisa, etapa da tutoria, recebeu avaliação positiva de apenas 40% dos que responderam à avaliação. Quando questionados, os tutores alegaram que a carga horária não é suficiente para a escolha da temática e a construção de um projeto. Sugeriram, inclusive, que fosse exigida a apresentação de um pré-projeto no momento da inscrição e, assim, a fase de tutoria seria dedicada ao aprimoramento textual.

Ainda que a maioria dos cursistas não tenha conseguido ingressar na Pós-Graduação, esperamos que o início desse processo de "alfabetização científica" possibilitado pelo curso possa continuar a incentivá-los a participarem dos exames de seleção com base no conhecimento inicial adquirido e no reconhecimento de aspectos que precisam ser aprimorados. Tanto assim que muitos cursistas da primeira turma que não foram aprovados em 2012, conseguiram aprovação nos anos subsequentes[4].

Embora sejam necessários aperfeiçoamentos, o êxito do projeto é um consenso, como se vê nas palavras de Arnaldo Ramos, um dos cursistas que parabeniza os agentes envolvimentos na execução do projeto e acredita que o curso "abre portas":

> É uma oportunidade que faz com que pessoas que não têm instrumentos, por exemplo, com a metodologia acadêmica, possam se preparar para concorrer em processos seletivos não só da UFRB, mas de todo o país. Quero ressaltar a iniciativa da Propaae, que é muito valiosa e espero que continue. Em minha opinião, o curso deve ser oferecido em todos os *campi* da UFRB, levando em consideração que as pessoas têm dificuldade de locomoção.

Nessa perspectiva formativa, estabeleceu-se que parte da carga horária do projeto seria destinada à participação em eventos acadêmicos que discutissem temáticas relacionadas à formação política

---

4. Edineia Oliveira dos Santos — UFRB; Erenice Rocha dos Santos — UNEB; Jucilene Nascimento Dias — UFPB; Marcia Batista de Almeida — UFRB; Vilma Souza Conceição — UNEB.

estudantil e à atuação social dos alunos como agentes transformadores. Disponibilizou-se um certificado de participação no projeto com carga de 180 horas, além de outros pela participação em eventos.

Os estudantes das duas turmas foram convidados a contribuir com artigos para a publicação do livro *Equidade na pós-graduação: a experiência da Universidade Federal do Recôncavo da Bahia*. Juntamente com as entrevistas dos cursistas aprovados em Programas de Mestrado e textos de docentes e técnicos que participaram do projeto, os artigos reunidos nesse livro têm o intuito de divulgar as experiências e os aprendizados obtidos com o Projeto de Pós-Permanência: Equidade na Pós-Graduação. Pretendem também qualificar o currículo *lattes* dos cursistas, facilitando assim sua aprovação na Pós-Graduação. Para a maioria, será a primeira experiência de publicação acadêmica.

Um dos desafios após o encerramento do Projeto é viabilizar ações que promovam as discussões e deem visibilidade aos ganhos obtidos com a implementação do projeto para o Recôncavo Baiano. Como as desigualdades persistem, é necessário dar continuidade às políticas públicas em prol da equidade e criar novas estratégias de atuação que rompam com as restrições impostas pelos segmentos privilegiados, as quais persistem criando barreiras para o acesso de grupos historicamente marginalizados à educação superior.

É necessário discutir também a possibilidade de isenção da taxa de inscrição cobrada para participação no processo seletivo dos Programas de Pós-Graduação para os estudantes que se enquadram no perfil de vulnerabilidade social. Tivemos no projeto muitos estudantes que não se inscreveram para seleções por não terem condições financeiras de arcar com taxas que variam de R$ 30,00 a R$ 200,00.

Considerada a tamanha relevância da temática para a comunidade interna e externa da UFRB, a Propaae tem organizado eventos que fomentem discussões sobre a necessidade de formulação de políticas públicas de inclusão na Pós-Graduação e que estimulem a atuação de protagonistas estudantis empenhados em reverter o excludente panorama educacional a que estão submetidos. Nesse contexto, eventos como Equidade na Pós-Graduação: experiências e possibilidades favorecem a construção de espaços coletivos de formação continuada e propiciam o processo crítico de mobilização social.

Após intensa ação dos movimentos sociais, as cotas para a Pós-Graduação estão começando a ser implementadas em universidades públicas estaduais e federais. A experiência mais exitosa no estabelecimento normativo de políticas públicas de equidade na Pós-Graduação é a do Rio de Janeiro, onde a Lei Estadual n. 6.914/14 estabeleceu que 12% das vagas de Pós-Graduação das universidades públicas do estado sejam destinadas a negros e indígenas. Podemos destacar como exemplo também a experiência da Universidade Federal de Goiás, que, por meio de seu Conselho Universitário (Consuni), estabeleceu cotas raciais e ações afirmativas para todos os programas *stricto sensu* da instituição.

Garantir não apenas o ingresso, mas também a diversidade dos temas pesquisados é um dos desafios para a promoção de um panorama educacional mais equânime. Espera-se empoderar o movimento estudantil da UFRB e a comunidade acadêmica e externa para propormos estratégias de inclusão e de promoção da equidade nos cursos de Pós-Graduação de nossa universidade. Ainda, concordando com o discurso do professor e secretário de Políticas de Ações Afirmativas da Seppir, Ronaldo Barros: "É algo imprescindível para o país, tendo em vista que as políticas de ação afirmativa tendem a agregar valor. Quanto maior a diversidade, maior qualidade. Não só na esfera da correção da desigualdade, mas em função de melhorar a qualidade da pós-graduação" (Agência Brasil, 2015).

Consciente da importância para a população do Recôncavo Baiano, a Propaae pretende dar continuidade ao Projeto Equidade e, para isso, está buscando novas parcerias para financiamento. Entendemos que o projeto desenvolvido com a parceria da FCC e da Ford Foundation foi de suma relevância para materializar demandas sociais existentes há décadas e necessita prolongar-se até que consigamos desenvolver um sistema de Pós-Graduação que contemple a diversidade étnica, regional e social de nosso país.

Referências

AGÊNCIA BRASIL. *Governo deve propor cotas para negros na Pós-Graduação até junho.* Disponível em: <http://agenciabrasil.ebc.com.br/educacao/noticia/2015-05/governo-deve-propor-cotas-para-negros-na-pos-graduacao-ate-junho> Acesso em: 20 dez. 2015.

BRASIL. Secretaria de Assuntos Estratégicos da Presidência da República. *Banco de dados mostra situação da população negra do Brasil.* Disponível em: <www.sae.gov.br/.../banco-de-dados-mostra-situacao-da-populacao-negra>. Acesso em: 20 out. 2011.

CARVALHO, J. J. *Inclusão étnica e racial no Brasil:* a questão das cotas no ensino superior. São Paulo: Attar, 2005.

CURY, C. R. J. Graduação/Pós-Graduação: a busca de uma relação virtuosa. *Educação & Sociedade*, Campinas, v. 25, n. 88, p. 777-793, out. 2004.

FOLHA DE S. PAULO. *Negros ocupam só 18% dos cargos de elite, aponta levantamento.* Disponível em: <www1.folha.uol.com.br/cotidiano/2015/06/1638879-negros-ocupam-so-18-dos-cargos-de-elite-aponta-levantamento.shtml> Acesso em: 01 mar. 2016.

IBGE. *Síntese de indicadores sociais:* uma análise das condições de vida da população brasileira, 2010. Disponível em: <http://www.ibge.gov.br/home/presidencia/noticias/imprensa/ppts/0000000144.pdf> Acesso em: 15 out. 2014.

SANTOS, A. L. F. dos; AZEVEDO, J. M. L. de. A pós-graduação no Brasil, a pesquisa em educação e os estudos sobre a política educacional: os contornos da constituição de um campo acadêmico. *Revista Brasileira de Educação*, v. 14, n. 42, set./dez. 2009. Disponível em: <www.scielo.br/pdf/rbedu/v14n42/v14n42a10.pdf>. Acesso em: 15 out. 2014.

SÃO PAULO TEM PROPORCIONALMENTE MAIOR POPULAÇÃO DE NEGROS DO PAÍS. *Folha Online*, 16 nov. 2006. Disponível em: <www1.folha.uol.com.br/folha/cotidiano/ult95u128279.shtml>. Acesso em: 20 out. 2014.

CAPÍTULO 7

Eu sou porque nós somos:
experiência pedagógica na articulação da equidade étnico-racial e da educação popular

S. Stella Araújo-Olivera (UFSCar)
Aida Victoria Garcia Montrone (UFSCar)

> Existe um abismo que separa negros e brancos no nosso país. Uma das maneiras de superar este problema é o investimento sério em educação, saúde, emprego, beneficiando a população excluída destes direitos sociais [...] pesquisas sobre desigualdades sociais revelam que mesmo dentro da camada mais pobre da população ainda existe um recorte étnico-racial. Entre os pobres, os negros se encontram em

situação de maior pobreza e desigualdade. Por isso, para solucionar a consequência[1] danosa do racismo na sociedade brasileira, as políticas públicas precisam atingir não somente a população pobre, mas, também, a população negra e pobre. (Munanga, 2006, p. 189)

Como ressalta a epígrafe, é um imperativo ético de justiça superar as mazelas sociais, a exclusão acadêmica e os direitos negados às populações historicamente excluídas em função de seu pertencimento étnico-racial. Com esse objetivo se promovem políticas de ações afirmativas que, sustentadas no critério da equidade, reduzam desigualdades socioeconômicas, ofereçam oportunidades de formação acadêmica para populações sub-representadas no ensino superior, particularmente negros e indígenas, e, ao mesmo tempo, combatam os efeitos do racismo e promovam a re-educação[2] das relações étnico-raciais nas universidades, ampliando nelas a presença da diversidade social e étnico-racial da sociedade.

Neste texto, apresentamos reflexões propiciadas pela implementação do módulo Metodologia de pesquisa e elaboração de projeto no curso Equidade no Acesso à Pós-Graduação, desenvolvido na Universidade Federal de São Carlos (UFSCar), com base nas aprendizagens, ensinamentos, fortalecimentos, fragilidades, riscos, dilemas e dificuldades de natureza prática e epistemológica desveladas na execução dessa experiência pedagógica.

Essa experiência, que se inspirou nos princípios da educação popular, desenvolveu-se em uma instituição pública de ensino superior

1. Em todas as citações do texto foram mantidas a grafia original.

2. Cabe salientar que através das instituições e das práticas sociais a sociedade sempre tem promovido uma certa educação das relações étnico-raciais conforme o padrão ideológico hegemônico. Essa educação fortaleceu a ideia de que a diferença (étnica, racial, de gênero, entre outras) vem do fato de existirem pessoas superiores e inferiores conforme características biológicas, bem como o silenciamento do preconceito, da discriminação e os estereótipos negativos em relação à ancestralidade africana e indígena. Usando o termo "re-educação" queremos enfatizar a necessidade de promover uma outra educação que contribua com o combate ao racismo e desigualdades em função do pertencimento ou da cor da pele das pessoas.

que, conforme seu Plano de Desenvolvimento Institucional (PDI), pretende excelência acadêmica e compromisso social.[3]

Apesar da inexistência de raças biológicas e das ideias da mestiçagem brasileira e da democracia racial, o racismo persiste e escolhe seus alvos seja pela aparência física ou pelo pertencimento a grupos historicamente discriminados pela colonialidade. Podemos afirmar que o reconhecimento da discriminação e as desigualdades raciais pelo Estado brasileiro é recente, pois, somente após da Marcha Zumbi dos Palmares contra o Racismo, pela Cidadania e a Vida, realizada em Brasília, em novembro de 1995, e da III Conferência Mundial Contra o Racismo, Discriminação Racial, Xenofobia e Intolerâncias Correlatas, realizada em setembro de 2001, em Durban, na África do Sul, foram reconhecidas pelo Estado brasileiro a discriminação e as desigualdades raciais da sociedade brasileira e, pela primeira vez, foi aceito o compromisso de revertê-las promovendo políticas afirmativas. Assim surgiu a adoção de cotas de emprego para negros nos Ministérios da Justiça e da Reforma Agrária. No entanto, a doutrina da "democracia racial"[4] foi apenas parcialmente quebrada já que ainda

---

3. Cabe ter presente que esse "compromisso social que a instituição se atribui tem feito com que integrantes seus, oriundos de grupos que a sociedade historicamente marginaliza, busquem compreender e apoiar demandas e iniciativas de movimentos e ações sociais. Como universidade pública, a UFSCar busca ter representada a diversidade social e étnico-racial da sociedade, e não apenas atender grupos que detêm historicamente o poder econômico, usufruem dos instrumentos mais sofisticados para se educarem, selecionam as informações a serem divulgadas pelos meios de comunicação e criam estratégias para excluir cidadãos que não pertencem a seus grupos. Dessa forma, tais grupos mantêm desigualdades e emperram iniciativas para que todos sejam iguais em direitos" (Araújo Filho, T.; Silva, 2009, p. 1).

4. "O mito da 'democracia racial' torna evidente a existência de um ideal de homogeneidade racial (raça cósmica, crisol de raças), que implica para os racialmente diferentes (negros, indígenas) não ser aceitos como sujeitos humanos com direitos, pois sua presença desafia esse ideal de nação brasileira. Nessa perspectiva, então, toda a população é resultado da 'mistura', o que contribui a confundir a 'mistura racial' de corte biológico com as relações raciais no sentido sociológico. Essa confusão é reforçada ao ser articulada com a ideia de 'branqueamento'. A tese do 'branqueamento' propicia a negação da corporalidade negra. Ela sustenta a ideia de 'melhorar' a raça a partir da 'mistura' racial biológica (casamentos mistos) e com isso aposta na gradual desaparição do 'corpo' negro. A população que assume essas ideias constrói uma valoração positiva da estética branca e por oposição a desvalorização da estética negra, daí que a 'cor' da pele opera como linha de corte racial. Essa trama de representações faz acreditar que no campo

permanece no imaginário social, e é isso que precisa ser mudado através de diversas ações, entre elas, as de re-educação das relações étnico-raciais, a implementação de políticas de ações afirmativas (PAA), se a sociedade brasileira se pretende democrática.

A adoção de políticas de ações afirmativas, como tratamentos diferenciados na sua execução para criar igualdade de oportunidades ao acesso de direitos de populações social e historicamente excluídas, é recente no Brasil. Essas medidas visam assegurar condições de acesso e tratamento igualitário para os afrodescendentes e indígenas em todas as esferas da vida social, promovendo uma maior inserção dessas populações nos sistemas de saúde, no mercado de trabalho e na educação, particularmente no ensino superior.

Juristas (Gomes, 2001, 2005) e pesquisadores (Guimarães, 1996; Silva; Silvério, 2003; Gomes, 2004; Rosemberg, 2006; Silvério; Moehjecke, 2009; Santos, 2012, entre outros) concordam em utilizar a denominação *ações afirmativas* (AA) para definir o conjunto de medidas especiais e temporárias, tomadas pelo Estado e/ou pela iniciativa privada, de forma espontânea ou compulsória, com o objetivo de eliminar desigualdades historicamente acumuladas. Além de procurarem garantir a igualdade de exercício de direitos, oportunidades e tratamento equitativo, essas medidas buscam também compensar perdas provocadas pela discriminação e marginalização por motivos raciais, étnicos e outros. As PAA dizem respeito, portanto, aos direitos humanos.

Em decorrência do reconhecimento de que o racismo e seus derivados estão presentes na sociedade brasileira e se expressam sistematicamente no sistema de ensino e em resposta à reivindicação dos movimentos sociais negros e às severas críticas de pesquisadores negros, tiveram lugar as seguintes iniciativas: foi criado, em 2002, o Programa Diversidade na Universidade; em 2003, se promulgou a Lei n. 10.639, que alterou a Lei de Diretrizes e Bases da Educação Nacio-

---

social as inter-relações raciais se dão de maneira tranquila, harmônica, sem conflitos" (Araújo-Olivera, 2012, p. 4-5). (Tradução nossa)

nal tornando obrigatório, no currículo oficial da rede de ensino, o ensino de História e Cultura Afro-Brasileiras; em 2004, o Ministério de Educação (MEC) instituiu a Secretaria de Educação Continuada, Alfabetização e Diversidade (SECAD) com o propósito de desenvolver e implementar políticas educacionais que, entre outros, objetivavam o acesso e a permanência qualificada de negros e negras na educação, desde a educação infantil até o ensino superior.

Visando esse objetivo na educação superior, o MEC tem promovido diversas ações, a exemplo do Programa Universidade para Todos (ProUni); dos Projetos Inovadores de Cursos (PICs), cursos pré-vestibulares comunitários para negros e indígenas; do Programa de tutoria e fortalecimento educacional de jovens negros na educação superior; do Programa de tutoria e fortalecimento educacional de jovens negros no ensino médio; da Educação em áreas remanescentes de quilombos; do Programa Conexões de Saberes: diálogos entre a universidade e as comunidades populares e da elaboração do Projeto de Lei n. 3.627/2004, que estabelece reserva de vagas nas Instituições Federais de Educação Superior (Ifes) para estudantes de escolas públicas, com cotas específicas para negros e índios.

A implementação de PAA em várias das universidades brasileiras, como a UFSCar, mediante o estabelecimento de cotas para ingresso e permanência de negros e indígenas em cursos de graduação, começou de forma voluntária, de acordo com critérios próprios e, sobretudo, em atendimento às demandas da população negra e/ou indígena.

Porém, apenas em 2012 se transformou numa política nacional, a partir da promulgação da Lei n. 12.711. Cabe sublinhar que esta se consolidou em meio a disputas que confirmam a polarização social entre os favoráveis e os contrários ao estabelecimento de medidas de equidade, critério ético que busca reparar injustiças simbólicas e econômicas, bem como reverter os efeitos da exclusão econômica, social e cultural historicamente imposta a grande parte da população brasileira em função de seu pertencimento étnico ou racial. Assim, mais que igualdade, as AA precisam promover e se pautar pelo princípio da *equidade*,[5] que, entendida como "mecanismo promotor de justiça e não mais a igualdade, passa a ser a principal demanda dos afro-brasileiros e é na condição de diferentes, porém não desiguais, que eles vão demandar direitos frente ao Estado e à sociedade mais ampla" (Siss; Monteiro, 2009, p. 35).

Embora as AA em cursos de graduação estejam sendo implementadas, é pertinente alertar para a ausência de ações desse tipo na Pós-Graduação, tal como constatado por Rosemberg (2006, p. 4):

> Apenas duas experiências, a nosso conhecimento, vêm sendo desenvolvidas com relação à Pós-Graduação. Uma delas é que vem sendo implantada pela Fundação Carlos Chagas desde 2002. Trata-se do Programa Internacional de Bolsas de Pós-Graduação da Fundação Ford, que vem sendo coordenado, no Brasil, pela Fundação Carlos Chagas via atuação direta de três pesquisadoras do Departamento de Pesquisas Educacionais [...].

Impulsionadas pelas demandas do movimento negro por exercício de direitos, mediante políticas orientadas para o combate ao racismo institucional (Silvério, 2002) e para a compensação das perdas provocadas pela exclusão imposta a negros e indígenas em diferentes esferas sociais (pobreza, discriminação e marginalização), desenvolvem-se as AA como o Programa Internacional de Bolsa de Pós-Graduação da Fundação Ford, coordenado pela Fundação Carlos Chagas (Rosemberg, 2013). A Fundação Ford promoveu e financiou na UFSCar, entre outras universidades, o Projeto Equidade no Acesso à Pós- Graduação,[6] que, entre outros objetivos (UFSCar, 2012, 2013), propôs fornecer aprimoramento acadêmico para egressos de

5. O termo "equidade" faz referência à virtude de quem ou do que (atitude, comportamento, fato, norma etc.) manifesta senso de justiça, imparcialidade, respeito à igualdade de direitos. Visando tornar mais justa uma norma ou uma regra, o princípio de equidade as adota para casos específicos.

6. A Pró-Reitoria de Pós-Graduação da UFSCar promoveu a implementação do Projeto e em 2012 também forneceu financiamento; a Pró-Reitoria de Extensão aprovou o curso, a Fundação de Apoio Institucional administrou a doação da Fundação Ford.

graduação ou cursos técnicos de nível superior, reconhecidos pelo Ministério de Educação, dos seguintes segmentos: negros, indígenas, pessoas com deficiência visual e pessoas com deficiência física dependentes permanentes de cadeira de rodas. Procedendo conforme o edital (UFSCar, 2012, 2013), matricularam-se 45 mulheres negras, 16 homens negros e dois homens indígenas,[7] que durante sete meses participaram do curso[8] de 360 horas de duração, em modalidade presencial e a distância. O curso foi organizado em quatro módulos: Português acadêmico; Inglês como língua estrangeira instrumental; Seminários temáticos, e Metodologia de pesquisa e elaboração de projetos (Araújo-Olivera; Teixeira, 2015). Nesse último módulo, foi desenvolvida, durante 2012 e 2013, a experiência pedagógica em estudo neste texto.

Antes de apresentar e analisar a experiência pedagógica, gostaríamos de destacar que não poucas vezes nos deparamos com diversos questionamentos, tais como: faz sentido todo esse esforço se apenas durante dois anos se oferecem às populações sub-representadas na universidade cursos de aprimoramento acadêmico para ingressar na Pós-Graduação? O que acontece quando o financiamento internacional e o acompanhamento acabam? Será essa mais uma estratégia de assimilação ao mercado de trabalho de uma mínima parcela dos excluídos de sempre? Em que grau esses projetos possibilitam o ingresso de negros e indígenas na Pós-Graduação com dignidade, com suas culturas, com suas pedagogias para transformar a sociedade e as universidades? Quais pedagogias possibilitam o diálogo entre diferentes, mas não desiguais? Considerados esses interrogantes iniciais, revisar e refletir sobre a prática e a experiência já concluída pode lançar algumas respostas.

---

7. As características do perfil de candidatos matriculados podem ser encontradas em Araújo-Olivera e Teixeira (2015, p. 64).

8. Conforme o Edital da convocatória em 2012, o curso denominou-se "Equidade no acesso à Pós-Graduação para populações sub-representadas"; no Edital da convocatória de 2013, o curso passou a se designar "Equidade de acesso de populações sub-representadas a cursos de mestrado".

1. Metodologia de Pesquisa e Elaboração de Projetos

O módulo de Metodologia de Pesquisa e Elaboração de Projetos objetivou fornecer aperfeiçoamento acadêmico para que as/os cursistas pudessem elaborar o projeto de pesquisa requerido para se candidatar a processos de seleção para cursos de Mestrado. Para isso, promoveu-se a aquisição de conhecimentos teóricos e práticos, tais como desenvolvimento de habilidades de estudo, de análise científica, de uso de ferramentas digitais, busca na internet de literatura científica, elaboração de apresentações computadorizadas, organização de documentos solicitados nas inscrições para seleção, fichamento de textos e preenchimento do currículo *lattes*. Também possibilitou-se o contato com a comunidade acadêmica, a assistência a eventos acadêmicos, palestras, entrevistas com especialistas, bem como fortalecimento do senso crítico, da disposição para o diálogo e a escuta e exposição e debate de ideias em diálogo com a literatura específica com vistas à construção do próprio projeto de pesquisa.

1.1 Organização do módulo

Para efetivar essas atividades, com inspiração nos *princípios da educação popular*, o módulo estruturou estratégias interdependentes tais como as mencionadas a seguir.

— *Encontros presenciais* aos sábados, entendidos como o espaço coletivo de formação, isto é, da *comunidade de trabalho*, tal como entendida por Silva e Araújo-Olivera (2004, p. 3):

> [...] é um lugar de intercâmbios entre diferentes culturas, onde são construídos conhecimentos com o apoio de referências teórico-metodológicas que contemplam, reconhecem e respeitam a diversidade da sociedade e com ela aprendem. Isso, sem desconhecer, ao contrário, enfrentando a tensão da busca de universais em singularidades, sem

se deixar levar a generalizações apressadas e inconsistentes, nem à valorização de particularidades individualistas. Em tal comunidade, a multiculturalidade, pois, mais do que discurso, é vivência.

Esse espaço objetivou analisar e discutir textos teóricos e metodológicos; apresentar e debater coletivamente — no plenário ou em pequenos grupos — a elaboração pessoal dos diferentes elementos que comportam um projeto de pesquisa; esclarecer dúvidas em relação à literatura especializada; discutir e trocar ideias, informações, observações e dicas para aprimorar a elaboração pessoal; realizar uma autoavaliação permanente dos avanços, dos entendimentos e dos produtos elaborados.

— *Acompanhamento pedagógico* a distância, já que:

> Acompanhar a educação de pesquisadores [ou de outros estudantes] exige que os mais experientes se preocupem em fortalecer os aprendizes, isto é, propiciar-lhes ambiente e condições de estudo e trabalho geradoras de autoconfiança, competências, atitudes e disponibilidade, a fim de que se sintam seguros para promover sua própria formação. (Silva; Araújo-Olivera, 2004, p. 5)

Portanto, inspirada em resultados de pesquisas (Treisman, 1992; Araújo-Olivera; 2005; Martins, 2011), essa estratégia foi conduzida por doutorandos que se dispuseram a, mediante o uso de recursos da internet (*e-mails*, *Skype*), fornecer aos cursistas oportunidades de solicitar esclarecimento de dúvidas, discutir soluções para dificuldades específicas que se apresentassem nos momentos de trabalho individual, desenvolvendo, nos cursistas, maior confiança para alcançarem seus objetivos de formação.

— *Períodos intensivos*: propiciaram a permanência das/os cursistas na universidade, incluindo hospedagem e refeições, durante vários dias consecutivos, para facilitar o estabelecimento de contato e encontro com pesquisadores da própria UFSCar, consultas orientadas na biblioteca e participação em diferentes atividades acadêmicas (seminários, palestras, núcleos de estudo, grupos de pesquisa e entrevistas com pesquisadores), escolhidas segundo seus interesses e temas de pesquisa. Não sendo oficialmente alunos matriculados na universidade nem moradores de São Carlos, ou de Santa Eudoxia, a maioria das/os cursistas não podiam semanalmente levar material da Biblioteca Comunitária. Assim, além da consulta orientada em biblioteca, aproveitaram para fazer buscas e leituras relativas a seus temas de pesquisa. Avaliando essas atividades com os/as cursistas, eles sugeriram que essa estratégia se planejasse em mais de uma oportunidade durante o módulo, de maneira a amadurecer a aprendizagem da vivência e tornar mais proveitoso o segundo "intensivo". Assim, em 2013 foram implementados dois intensivos.

— *Bancas*: a organização de bancas formadas por pesquisadores teve diversos objetivos, dentre eles: avaliar a pertinência dos projetos de pesquisa das/os cursistas; fornecer observações e sugestões para realizar ajustes; apontar outros recortes possíveis, ou referenciais e pontos de vista que permitissem aprimorar o projeto. Também se objetivou que as/os cursistas exercitassem suas habilidades de apresentação e arguição com fundamento científico sobre sua proposta de pesquisa, para que tivessem a experiência de expor e se expor perante a comunidade acadêmica, debatendo ideias, confrontando teorias e partilhando saberes e conhecimentos com os mais experientes. Essas atividades demandaram habilidades e atitudes para trocar ideias, assumir críticas e realizar contribuições.

Para além dos resultados quantitativos,[9] os depoimentos dos/as cursistas evidenciam as contribuições cognitivas, socioafetivas, de empoderamento e afirmação positiva de sua autoestima. Ainda quando

9. Das 63 pessoas que participaram das atividades do módulo 31 e apresentaram seu projeto perante banca, ao finalizar o processo, 29 realizaram provas de seleção para cursos de mestrado, 14 foram selecionadas e 13 se matricularam em cursos de Mestrado. No momento da redação

decidiram postergar se candidatar a cursos de Mestrado, depoimentos como os transcritos a seguir exemplificam os resultados de afirmação:

> *[...] primeiramente quero agradecer a oportunidade dessa construção coletiva, pois acredito que todos conseguimos nos superar, em cada minuto de esforço e de vontade de chegar à pós-graduação.* (R., 2012)
>
> *Na interação com este grupo minha identidade negra e meu pertencimento étnico-racial foram fortalecidos. Também possibilitou reflexões sobre meus valores e os referenciais provindos de minha origem, bem como a identificação das discriminações e preconceitos sofridos em minha infância e adolescência como resultado de uma sociedade racista.* (A. R., 2012)

1.2 Princípios suleadores[10] da experiência pedagógica

Módulos ou oficinas de estudo das metodologias de pesquisa científica e construção de projeto de pesquisa para pessoas que não estejam matriculadas em cursos de Pós-Graduação não constituem uma prática regular e sistemática nas instituições de ensino superior. Tampouco é uma ação sistematicamente dirigida para pessoas de segmentos excluídos, particularmente negros e indígenas. Em função disso, a atividade foi implementada como uma experiência pedagógica cujos resultados poderiam estimular o interesse da comunidade

---

deste texto, 4 defenderam e aprovaram sua dissertação, um deles está realizando curso de Doutorado e outro se prepara para participar de provas de seleção para Doutorado.

10. "Notamos como Paulo Freire que 'enquanto centro de poder o Norte se acostumou a 'perfilar' o Sul. O Norte 'norteia' o Sul'; assim, tradicionalmente, nortear, no sentido de fornecer ou imprimir orientação no campo científico, tem significado adotar teorias, enfoques, compreensões, intervenções e soluções geradas a partir de problemáticas, ideologias e entendimentos próprios da Europa, primeiro, e da região do Atlântico Norte, depois, regiões estas que impuseram e mantiveram a colonialidade das outras regiões" (Araújo-Olivera, 2014, p. 48-49). Em concordância com esta constatação, o uso do termo "suleadores" pretende chamar a atenção para a necessidade de optar um "olhar" desde um outro lugar, e assim acolher vivências, saberes, aportes e epistemes provindos de lugares subalternos, promovendo uma visão crítica dos atos de ensinar e de aprender tal como proposto na abordagem da educação popular.

acadêmica, convencer indecisos ou pessimistas a promover sua institucionalização e, dessa maneira, propiciar a formação de lideranças acadêmicas entre pessoas de grupos ainda com baixa representação nesse nível educacional. De tal modo, cabe-nos perguntar: o que é uma experiência pedagógica? Segundo Silva (1988, p. 1), trata-se de uma

> [...] proposta que foge ao estabelecido, que busca novos rumos, com o objetivo, interpretamos nós, de orientar a educação escolar às exigências de ordem política, cultural, econômica, social que fazem os diferentes grupos e classes cujas crianças frequentam a escola.

Do mesmo modo que Silva, compreendemos que uma experiência pedagógica é um ato político. Portanto, pretende-se melhorar a eficácia da instituição de ensino, no caso em estudo, alcançar a excelência acadêmica *com* compromisso social, melhorando as condições de vida e o exercício de direitos da população que a frequenta, isto é, transformar humanizando a sociedade.

Parafraseando Freire (1997), novas perguntas surgem: melhorar para quê? Para quem? Contra quê? Excelência acadêmica para quem? Se assumimos como horizonte da experiência a construção de uma pedagogia da alteridade, que repercussões poderão trazer à vida acadêmica a implementação dessa experiência pedagógica?

Como Silva (1988, p. 78), também entendemos que uma "experiência pedagógica que pretenda 'transformar' os alunos e as condições em que vivem, só dará certo se também estiverem dispostos a se transformar todos os que nela se envolverem". Com esse entendimento e tendo como objetivo "promover, nos diferentes âmbitos da vida universitária, ações objetivando a educação das relações étnico-raciais e de respeito, aceitação e valorização das diferenças", ou seja, garantir o respeito à diversidade e a busca da equidade na sociedade brasileira, ponderamos então que a questão não é só de mudança de discurso, nem de oferecer mais um curso de extensão, senão de novo fazer e novo pensar. "Pensar a educação como possibilidade de enfrentar, superar intolerâncias implica suprimir desigualdades de prestígios" (Silva, 2001, p. 21). Silva (2001, p. 25) acrescenta que:

> [...] o problema que temos se encontra enraizado nos princípios, objetivos e metodologias com que foram construídos nossos sistemas de ensino, ao longo de cinco séculos. Enfrentá-lo requer, como têm argumentado educadores, filósofos, teólogos da Libertação, que elaboraram seu pensamento e propostas no seio de experiências de opressão vividas na nossa América Latina, colocar no centro das preocupações aqueles que têm sido os outros. Os oprimidos, excluídos dos direitos de cidadãos, por não compartilharem do mundo daqueles que se fizeram poderosos (Freire, 1978; Fiori, 1986; Dussel, s.d.).

Coerentemente com essas compreensões, foi preciso desenhar uma ação pedagógica aberta, flexível e de *acolhimento* ao surgimento do novo: à presença interpelante do OUTRO, lembrando que esse outro é sempre uma comunidade de vítimas situadas na exterioridade do sistema (Araújo-Olivera, 2014). Para alcançar esse propósito, a proposta pedagógica, do módulo Metodologia de Pesquisa e Elaboração de Projetos, foi pautada *nos princípios da educação popular*, que resumidamente podem ser caracterizados como pedagógicos (consideram o diálogo como procedimento fundamental de afirmação da diversidade), políticos (visam à transformação da realidade que gera desumanização) e organizativos (geram articulação de estratégias em torno de um objetivo comum). Isso significa que, embora não houvesse uma "cartilha", uma "metodologia pronta", aplicada à risca, tampouco houve improvisação nem licenciosidade. Trata-se de uma abordagem educacional inspirada no pensamento de Freire, Dussel e nas experiências das autoras em processos educativos em comunidades e movimentos sociais.[11]

Esses autores fornecem-nos reflexões para assumir o processo educativo como um *acontecimento,* uma experiência singular, como *encontro face-a-face* com o OUTRO; como ato e atitude de acolhimento

11. Ver Oliveira et al. (2014); Araújo-Olivera (2014); Montrone et al. (2014).

e por isso nos obriga fazer recair a ação educativa na pessoa concreta do educando que vive aqui e agora e exige ser reconhecida como alguém. Freire, Damasio e Dussel fazem-nos atentar para essas subjetividades em todas suas dimensões, sem separar corpo, cognição, emoção. Com Freire (1997), sabemos que são mulheres e homens oprimidos, ou seja, são:

> [...] as maiorias populares não apenas "sentindo" que vêm sendo exploradas desde que se inventou o Brasil mas também juntando ao "sentir" o "saber" que estão sendo exploradas, o "saber" que lhes dá a *"raison d'être"* do fenômeno que alcançam preponderantemente ao nível da sensibilidade dele. Ao falar em "sensibilidade do fenômeno" e em "apreensão crítica do fenômeno" não estou, de modo nenhum, sugerindo nenhuma ruptura entre "sensibilidade", "emoções" e "atividade cognoscitiva". Já disse que conheço com meu corpo inteiro: sentimentos, emoções, mente crítica. (Freire, 1997, p. 78)

Na mesma linha de pensamento e questionando os efeitos da dualidade cartesiana no campo da neurociência, Damasio (1996, p. 277-78) — reforçando o entendimento de Freire — afirma que o erro de Descartes consistiu

> [...] na separação abismal entre corpo e mente, entre a sustância medível, dimensionada, mecanicamente operada e infinitamente divisível do corpo, por uma parte, e a sustância sem dimensões, não mecânica e indivisível da mente; a sugestão de que razoamento, juízo moral e sofrimento derivado da dor física ou de alterações emocionais podem existir separadas do corpo. (Damasio, 1996) (tradução nossa)

Da introdução do livro de Damasio (1996) foram selecionadas algumas afirmações (Quadro 1) que atentam para a relação entre a habilidade de experimentar emoções, sentimentos, o corpo e certas características tipicamente humanas como fazer projetos adequados em um meio social complexo, responsabilizar-se sobre si e pelos outros, incluindo a habilidade de planejar e conduzir a própria vivência.

QUADRO 1

Seleção de afirmações de Damasio (1996) sobre relação entre a habilidade de experimentar emoções, sentimentos e o corpo

— "[...] 'sentir' era um componente integral da maquinaria racional [...]" (p. 12)

— "[...] a ausência de emoção e sentimento é igualmente prejudicial, pode comprometer a racionalidade que nos faz distintivamente humanos, essa que nos deixa optar por decisões acordes com um sentimento de futuro pessoal, convenção social e princípio moral". (p. 12)

— "[...] emoções e sentimentos, junto com a encoberta maquinaria fisiológica oculta, nos amparam na amedrontadora tarefa de prever um futuro incerto e planejar consequentemente nossos atos [...]". (p. 13)

— "[...] os sentimentos e as emoções de que derivam não são um luxo; servem de guias internos e nos ajudam a comunicar a outros sinais que também os podem guiar. Tampouco são intangíveis nem elusivos: ao contrário do que se pensa a ciência tradicional, os sentimentos são tão cognitivos como outras percepções". (p. 15)

— "[...] os fundamentos do ato moral não se degradam porque sabemos que atuar conforme um princípio ético requer a participação de um simples circuito no núcleo do cerebelo: o edifício da ética não colapsa, a moral não é ameaçada e, no indivíduo normal, a vontade segue sendo a vontade". (p. 14)

— "[...] o corpo, quando representado no cérebro, pode construir o marco referencial para os processos neurológicos que experimentamos como 'a mente'; o organismo ele mesmo, e não alguma realidade absoluta externa, é usado como fundamento e referência de nossa construção de mundo circundante e da construção do onipresente sentido de subjetividade que é parte essencial de nossas experiências; a maioria de nossos mais refinados pensamentos e melhores ações, maiores alegrias e pesadelos, utilizam o corpo como norma". (p. 16)

— "[...] a atividade mental, desde os aspectos mais simples até os mais sublimes, requer tanto a participação ativa do cérebro como a do corpo propriamente dito". (p. 17)

— "[...] amor, ódio, angústia, amabilidade e crueldade, a solução de um problema científico ou a criação de um artefato novo se baseiam em sucessos neurais dentro de um cérebro, sempre que esse cérebro tenha estado, e siga estando, em interação com seu corpo. A alma respira pelo corpo e o sofrimento começa na pele ou em uma imagem mental, acontece na carne". (p. 18)

Fonte: Damasio (1996, tradução nossa).

Parafraseando o autor, pode-se afirmar que dicotomizar corpo-mente-emoções tem produzido a mutilação do conceito de humanidade no "quefazer" pedagógico, fato que precisa ser desconstruído.

Por sua vez, Dussel (1998) considera que a "dor da corporalidade", o "sofrimento das vítimas", como lugar em que se manifesta a negação da vida, é a origem material de toda crítica ética possível, e essa crítica é o começo da luta e da obrigação, também ética, de transformar a realidade que causa vítimas:

> A crítica ética propriamente dita, como exercício da razão ético-crítica, inicia dialeticamente seu movimento a partir da afirmação ética radical da vida negada nas vítimas expressadas pelo desejo e a luta de viver e a partir do re-conhecimento da dignidade da vítima como o Outro que o sistema que a nega [...]. (Dussel, 1998, p. 302)

Dussel (1998, p. 379) esclarece ainda que "se compreenderá que é a comunidade mesma constituída pelas vítimas que se autorreconhecem como dignas e afirmam, como autorresponsáveis de sua libertação, a encarregada de aplicar em primeiro lugar o princípio ético-crítico". Portanto, as vítimas, os oprimidos não somente *sentem, sabem, fazem a crítica* e identificam as causas que os vitimizam. Também, quando se organizam coletivamente, promovem *mudanças,* isso desde suas visões de mundo, culturas, tradições, costumes, noções de trascendentalidade, linguagens e saberes feitos de experiência comum refletida.

Assim, a abordagem educacional escolhida para o módulo assume plenamente a corporalidade como lugar material em que se articulam racionalidades e sentimentos e, por isso, propicia a valorização dos saberes das/os cursistas, suas histórias e experiências de vida, os saberes feitos de experiência cotidiana, no trabalho ou na militância, os interesses de pesquisa e as realidades culturais dos/as participantes na construção de novos saberes e se compromete com a construção de conhecimento científico e com a humanização das pessoas envolvidas, nesse processo. Como explicitado em Freire (1997, p. 82):

> O processo de saber, que envolve o corpo consciente todo, sentimentos, emoções, memória, afetividade, mente curiosa de forma epistemológica, voltada ao objeto, envolve igualmente outros sujeitos cognoscentes, quer dizer, capazes de conhecer e curiosos também. Isto significa simplesmente que a relação chamada cognoscitiva não se encerra na relação sujeito cognoscente-objeto cognoscível porque se estende a outros sujeitos cognoscentes.

Até aqui, temos argumentado para mostrar que o processo cognitivo implica o afetivo, não como adoçante da aprendizagem, senão como condição de possibilidade da ação formativa, que, como Freire lembra, é se tornar pessoa com outras pessoas. Essa intersubjetividade cognoscente requer condições para se efetivar, pois esse "Interagir é permutar experiências, ideias, conhecimentos, expectativas, acertos e erros, histórias vividas" (Oliveira; Silva, 1999, p. 3), ou seja, acolher e ser acolhido.

Cabe, então, um parêntese para acrescentar que, desde nosso ponto de vista, *acolher o outro*, adotar a perspectiva do outro, introduz uma outra razão. Sem negar o valor da racionalidade na educação (seja cognitiva, instrumental, tecnológica, funcional, entre outras pautadas no paradigma cartesiano) nem suas contribuições, a racionalidade tem se mostrado insuficiente quando se trata da formação plenamente humana de sujeitos (que sempre são comunitários), porque a educação como acontecimento, como encontro de seres humanos que se significam e pronunciam o mundo, isto é, capazes de se inserirem na sociedade como cidadãos com direitos e obrigações, fazendo suas críticas e promovendo transformações, não pode perder de vista o sentido da justiça, da solidariedade e da libertação.

Uma educação que comporte essas exigências situa-nos ante um novo tipo de racionalidade (razão ético-crítica), que permeia o exercício da pedagogia da alteridade[12], paradigma que tem começado a

12. A explicitação desse conceito pode ser encontrada em Dussel (s/d. e 1995). Com base no pensamento do autor, neste texto adotamos o conceito dusseliano reforçando o entendimento de que essa relação entre subjetividades se realiza em condições de simetria, no face-a-face dos que participam da interação educacional.

aparecer na reflexão e na práxis pedagógica, não sem resistência da ortodoxia científica educacional. Para Dussel:

> A ética propriamente dita [...] é a que desde as vítimas podem julgar criticamente a "totalidade" de um sistema de eticidade. Tentar se situar ante um sistema de eticidade empírico, captado como totalidade, e pretender julgá-lo [...] é próprio da crítica ética estrita. O que permite se situar desde a "alteridade" do sistema, no mundo da vida cotidiana do senso comum pré-científico, mas não cúmplice eticamente, é saber adotar a perspectiva das "vítimas" do sistema de eticidade dado. (Dussel, 1998, p. 298; tradução nossa)

A educação implica a aceitação da pessoa do *outro* em sua realidade concreta, o re-conhecimento do outro como *alguém* valorado em sua dignidade de pessoa, incluindo suas características pessoais, suas condições de vida, sua bagagem sociocultural, que o conformam como ele é. Acolher e ser acolhido, estar na proximidade, como experiência de afeto, de confiança, de respeito pela totalidade do que cada um é, se dispor às trocas de experiências de vida, de saberes e conhecimentos científicos

> [...] implica num gesto de reciprocidade, doação, recepção, cooperação em que um exerce influência sobre os outros, não para convertê-los às suas ideias e posições. Nesta troca há um desejo de ser claro e de convencer com o que se sabe. Entretanto, o agente não detém todo o conhecimento necessário para que a comunidade fortaleça sua ação cidadã. Há um trajeto de história em que essa comunidade vem vivendo, construindo e combatendo e do qual o agente pode não ter participado. Em virtude disso, a mesma disposição que ele tem para que os outros acatem suas ideias e posições ele precisa ter para se deixar convencer. (Oliveira; Silva, 1999, p. 3).

Um processo de cooperação recíproca, de troca e de disposição à mudança, que fortalece cada um e fortalece a comunidade. Implica também a articulação de racionalidades e sentimentos. Esse reconhecimento da radical alteridade permite aos participantes se solidarizarem e identificarem o humano de cada ser, com esperança no porvir.

Nesse sentido, partindo de sua experiência em pesquisas com comunidades, Oliveira e Stotz (2004, p. 14) observam que:

> Nas suas relações [as dos sujeitos] os caminhos se cruzam, conhecimentos construídos em trajetórias diversas se encontram, e a convivência política propicia que os espaços fronteiriços entre eles não apenas se constituam em espaços de igualdades na diversidade, mas, também, que sejam espaços flexíveis que, em cada movimento para o outro, se alarguem e onde a igualdade no "ser humano" e a humanidade sejam resgatadas.

Dessa forma, o processo de ensinar e de aprender se dá nas relações que os sujeitos geram no coletivo, onde a participação autoral de todos os atores possibilita a transformação libertadora de uma condição desumana. Em virtude disso, a educação popular, isto é, a ação e a reflexão que em "comum-unidade" realizam os sujeitos sobre si e sobre a realidade, desmascarando as "informações" e ideologias que a ocultam e deformam, se apresentou como a mais adequada para essa experiência: a educação popular pressupõe o diálogo, o encontro face a face, a proximidade, a confiança mútua e a construção de conhecimento na solidariedade da comunidade de trabalho, promovendo a afirmação de sua dignidade.

A relação intersubjetiva dialógica que propicia a troca de entendimentos oriundos das visões de mundo dos sujeitos permite a cada um expor e ter reconhecida sua maneira própria de ser, de agir, de pensar e construir a vida. A dialogicidade entre sujeitos que estabelecem relações simétricas, tal como a entende Freire (1987), requer — e por isso promove — a capacidade de ouvir, questionar e questionar-se para provocar uma nova práxis humanizadora. Prevalece, assim, a comunicação, como oposto da extensão, da transferência, da doação ou depósito de conhecimentos ou saberes (Freire, 1983); promove o ato de compreender quem diz a palavra, considerando também a linguagem, as imagens e os símbolos presentes nas visões de mundo dos participantes do diálogo que desejam (ato volitivo) pôr à disposição dos outros membros da comunidade os bens comuns: os saberes gerados na experiência e na reflexão.

Assim, a proximidade e a confiança recíprocas, respeitando a diferença, pois nenhum se coloca sobre o outro, criam condições para se posicionar e, ainda, discordar e se opor. Em relações como essas, os/as cursistas constituíram a comunidade de trabalho antes mencionada:

> Uma comunidade de trabalho, tal como a entendemos, se constitui em torno de objetivos comuns que ultrapassam a ordem do pessoal, se situam e enraízam em compromisso com a construção de uma sociedade justa que garanta iguais direitos e tratamento diverso para diferentes condições, circunstâncias, oportunidades sócio-histórico-sociais. A comunidade de trabalho, nesse caso, tem uma amplitude que permite transitar do espaço acadêmico à sociedade e dessa àquele, reconhecidos cada um deles como legítimo em suas diferenças, especificidades, funções. A sociedade, a assumimos como rede de relações objetivas que nos envolve e a todos conforma enquanto pessoas, cidadãos. (Silva; Araújo-Olivera, 2004, p. 2)

Com base no exposto, podemos perguntar: propostas pedagógicas pautadas por esses critérios e entendimentos permitirão a formulação de pedagogias antirracistas?

2. Êxitos, desafios e fragilidades manifestos na experiência pedagógica

Inicialmente, é necessário salientar que, para apresentar e discutir os resultados dessa experiência pedagógica, sendo coerentes com os princípios da educação popular, assumimos uma postura de diálogo com opiniões e entendimentos fornecidos em diferentes oportunidades pelos/as cursistas e indicados no texto pelas iniciais dos nomes nos depoimentos transcritos. Quando foram utilizados registros do diário de campo, será indicado no texto com as letras D. C.

Como sabemos, avaliar, identificar êxitos, ponderar o sucesso, as fortalezas e as fragilidades de uma experiência pedagógica, bem como identificar os desafios a serem superados para consolidar uma proposta de educação popular no ensino superior que atenda à dignidade de todos os envolvidos, requer uma maior duração do que a que foi outorgada à realização do módulo Metodologia de Pesquisa e Elaboração de Projeto. Não obstante, com base nos depoimentos das/os cursistas, assim como nas anotações em diário de campo durante os processos de ensino e de aprendizagem, foi possível elencar questões relativas aos seguintes elementos: promoção do desaprender aquilo alienadamente aprendido; reconhecimento do desconhecimento sobre nós e "o outro"; reconstrução do conhecimento dos discentes de si próprio; reconhecimento do eurocentrismo na epistemologia acadêmica vigente.

É pertinente registrar que, no início da experiência, os/as cursistas manifestaram que esperavam "aulas como na graduação: o professor expõe o tema, os alunos ouvem, assimilam e na prova mostramos que ouvimos" (D. C., 2012). Expressões similares em seu conteúdo foram colocadas reiteradamente quando solicitados a partilhar e discutir coletivamente suas opiniões sobre as ideias dos seus pares ou sobre as sugestões fornecidas pelos coordenadores do módulo no intuito de aprofundar a reflexão. Frequentemente sugeriram que os coordenadores do módulo ministrassem aulas expositivas sobre os temas. Seria essa uma postura de aceitação acrítica de abordagens, costumes, comportamentos e formas de raciocínio próprio de uma pedagogia domesticadora (Freire, 1987)? Deveria ser interpretada como uma resistência à mudança? Ou como dificuldade para aceitar sair da zona de conforto e se assumirem sujeitos de seu processo de aprender e de ensinar? Para melhor entendê-los, bem como poder ajudá-los a problematizar e superar a dificuldade de participar e manifestar suas opiniões, "dizer sua palavra", foi analisado o texto "Considerações em torno do ato de estudar", de Paulo Freire (2007).

A partir daí, aos poucos, os encontros foram se tornando um lugar de intercâmbios, de apoio e estímulo para desaprender o que, durante anos de escolaridade, foi internalizado como postura e hábito de estudo. Esse processo de aprender a aprender, não desistir perante a necessidade de, conscientemente, se tornar ator de seu processo de apropriação de novos hábitos e de construção de conhecimentos, pode ser notado no relato de um participante: "em vários momentos pensei em desistir e retornar à minha comodidade, mas meus/minhas amigos/as não me deixaram desanimar e desistir" (D. C., 2012).

Em relação à articulação de saberes e referenciais teórico-metodológicos, de explanação de dúvidas, os/as cursistas foram se apropriando de metodologias de pesquisa relevantes para a proposta de investigação de cada um:

> *Discutimos as metodologias de pesquisas possíveis, assim como a importância de delimitar o objetivo da pesquisa. Eram pontos sobre os quais a turma tinha muitas dúvidas e foram reiteradamente abordadas durante o curso, em função da sua relevância para a aprovação do projeto de pesquisa.* (S., 2015)

Por meio de esclarecimentos, foi possível sinalizar generalizações apressadas, de afirmação de suas culturas e identidades, o fortalecimento de seu pertencimento ético-racial, como declaram:

> *Comecei a entender, como Sousa (1983, p. 77), "que ser negro não é uma condição dada a priori. É um vir-a-ser. Ser negro é tornar-se negro". Pensando dessa forma, considero que ser negra/o não é apenas questão da cor da pele ou textura do cabelo, mas uma opção política de reconhecimento de minha ascendência africana, dos valores e da cultura do povo negro.* (A. O., 2013)
>
> *Na interação e convívio com um grupo (formado por pessoas negras e indígenas), nas leituras e discussões realizadas, pude fortalecer meu pertencimento étnico-racial e, assim, me reconhecer negra.* (A., 2015)

Destacaram-se também a análise e a reflexão a partir do compartilhamento de conhecimentos e experiências na comunidade de trabalho, que os/as levaram a identificar os efeitos de práticas eurocentradas:

> *Pude refletir sobre meus valores e minha origem, bem como identificar as discriminações e preconceitos que sofri em minha infância e adolescência (discriminações essas que me foram enraizadas e internalizadas sem que eu tivesse conscientização dos mesmos).* (A., 2015)

Com o decorrer do módulo, as/os cursistas puderam apropriar-se de ferramentas que permitiram a realização de autocrítica e autoconhecimento:

> *Foi uma grande mudança em minha vida, pq [sic] entrei no Equidade querendo Educação; desejando estudar o CEU; muito certo de tudo que eu queria e assim por diante. Mas no meio de tudo fui reconstruindo conceitos, ideias pré-formadas, concepções outrora engessadas [...].* (S. A., 2013)

Também conseguiram analisar criticamente as relações desumanizantes e de desrespeito às diferenças, permitindo a reconstrução do conhecimento dos/as discentes sobre si próprios:

> *[...] me despertaram muitas reflexões acerca das relações étnico-raciais. É sabido que não estamos no curso para discussão de ativismo ou militância, ou que esse não é objetivo pelo qual existe o edital e a realização do curso, mas esse assunto nos conecta direta e indiretamente. No primeiro caso, porque somos parte da sociedade na qual o recorte étnico se fez (faz) presente no edital, portanto somos frutos dessa relação direta e das discussões desse tema na sociedade de forma ampla [...].* (A. G., 2013)

Foram constituindo uma comunidade de trabalho onde o respeito, a solidariedade e a amorosidade foram fortalecendo-os na busca de uma vida melhor, de conquista de sonhos possíveis, de valorização de cada um e de todos em comunhão:

> *Foi com esse grupo que aprendi o significado do que é comunidade de trabalho e também o que representa uma Educação libertadora, cujo processo de ensino e aprendizado andam juntos, a concreta construção do saber em busca da libertação do oprimido e do opressor.* (P. C., 2013)

Assumiram a comunidade de trabalho para além da elaboração do próprio projeto de pesquisa, dividindo tarefas, criando e fortalecendo vínculos afetivos no grupo, levando para a vida cotidiana a possibilidade de criar novas formas de se relacionarem:

> *Pudemos compartilhar de momentos muito significativos para fortalecer o grupo, alimentar o espírito de comunidade de trabalho. Ao dividir tarefas e cuidados em relação a nós e ao outro, fora da sala de estudos, trouxe a reflexão de como podemos (e devemos) alimentar esse mesmo sentido em nossas relações, lembrando dos objetivos em comum, que todas nós partilhamos desde o momento do ingresso no curso.* (A. G., 2013)

> *Senti-me num quilombo, onde pude sonhar com a possibilidade de construir verdadeiramente uma sociedade fraterna e solidária, onde a partilha e a comunhão são fundamentos.* (P. C., 2013)

Assim, foram se fortalecendo, se apoiando, superando dificuldades, aprendendo a "conduzir sua própria vida" (Silva, 2003, p. 181), "um processo de constantes trocas com quem se convive, na família, no próprio grupo étnico-racial, no trabalho" (Silva, 2003, p. 190). E, na fala dos/as cursistas:

> *Na nossa turma de equidade parecia que estávamos num jardim de infância para depois ter que crescer, se ajuizar e caminhar com as próprias pernas.* (J., 2012)

> *[...] nesse curso encontrei muita verdade na palavra, essa verdade me fez acreditar que mesmo com as dificuldades e desilusões ainda assim não há motivos para desistir.* (S. A., 2013)

Os/as participantes também conseguiram estabelecer uma ruptura com o conhecimento estruturado sobre o negro, o indígena: "*O curso me ressignificou enquanto mulher negra que sou... Com meus defeitos, qualidades e compromissos que sei que serão cumpridos [...] eu entrarei no mestrado! Eu sei que posso [...]*" (T. V., 2013).

Os/as discentes também opinaram sobre as estratégias implementadas, como pode ser verificado pelo seguinte depoimento: "*Foi um grande aprendizado passar pela banca! No sentido prático, saber como são as dinâmicas, portar-se perante os presentes, aproveitar bem o tempo de apresentação, tudo isso foi muito valioso*" (A. G., 2013).

Essa estratégia permitiu que pudessem praticar o modo como apresentar e argumentar cientificamente sua proposta de pesquisa, aprendendo a adotar postura positiva frente às críticas com vistas à melhoria da proposta de investigação. A estratégia foi avaliada positivamente tanto pelos/as cursistas quanto pelos/as professores/as da UFSCar membros das bancas, como mostram os depoimentos a seguir:

> *Gostaria de registrar que o sábado das bancas foi um dos momentos mais esperançosos que vivi na UFSCar por viver e sentir o engajamento e a movimentação de pessoas em torno de um ideal, de um inédito-viável.* (D., 2013)
>
> *Corri com os ajustes, mesmo porque foram muito valiosos para melhor conduzir as ideias do projeto e ainda continuo revendo vários pontos do projeto. Tive vários apontamentos para melhor atenção em algumas questões como também tive incentivos, percepções positivas que na visão da banca eu deveria persistir, fortalecer e investir e outras em que a sugestão foi no sentido de rever, (re) construir [...].* (A. G., 2013)

O conhecimento de si próprio realizado por cada um com base na cultura própria, na sua maneira de perceber o mundo, de aprender e de comemorar, foram partilhadas no grupo e isso fez com que o grupo se percebesse como comunidade, que os entendimentos gerados no coletivo ultrapassassem esse limite, que a compaixão, como expressão solidária, se experimentasse na ajuda que mães de mulheres cursistas forneceram cuidando das crianças de suas filhas e de outras mulheres durante o horário do módulo. Houve também um incremento do sentido comunitário nos lares: "*falo para meus sobrinhos, para eles entenderem que nem sempre posso preparar a janta ou lavar as suas roupas [...] eles agora me dão apoio até cuidando de minha mãe para eu poder estudar, escrever o que é combinado no encontro"* (D. C., 2013). A mesma cursista explica depois: *"prestei seleção, não passei, mas ganhei uma organização familiar de responsabilidades mais colaborativa, mais justa!"* (D. C., 2014).

O módulo também trouxe contribuições importantes tanto para a vida acadêmica quanto para a vida pessoal, como é possível observar nos depoimentos a seguir, de alunos/as que concluíram recentemente o curso de Mestrado:

> *Quando fiz o curso Equidade na Pós-Graduação não tive a dimensão do quanto esse curso é importante. Ele me preparou para a Pós-Graduação academicamente, mas também política e moralmente. Me ensinou como escolher caminhos e parcerias, me orientou como deve ser o estudo voltado para a mudança de um mundo mais igualitário. Um ensinamento diferente daquele que tive — e tenho — na militância. Também me possibilitou provocar as pessoas desejosas e potentes para o caminho acadêmico, mostrando que há diversas possibilidades.* (A., 2015)

> *O Mestrado representa uma vitória muito significativa na minha formação, tanto acadêmica quanto pessoal. Passei por muitas dificuldades durante o Mestrado, especialmente financeiras, pois não podia trabalhar muitas horas para conseguir estudar, já que não tive bolsa. Quando penso em tudo o que aconteceu, me sinto muito feliz por ter superado.* (A. C., 2015)

Na percepção das/os cursistas, o módulo ofereceu aprendizagens específicas para ter sucesso no ingresso no Mestrado, sendo este um elemento apontado como facilitador:

> *Como elemento facilitador e que possibilitou concorrer com igualdade de condições e de maneira mais confiante, destaco o curso Equidade, que além de preparar para os aspectos técnicos (prova, projeto, língua estrangeira), também orientou para a entrevista, assim como apresentou o universo acadêmico (orientadores, linhas de pesquisa, produções no tema).* (S., 2015)

> *Discussão com o grupo em sala de aula para expor as ideias e definir um tema propício dentro da área escolhida.* (J., 2015)

Especificamente, apontaram a metodologia utilizada nesse módulo como fator de sucesso para o ingresso na Pós-Graduação, como a elaboração do projeto de pesquisa, a desenvoltura para arguição em entrevista de seleção, entre outros:

> *O meu projeto foi muito elogiado, na entrevista, pelo meu orientador e outros amigos. E ele estava carregado, borrado, manchado de equidade, [...] de todos os colegas/grupo de trabalho do curso Equidade, em cada linha escorria resistência, persistência, paixão, vida, luta! Só tenho que agradecer... de verdade.* (S. A., 2013)

> *Aprendi, no Equidade, como organizar a metodologia de pesquisa, desde a elaboração inicial do projeto, passando por etapas como levantamento bibliográfico e argumentação teórica. O resultado tem sido uma pesquisa em consonância com a realidade — acadêmica e política — e com possibilidade de continuidade com as propostas do Curso Equidade: o enfrentamento às desigualdades étnico-raciais.* (A., 2015)

Em relação às dificuldades e fragilidades, na primeira oferta, embora os/as cursistas tenham declarado utilizar ferramentas digitais com frequência, muitos/as deles/as não as utilizaram por não disporem de computador ou mesmo por se sentirem constrangidos/as ao expor suas dificuldades a pessoas com as quais não tinham contato e proximidade direta. Posteriormente, foi possível verificar que alguns participantes pagaram para terceiros digitarem seus manuscritos.

Assim, a falta de hábito de uso da ferramenta digital, o escasso tempo disponível ao longo da semana e a carência de um contato pessoal direto e de confiança com os "acompanhantes pedagógicos" fizeram com que o resultado dessa estratégia de aprendizado ficasse aquém do esperado. A falta de computadores de uso pessoal foi agravada pela ausência de salas com equipamentos disponíveis na universidade para uso dos/as cursistas. Porém, no intuito de superar tais dificuldades, na oferta da turma de 2013 incluíram-se em sessões desse módulo aulas práticas de uso de ferramenta digital, tais como elaboração de apresentações, busca na internet de literatura científica e de editais para inscrição em cursos de Mestrado, além de ferramentas para fichamento de textos e instruções para o preenchimento do currículo Lattes.

Outra fragilidade foi a falta de tempo para consultar bibliografia específica sobre a temática de estudo na biblioteca, pois muitos/as deles/as precisavam de quatro horas ou mais para deslocamento diário entre sua residência e a universidade. Para superar essa dificuldade, foram privilegiadas as atividades formativas (sete horas a cada sábado). Soma-se a isso o fato de que, por não serem alunos/as matriculados/as da UFSCar, não tinham acesso a empréstimos de livros na biblioteca da universidade. Também é importante destacar que as/os cursistas trabalhavam, e particularmente as mulheres — que eram maioria —, além de trabalharem, cuidavam da casa e dos filhos. Essas fragilidades poderiam ser superadas com a oficialização dessa proposta de ensino como política da universidade.

A estratégia de "acompanhamento pedagógico", considerada um dos instrumentos significativos para a elaboração individual do processo de construção do próprio projeto de investigação, não obteve o resultado esperado. Isso se deve, por um lado, à dificuldade de acesso a meios de comunicação como internet, o que impediu a evolução do trabalho colaborativo fora do ambiente universitário; por outro, à falta de estabelecimento de uma relação de confiança, já que cursistas e apoiadores/as pedagógicos não tiveram momentos face a face, fundamentais para criar vínculos afetivos.

Houve desistências no decorrer do curso, porém com intenção de retomada posterior, como é possível verificar pelo relato de um cursista:

> *Infelizmente não pude concluir o curso por motivos profissionais dos quais ainda dependo muito para custear o meu viver, mas NÃO desisti de me tornar um mestre, apenas retirei o meu time de campo para melhor me preparar para aí sim entrar e desbravar esse caminho.* (C., 2013)

O financiamento fornecido pelas fundações que sustentaram a experiência pedagógica permitiu fornecer apoio para o deslocamento dos/as cursistas que procediam de outras cidades ou regiões, garantindo alojamento, refeições nos períodos intensivos do módulo e fornecimento de fotocópias de textos de estudo. Porém, os recursos não possibilitaram outorgar bolsas para a dedicação em tempo integral. Em alguns casos, a necessidade de garantir o sustento familiar levou a *"parar o estudo [...] não o sonho, pelo menos, neste momento"* (D. C., 2012).

Outro aspecto relevante se refere à ocorrência de uma greve de servidores administrativos no momento da primeira oferta do curso. Além disso, o fato de o módulo ser oferecido aos sábados impediu que tanto docentes quanto técnicos administrativos fossem informados adequadamente sobre o curso. O registro em diário de campo a seguir ilustra a dificuldade/fragilidade encontrada:

> *Os cursistas tinham horário agendado previamente para uma visita guiada. Logo após o almoço, carregando suas mochilas, foram chegando em pequenos grupos no lugar combinado. Um dos coordenadores do módulo percebe que os funcionários estão preocupados e que pretendiam chamar a segurança. De imediato a coordenação, para evitar constrangimento, informa que se tratava dos cursistas a quem estariam orientando a visita.* (D. C., 2013)

Entendemos que situações como a apresentada nos alertam para o fato de que a presença de negros e indígenas todavia não tem sido entendida pela comunidade universitária como uma política pública. Por outro lado, revela-nos que o olhar excludente prevalece no imaginário e nas representações sociais, reforçando o racismo institucional. Assim, torna-se necessário reunir esforços que proporcionem a discussão das relações étnico-raciais no espaço acadêmico.

Enfatiza-se que essas "fragilidades" serão alguns dos desafios que as universidades públicas deverão enfrentar no intuito de cumprir seu objetivo de excelência acadêmica *com* compromisso social.

Cabe ainda observar que as dificuldades pessoais, o cansaço de longas horas de aula ou de viagem, as frustrações advindas do processo de elaboração e problematização do tema de estudo não diminuíram a vontade individual e coletiva de aprender, de partilhar conhecimento e cultura. O espírito de alegria, os cantos, a vontade de dançar, de partilhar biscoitos ou bolos ou de exibir lindos turbantes, brincos e colares que expressam estéticas africanas, penas e pinturas corporais indígenas, sempre estiveram presentes! Tudo isso como expressão de uma mudança pessoal relacionada com a afirmação de sua etnicidade. Outro aspecto a ser ressaltado é que, seja nas conversas ou nos próprios trabalhos de dissertação, percebe-se que a "comunidade de trabalho" permanece efetiva, atuante e se tornando "comunidade de destino" (Silva, 1987). Assim:

> *Fui bastante auxiliado para prestar esse PPG, tanto pelos orientadores... como pelos colegas de classe, muitos dos quais contribuíram até mesmo financeiramente para que eu me fizesse presente em Sorocaba.* (C. E., 2013)
>
> *[...] mas tive a sorte de poder contar com o apoio deles, o caminho fica mais fácil [...].* (S., 2013)

Dessa forma, uma cursista afirma: "EU SOU PORQUE NÓS SOMOS!".

3. Algumas considerações e recomendações

No Brasil atual, as instituições de ensino superior, bem como as comunidades acadêmicas, se deparam com o desafio de articular ações que efetivamente revertam o processo de exclusão da população negra e indígena do acesso à Pós-Graduação. Fato que se afirma na argumentação de Araújo-Olivera (2012, p. 1):

> A partir do momento em que as universidades têm incluído políticas institucionais de ações afirmativas, estão reconhecendo a exclusão e a marginalização desses grupos na sociedade e particularmente no exercício dos direitos, como ao acesso à educação superior. Assim

> mesmo, estão admitindo que tem um compromisso com a construção de uma sociedade mais justa; que valorize todas as diversidades. (Tradução nossa.)

Entretanto, ações individuais ou de pequenos grupos e durante períodos muito breves — embora pertinentes e, possivelmente, muito necessárias — nunca darão conta da complexidade que envolve os processos de compensar perdas provocadas pela discriminação e pela marginalização, de combater as desigualdades étnico-raciais e o racismo institucional.

Assim, entendemos que essas ações devem ser assumidas pelas instituições de ensino de maneira a corrigir o racismo institucional e a influenciar o conjunto da sociedade. Acreditamos que a falta de recursos financeiros e materiais ou o número insuficiente de profissionais devidamente qualificados para prestar o atendimento garantido pela Constituição não se tornarão justificativa para as universidades iludirem seu compromisso de serem públicas e democráticas, ou seja, de atenderem com equidade as necessidades educativas de toda a população de forma a favorecer a todos os cidadãos.

A experiência pedagógica realizada na UFSCar durante 2012 e 2013 mostra que, nas populações sub-representadas na Pós-Graduação, existe uma significativa demanda por ações afirmativas que permitam seu acesso e permanência nos programas *stricto sensu* das instituições de ensino superior.

Como se aprecia nos depoimentos, os/as cursistas ponderam que a experiência pedagógica vivenciada foi bem-sucedida e que as estratégias propostas, pautadas nos princípios da educação popular, contribuíram para atingir os objetivos do módulo.

Com respeito aos resultados, cabe sublinhar, entre os de caráter quantitativo, a aprovação de cursistas em Programas de Mestrado em diversas instituições de ensino superior, entre elas a UFSCar, tanto no *campus* de São Carlos quanto de Sorocaba, a Pontifícia Universidade Católica (PUC), a Universidade Federal do Paraná (UFPR), a Universidade de São Paulo (USP). Vale destacar ainda que, entre os já mestres, um ingressou em um curso de Doutorado e outros se preparam para a próxima convocatória de programas de Doutorado. Também cabe mencionar que outros/as cursistas decidiram mudar de área de conhecimento e preferiram ingressar em Programas de Pós-Graduação *lato sensu* para, logo, se apresentarem aos programas *stricto sensu*. Outros/as cursistas, identificando a demanda de tempo e/ou de recursos econômicos, decidiram somente postergar essa empreitada enquanto se organizam nesses campos.

Esses resultados encorajam a afirmação de que a implementação de uma ação afirmativa especificamente voltada para o ingresso e a permanência bem-sucedida de mulheres e homens negros e indígenas na Pós-Graduação, complementando outras ações realizadas na UFSCar, poderá garantir condições propícias e ininterruptas que de fato contribuam significativamente para corrigir as desigualdades historicamente acumuladas sobre esses segmentos, além de promover, consequentemente, uma autêntica democratização nesse nível de ensino.

Porém, ainda fica a questão: poderão as AA evitar se tornar mais uma estratégia de "incluir" a alteridade na totalidade sem mudar no ensino superior concepções baseadas na meritocracia como critério de ingresso e na elitização e hierarquização de saberes? Como Dussel (2007, p. 317), cremos que:

> Não se trata de "incluir" (se comenta muito da "inclusão", mas faz-se necessário indicar que "incluir" sem transformar toda a estrutura é "colocar vinho novo em barris antigos" e, portanto, recair no antigo...). Se trata de "transformar" com criatividade, novidade, a ordem dada. (Tradução nossa.)

Nessa linha de pensamento, Santos e Meneses (2010) e Mignolo (2008), sem deslegitimar as ideias críticas europeias ou as ideias pós-coloniais também críticas, apontam a necessidade da "desobediência epistêmica". Nessa perspectiva, a opção descolonial, que propicia a ruptura com a racionalidade vigente, significa "pensar a partir da exterioridade e em uma posição epistêmica subalterna vis-à-vis à hegemonia epistêmica que cria, constrói, erige um exterior a fim de assegurar sua interioridade" (Mignolo, 2008, p. 304). Entre outras coisas, implica aprender a desaprender, desaprender o alienadamente aprendido, que os até agora excluídos possam re-construir o conhecimento sobre si próprios, como mostrado nos depoimentos dos/as cursistas.

As AA na Pós-Graduação — sempre que priorizem o discurso "do outro" — permitirão também realizar avanços na articulação de epistemes diferentes, que dialoguem entre si e com a realidade, de maneira que todos/as os/as que a frequentam o façam com dignidade, com suas maneiras de aprender, com suas culturas e seus referenciais para conduzir a vida.

Dessa forma, a universidade colaborará para a construção de práticas pedagógicas que contemplem o olhar desde a diversidade étnica e a pluralidade cultural características da sociedade brasileira. Faz-se necessário assumir que, na medida em que homens e mulheres negros e indígenas exerçam sem restrições nem discriminações todos os direitos da cidadania, também os não negros estarão sendo poupados dos efeitos dos processos de desumanização racista que afeta o desenvolvimento humano de todos os cidadãos. Trata-se, portanto, de transformar toda a estrutura:

> Não é questão de fazer simplesmente uma nova casa para os excluídos da antiga casa. É necessário fazer uma nova casa, com uma nova distribuição, caso contrário os indígenas, as mulheres, os afrodescendentes irão às áreas de serviço... Como antes, como sempre. (Dussel, 2007, p. 317; tradução nossa)

Finalmente, para fechar este texto, mas sem concluir a análise nem a reflexão sobre a experiência pedagógica mencionada, que ainda possibilita outros desdobramentos, transcrevemos um trecho dos depoimentos de uma ex-cursista, hoje mestre, e de um ex-cursista, hoje doutorando, que resumem também nosso sonho bem como o compromisso transformador que alguns acadêmicos, mesmo com dificuldades, procuram consolidar:

> *Espero que seja possível a realização de novas edições do Equidade na Pós. Agora, com a participação de estudantes negros e negras na graduação, é fundamental que o Mestrado também se apresente como uma possibilidade. Considerando que grande parte de estudantes negras está em instituições privadas, poucas condições eles/elas terão de disputar uma vaga na Pós-Graduação, portanto o Equidade na Pós continua a ser um instrumento relevante para a democratização da Pós-Graduação. Creio que seria importante a convocação de uma roda de conversa/seminário/encontro de realizadores e ex-participantes do Equidade para pensarmos em possibilidades de replicação do curso [...] pois foi relevante o número de cursistas que ingressaram na Pós-Graduação, o que deve ser considerado como uma edição exitosa.* (S., 2015)

> *Desejo a todos muitas realizações e que possamos direcionar a equidade para todos os povos excluídos historicamente, dando oportunidade de reformular o conhecimento e contribuir para o desenvolvimento social.* (R., 2015)

Conforme podemos identificar ao longo do que foi apresentado, os desafios a serem assumidos pelas universidades no intuito de implementar políticas de ações afirmativas na Pós-Graduação são muitos.

Além de atingir e manter o padrão de excelência em todas suas esferas de atuação, as universidades brasileiras precisam — sem abdicar de sua função pública como espaço de preservação e renovação dos valores democráticos e republicanos; de promoção da vida intelectual sustentando a relação reflexiva e articulada com o mundo e, por isso, de ampliação do pensamento crítico — projetar e desenvolver um modelo ético de maneira a garantir a universalidade de acesso, permanência e egresso bem-sucedido para todos os cidadãos e cidadãs. Isso requer se sensibilizar e contribuir para a redução das desigualdades e injustiças entre os diversos segmentos da sociedade. Para alcançar esse objetivo, elas deverão reverter a resistência à mudança presente na academia, consolidar e fortalecer experiências de educação popular que alavanquem mudanças que visem a articulação de epistemes diferentes da hegemônica e assim possibilitar o acolhimento e a permanência dos grupos e as culturas populares em todos os níveis do ensino superior.

Referências

ARAÚJO FILHO, T.; SILVA, P. B. G. Ações afirmativas. *Folha de São Paulo*, Opinião. Tendência/Debates, 5 maio 2009. Disponível em: <http://www1.folha.uol.com.br/fsp/opiniao/fz0505200908.htm>. Acesso em: abr. 2016.

ARAÚJO-OLIVERA, S. S. Exterioridade: o outro como critério. In: OLIVEIRA, M. W.; SOUZA, F. R. (Orgs.). *Processos educativos em práticas sociais*: pesquisas em educação. São Carlos: EDUFSCar, 2014. p. 47-112.

______. Acciones afirmativas en educación superior: impactos y desafíos. *EF Deportes.com*, Buenos Aires, año 17, n. 175, dic. 2012. Disponível em: <http://www.efdeportes.com/efd175/acciones-afirmativas-en-educacion-superior.htm>. Acesso em: abr. 2016.

______. Affirmative Actions and its Incidence in The Re-Education Of The Racial-Ethnic Relationships In Brazil, Subsequently To Durban's Conference. In: NOLAN Conference —The 6th Nolan Conference-Latin America in Movement: Power, Spaces and Subjectivities. Stockholm, 2012.

______. *Proyecto institucional:* tecnologías digitales y acompañamiento pedagógico de estudiantes de graduación. Cuernavaca, UAEM, 2005. Documento de uso interno.

ARAÚJO-OLIVERA, S. S.; TEIXEIRA, B. A. do N. Projeto: Equidade no acesso à Pós-Graduação na Universidade Federal de São Carlos (UFSCar). In: JOVINO, I. da S. (Org.). *Equidade na pós-graduação*: experiências e possibilidades. Ponta Grossa: Nova Letra, 2015. p. 57-84.

BRASIL. MEC. Projeto de Lei n. 3.627/2004. Institui Sistema Especial de Reserva de Vagas para estudantes egressos de escolas públicas, em especial negros e indígenas, nas instituições públicas federais de educação superior e dá outras providências. Disponível em: <http://www.camara.gov.br/proposicoesWeb/prop_mostrarintegra;jsessionid=33B01375CC7A83F060AC24F94A5BD553.proposicoesWeb2?codteor=228983&filename=EMC+8/2004+CDHM+%3D%3E+PL+3627/2004>. Acesso em: abr. 2016.

______. Lei n. 12.711, de 29 de agosto de 2012. Dispõe sobre o ingresso nas Universidades Federais e nas Instituições Federais de Ensino Técnico de Nível Médio e dá outras providências. Disponível em: <http://www.planalto.gov.br/ccivil_03/_Ato2011-2014/2012/Lei/L12711.htm>. Acesso em: abr. 2016.

DAMASIO, A. R. *El error de Descartes*: la razón de las emociones. Chile: Andrés Bello, 1996.

DUSSEL, E. *Materiales para una política de la liberación*. México DF: Plaza y Valdés, 2007.

______. *Ética de la liberación en la edad de la globalización y de la exclusión*. México, DF: Trotta, 1998.

______. *Introducción a la filosofía de la liberación*. Bogotá: Nueva América, 1995.

______. *Para uma ética da libertação latino-americana*. São Paulo: Loyola, s/d. v. III.

FREIRE, P. Considerações em torno do ato de estudar. In: FREIRE, P. *Ação cultural para a liberdade*. Petrópolis: Paz e Terra, 2007, p. 9-13.

______. *Professora sim, tia não*: cartas a quem ousa ensinar. São Paulo: Olho d'Água, 1997.

______. *Pedagogia do oprimido*. 17. ed. Rio de Janeiro: Paz e Terra, 1987.

______. *Extensão ou comunicação?* Rio de Janeiro: Paz e Terra, 1983.

GOMES, J. B. B. *Ação afirmativa e princípio constitucional da igualdade*: o direito como instrumento de transformação social. Rio de Janeiro: Renova, 2001.

______. A recepção do instituto da ação afirmativa pelo Direito Constitucional brasileiro. In: SANTOS, S. A. (Org.). *Ações afirmativas e combate ao racismo*. Brasília: Ministério da Educação; Unesco, 2005.

GOMES, N. L. A Universidade Pública como direito dos(as) jovens negros(as): a experiência do Programa Ações Afirmativas na UFMG. In: SANTOS, Sales Augusto dos. (Org). *Ações afirmativas e combate ao racismo nas Américas*. Brasília: Ministério da Educação, Secretaria de Educação Continuada Alfabetização e Diversidade, 2005

GOMES, N. L. Programa de ações afirmativas na UFMG-Brasil: uma estratégia de resistência negra na diáspora africana. In: Congresso Luso-Afro-Brasileiro de Ciências Sociais. 8., Coimbra. Disponível em: <http://www.ces.uc.pt/lab2004/pdfs/NilmaGomes.pdf>. Acesso em: abr. 2016.

GUIMARÃES, A. S. Políticas públicas para a ascensão dos negros no Brasil: argumentando pela ação afirmativa. *Afro-Asia*, Salvador, n. 18, p. 35-62, 1996.

MARTINS, R. M. C. Discussão em torno da noção de acompanhamento de jovens adultos na educação superior. *Revista Brasileira de Estudos Pedagógicos*, Brasília, v. 92, n. 231, p. 417-433, maio/ago. 2011.

MIGNOLO, W. D. Desobediência epistêmica: a opção descolonial e o significado de identidade em política. *Cadernos de Letras da UFF*, n. 34, dossiê: Literatura, língua e identidade, p. 287-324, 2008.

MONTRONE, A. V. et al. Mulheres: vivências de processos educativos para o exercício dos direitos. In: OLIVEIRA, M. W.; SOUZA, F. R. (Orgs.). *Processos educativos em práticas sociais*: pesquisas em educação. São Carlos: EDUFSCar, 2014. p. 167-194.

MUNANGA, K. *O negro no Brasil de hoje*. São Paulo: Global, 2006.

OLIVEIRA, M. W.; SILVA, P. B. G. Agentes educacionais em comunidades: processos de interação, integração e educação. In: Reunião do Núcleo Educação para a Integração da Associação das Universidades do Grupo Montevidéo. Unesco, AUGM e UNER — Universidad Nacional de Entre Ríos, Paraná, Argentina, 1999.

OLIVEIRA, M. W; SOUZA F. R. (Orgs.). *Processos educativos em práticas sociais*: pesquisas em educação. São Carlos: EDUFSCar, 2014.

OLIVEIRA, M. W. et Al. Pesquisando processos educativos em práticas sociais: reflexões teórico-metodológicas. In: OLIVEIRA, M. W; SOUZA F. R. (Orgs.) *Processos educativos em práticas sociais*: pesquisas em educação. São Carlos: EDUFSCar, 2014. p. 113-142.

OLIVEIRA, M. W.; STOTZ, E. N. Perspectivas de diálogo no encontro entre organizações não governamentais e instituição acadêmica: o convívio metodológico. In: REUNIÃO DA ANPED, 27., *Anais...*, Caxambu-MG. GT Sociedade, democracia e educação: qual universidade. Educação Popular, 2004. Disponível em: <http://27reuniao.anped.org.br/gt06/t0610.pdf>. Acesso em: abr. 2016.

ROSEMBERG, F. Ação afirmativa na Pós-Graduação. O Programa Internacional de Bolsas da Fundação Ford na Fundação Carlos Chagas. *Textos FCC*, São Paulo, v. 36, jun. 2013.

______. Ação afirmativa no ensino superior brasileiro: pontos para reflexão. *Roda de conversa UFSCar*, 2006. Disponível em: <http://www.acoesafirmativas.ufscar.br/arquivos/acao-afirmativa-no-ensino-superior-brasileiro-pontos-para-reflexao-por-fulvia-rosemberg>. Acesso em: abr. 2016.

SANTOS, B. S.; MENESES, M. P. (Orgs.). *Epistemologias do Sul*. São Paulo: Cortez, 2010.

SANTOS, J. T. Ações afirmativas e educação superior no Brasil: um balanço crítico da produção. *Revista Brasileira de Estudos Pedagógicos*, Brasília, v. 93, n. 234, p. 401-422, 2012.

SILVA, P. B. G. Aprender a conduzir a própria vida: dimensões do educar-se entre afrodescendentes e africanos. In: ______; BARBOSA, L. M. A.; SILVÉRIO, V. R. (Orgs.). *De preto a afro-descendentes*: trajetos de pesquisa sobre relações étnico-raciais no Brasil. São Carlos: EDUFSCar, 2003. p. 181-197.

______. Pode a Educação Prevenir contra o Racismo e a Intolerância? In: SABOIA, G. V.; GUIMARÃES, S. P. (Orgs.). In: SEMINÁRIOS REGIONAIS PREPARATÓRIOS PARA CONFERÊNCIA MUNDIAL CONTRA O RACISMO, DISCRIMINAÇÃO RACIAL, XENOFOBIA E INTOLERÂNCIA CORRELATA, *Anais*..., Brasília, Ministério da Justiça, p. 103-123, 2001. Disponível em: <http://funag.gov.br/loja/download/100000-Seminarios_Regionais_Preparatorios_para_Conferencia_Mundial_Contra_o_Racismo_Discriminacao_Racial.pdf>. Acesso em: abr. 2016.

______. Riscos e dilemas das experiências pedagógicas: o caso da escola agrícola de Santo Antonio da Patrulha-RS. *Educação*, Porto Alegre, ano XXI, n. 14, p. 75-84, 1988.

______. Educação e identidade dos negros trabalhadores rurais do Limoeiro, Porto Alegre, 1987. Tese (Doutorado em Educação) — Universidade Federal do Rio Grande do Sul, 1987.

______; ARAÚJO-OLIVERA, S. S. Cidadania, ética e diversidade: desafios para a formação em pesquisa. In: ENCUENTRO CORREDOR DE LAS IDEAS DEL CONO SUR "SOCIEDAD CIVIL, DEMOCRACIA E INTEGRACIÓN", 6., 2004, Montevideo. Disponível em: <http://www.corredordelasideas.org/v2/vi_corredor_ponencias3.htm>. Acesso em: abr. 2016.

SILVA, P. B. G.; SILVÉRIO, V. R. *Educação e ações afirmativas*: entre a injustiça simbólica e a injustiça econômica. Brasília: Inep, 2003.

SILVÉRIO, V. R. Ação afirmativa e o combate ao racismo institucional no Brasil. *Cadernos de Pesquisa*, n. 117, p. 219-246, nov. 2002.

SILVÉRIO, V. R.; MOEHJECKE, S. *Ações afirmativas nas políticas educacionais*: o contexto pós-Durban. São Carlos: EDUFSCar, 2009.

SISS, A.; MONTEIRO, A. *Educação, cultura e relações interétnicas*. Rio de Janeiro: Quartet, 2009.

TREISMAN, U. Studying students studying calculus: a look at the lives of minority's students in college. *The College Mathematics Journal*, v. 23, n. 5, p. 362-372, 1992.

UNIVERSIDADE FEDERAL DE SÃO CARLOS (UFSCar). Plano de Desenvolvimento Institucional, 2013. Disponível em: <http://www.pdi.ufscar.br/diretrizes-gerais-especificas-e-para-gestao-do-espaco-fisico>. Acesso em: abr. 2016.

______. Edital do Curso Equidade no Acesso à Pós-Graduação para Populações Sub-representadas, 2012. Pro-Reitoria de Pós-Graduação da Universidade Federal de São Carlos.

______. Edital do Curso Equidade no Acesso de Populações Sub-representadas a cursos de Mestrado, 2013. Pró-Reitoria de Pós-Graduação da Universidade Federal de São Carlos.

CAPÍTULO 8

Formação pré-acadêmica:
afirmação na Pós-Graduação

Paulo Vinicius Baptista da Silva (UFPR)
Josafá Moreira da Cunha (UFPR)

Estamos chegando do chão dos quilombos,
estamos chegando no som dos tambores,
dos Novos Palmares nós somos, viemos lutar.

(Milton Nascimento)

A demanda por políticas educacionais focalizadas que atendessem aos interesses da população negra e operassem para sua emancipação atravessaram o século XX, tendo tomado forma de demanda por políticas de acesso ao ensino superior nas reivindicações da

Convenção Nacional do Negro Brasileiro, realizada em São Paulo e Rio de Janeiro em 1945 e 1946. Mas sua entrada na agenda de discussão de políticas educacionais ocorreu somente no final dos anos 1990, com início de execução nos anos 2000.

Boa parte da argumentação que deu sustentação às propostas de políticas de equidade étnico-racial foram baseadas, para além das compensações a discriminações ocorridas no processo histórico, nas formas de discriminação sistematicamente presentes no cotidiano das populações negra e indígena no país e nos enormes níveis de desigualdade entre os grupos de raça/cor presentes e consistentes nas diversas faixas de renda da população (identificados em indicadores sociais de todas as áreas: renda, trabalho e emprego, educação, saúde, saneamento, moradia etc.). Desde a tabulação dos dados do Censo de 1980, os dados oficiais e o tratamento mais elaborado dado por demógrafos e cientistas sociais dos institutos de pesquisa governamentais, das universidades e dos movimentos sociais apontam o fosso que separa a população branca, localizada no topo, de pretos e pardos (negros) na base, assim como a precariedade a que estão submetidas as populações indígenas.

Análises dos indicadores educacionais revelaram que as desigualdades entre brancos, de um lado, e negros (pretos e pardos), de outro, eram altas, persistentes ao longo das décadas, e aumentavam fortemente nas sucessivas etapas após o ensino fundamental (Hasenbalg, 1988; Silva, 1988; Hasenbalg; Silva, 1990; Jaccoud; Beghin, 2002; Telles, 2003; Paixão, 2003; Rosemberg, 2004). Além disso, as desigualdades educacionais não podem ser explicadas simplesmente pela menor escolaridade e renda dos pais (Silva, 2001; Jaccoud; Beghin, 2002).

Tomemos para esta análise nos dias atuais as tabulações e interpretações realizadas por Fúlvia Rosemberg (2013a)[1] a partir dos dados

---

1. A análise dos dados do Censo Demográfico de 2010 foi apresentada por Fúlvia Rosemberg na Conferência de Abertura da XXV SEPE — Semana de Ensino Pesquisa e Extensão do Setor de Educação da Universidade Federal do Paraná, na cidade de Curitiba, em 26 de setembro de 2013.

do Censo Demográfico de 2010. Ao passo que os negros (pretos e pardos) tiveram 48,0% de índice de conclusão no ensino fundamental, os outros grupos de raça/cor (brancos, amarelos e indígenas agrupados)[2] tiveram 62,2%. Essas diferenças tornam-se mais acentuadas nas demais etapas de ensino: no ensino médio, a conclusão foi de 30,1 para negros e 45,4 para não negros (mais de 50% a mais); no ensino superior, de 5,3 para negros e 15,6 para não negros (quase 200% a mais) e na Pós-Graduação, de 0,2 para negros e 0,9 para não negros (450% a mais). Mesmo com algum impacto das políticas afirmativas para a população negra desenvolvidas desde 2002, a proporção de concluintes brancos foi três vezes maior na graduação e 4,5 vezes na Pós-Graduação (Rosemberg, 2013a).

Paralelamente ao início das políticas afirmativas na graduação, que geraram (e geram ainda) um amplo debate público no Brasil — muitas vezes focado demasiadamente nas cotas raciais em exames vestibulares —, a discussão e o início de algumas experiências de políticas de equidade na Pós-Graduação foram ganhando corpo. Um exemplo é o Concurso Negro e Educação, operado pela Associação de Pesquisa e Pós-Graduação em Educação (Anped), que formou em Mestrado e Doutorado jovens pesquisadores negros/as. Tem significativa participação nesse cenário o Programa Internacional de Bolsas da Fundação Ford, operado pela Fundação Carlos Chagas (FCC) (Rosemberg, 2013b), que concedeu 343 bolsas para Mestrado e Doutorado a negros e indígenas, especialmente das regiões Nordeste, Norte e Centro-Oeste, e que tiveram poucas oportunidades educacionais. Na fase final de execução deste programa, que recebeu avaliações muito positivas, foram realizadas gestões para que o governo brasileiro o assumisse como política de promoção de igualdade racial.

2. A autora apresentou em sua conferência os dados comparativos de microdados do Censo Demográfico de 2010 para negros (pretos e pardos) e "não negros" (brancos, amarelos e indígenas). Amarelos e indígenas representam um percentual muito pequeno da população e indicadores antagônicos, indígenas com indicadores educacionais mais baixos e amarelos mais altos, ou seja, tendem a se equilibrar e o impacto sobre o conjunto de brancos, já diminuto, tende a ser mais reduzido.

Assim, foi formatado um programa de bolsas para a Pós-Graduação que chegou a ser oficialmente anunciado pela Secretaria de Políticas de Promoção da Igualdade Racial (Seppir), pelo Conselho Nacional de Desenvolvimento Científico e Tecnológico (CNPq) e pela Coordenação de Aperfeiçoamento de Pessoal de Nível Superior (Capes), mas somente a parte relativa à iniciação científica (PIBIC Ação Afirmativa) foi implementada.

Um novo programa da Fundação Ford foi iniciado pela FCC, o Equidade na Pós-Graduação, que em 2011 promoveu o Concurso de Dotações para a Formação Pré-Acadêmica: Equidade na Pós-Graduação, e passou a financiar uma série de universidades selecionadas, entre as quais a Universidade Federal do Paraná (UFPR), para a realização de programa de formação preparatória para a Pós-Graduação.

Neste artigo, realizamos uma descrição e uma análise do processo de formação pré-acadêmica para a pós-graduação realizado pelo Núcleo de Estudos Afro-Brasileiros (Neab) da UFPR, no âmbito do Projeto Equidade na Pós-Graduação.

O objetivo da formação pré-acadêmica, redigido para a proposta (ainda no processo da candidatura), foi "capacitar alunos e alunas beneficiados por projetos de inclusão social e racial, tanto egressos da UFPR como de outras instituições de ensino superior em nível de graduação, para concorrer em processos seletivos de programas de Pós-Graduação (Mestrado e Doutorado), em condições de equidade". Além disso, a proposta previa uma articulação com o Plano de Metas de Inclusão Racial e Social da UFPR, o que veio a se desenvolver nas atividades do projeto. A UFPR adotou desde 2004/2005 políticas afirmativas, com reserva de 20% das vagas para negros/as, 20% para estudantes de escola pública, 10 vagas suplementares para estudantes indígenas e 1 vaga por curso para pessoas com deficiência. A preparação desses estudantes beneficiários das políticas afirmativas na graduação para seu ingresso na pós foi prevista e executada nas formações ministradas.

1. Perfil de candidatos/as e alunos/as

O perfil definido esteve em consonância com a proposta do Projeto Equidade, especificamente:

> Pertencer a um ou mais dos grupos que, sistematicamente, tem tido acesso restrito ao ensino superior, ou seja: a) provir de famílias que tiveram poucas oportunidades econômicas ou educacionais; b) identificar-se como negro/a ou indígena; c) egresso/a de programa de ação afirmativa no ensino superior, na modalidade de cotas ou bônus; [...]. (Brasil/UFPR, 2013)

Foi realizada a formação em três diferentes turmas, inicialmente programadas para contarem com 25 alunos/as cada uma, posteriormente com vagas ampliadas na segunda e terceira turma, perfazendo um total de 95 vagas. As inscrições e a seleção foram realizadas em dois diferentes períodos em 2013, por meio de divulgação de edital, aberta (*site* da UFPR e do Neab-UFPR, chamada na UFPR TV) e dirigida (listas de *e-mails* do Neab-UFPR, da Pró-Reitoria de Graduação da UFPR, do Consórcio de Neabs, dos sindicatos de profissionais da educação do estado e do município de Curitiba, de redes sociais como o *Facebook*). Inscreveram-se para a seleção 166 candidatos, a maioria de mulheres, maior percentual de negras[3] (pretas e pardas), idade mais proeminente entre 31 e 40 anos e maioria absoluta de Curitiba e Região Metropolitana, de acordo com os dados dispostos no Quadro 1.

---

3. Utilizamos no artigo o agrupamento das categorias de raça/cor "pretos" e "pardos" na categoria "negros/as", como é usual por parte de movimentos negros e da pesquisa brasileira da área de relações raciais.

QUADRO 1

Perfil de candidatos/as e alunos/as

Variáveis	Candidato/a	Aluno/a
Número de pessoas	**166** (100%)	**95** (100%)
Idade		
até 25 anos	**27** (16%)	**17** (18%)
26 a 30 anos	**43** (26%)	**24** (25%)
31 a 40 anos	**59** (36%)	**34** (36%)
41 a 50 anos	**23** (14%)	**8** (8%)
51 e + anos	**14** (8%)	**12** (13%)
Local de residência		
Município do curso e municípios limítrofes	**146** (88%)	**87** (92%)
Outro município do estado	**20** (12%)	**8** (8%)
Outro estado	**0** (–)	**0** (–)
Área de formação		
Educação	**49** (30%)	**25** (26%)
Humanas, Sociais, Letras	**78** (47%)	**51** (54%)
Outras não Humanas	**35** (21%)	**19** (20%)
Não preencheu	**4** (2%)	**0** (–)

Fonte: Elaborado pelos autores.

No Gráfico 1 está disposta a distribuição por sexo de candidatos/as e alunos/as. Uma primeira questão diz respeito ao elevado percentual, se comparado o perfil da população do estado e do país, de mulheres, que foram 70% das candidatas e com percentual que regride ligeiramente a 67% das aprovadas. A análise aqui se aproxima bastante da realizada por Rosemberg e Andrade (2008) para as candidatas do Programa Internacional de Bolsas de Pós-Graduação da Fundação Ford: observa-se maior presença feminina que masculina no ensino superior; mulheres têm apresentado melhor aproveitamento escolar também nesse nível; essa tendência é mais acentuada entre pretos e pardos que entre indígenas. Em análise sobre o Plano de Metas de Inclusão Racial e Social da UFPR, Cervi (2013) destaca como mulheres negras, em especial, ampliam sua presença em cursos de graduação por meio do sistema de cotas raciais.

GRÁFICO 1

Candidatos e alunos por sexo

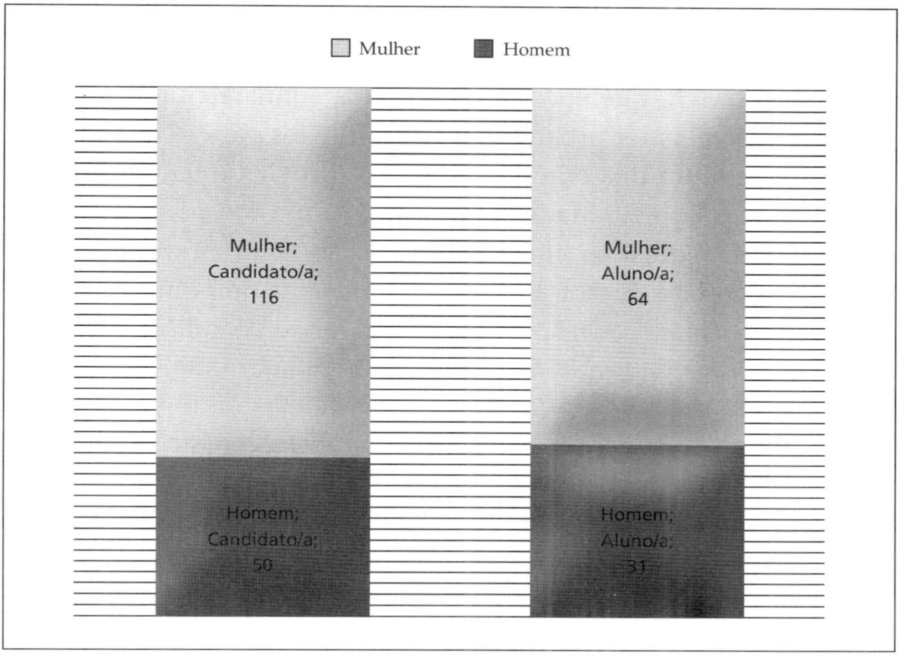

Fonte: Elaborado pelos autores.

Entre os/as cursistas que frequentaram a formação, podemos identificar três grupos principais: 1) grupo mais jovem que cursou a universidade ou o mestrado nos anos anteriores ao pré-pós, muitos dos quais egressos da UFPR e da Universidade Estadual de Londrina (UEL), beneficiários de políticas afirmativas e com experiência de iniciação científica durante a graduação; 2) ativistas do movimento negro; 3) docentes da educação básica, dentre os quais mulheres brancas eram a maioria.[4] Portanto, o expressivo percentual

4. Um fator complementar que pode ter influenciado o perfil de candidaturas é a modalidade da oferta — superintensiva, com aulas diárias em turno integral. Embora o curso tenha proporcionado recursos de apoio (vale-transporte, acesso a refeição subsidiada no restaurante

de mulheres que fizeram a seleção e os cursos se situa justamente nesses grupos de mulheres brancas (de meia-idade), docentes da educação básica.

Novamente cabe convocar à análise as contribuições de Rosemberg e Andrade (2008), que encontraram dados similares: uma primeira hipótese seria a maior proatividade de mulheres para se inscreverem ao cumprirem um dos critérios do edital (provir de famílias que tiveram poucas oportunidades educacionais) mesmo não cumprindo na íntegra os requisitos (identificar-se como negro/a ou indígena). Além disso, o fato de se tratar de um programa de políticas afirmativas pode ter maior adesão de mulheres por sua condição de discriminação na sociedade. No entanto, aponta-se aqui uma contradição: apresentando melhores indicadores educacionais tanto na educação básica quanto na superior, as mulheres também ocuparam mais fortemente as vagas para a formação voltada à Pós-Graduação, sendo o fenômeno um exemplo da assincronia dos eixos de desigualdade de raça e gênero conforme análise de Rosemberg e Andrade (2008). Mais uma vez aqui talvez se destaquem, ao menos na população de mulheres negras, os dados de maior acesso de mulheres à graduação, no caso da UFPR (Cervi, 2013).

A distribuição de raça/cor dos/as candidatos/as apresentou 70 (42%) pessoas brancas, 40 (24%) pretas e 49 (30%) pardas (54% de negras, conforme dados do Gráfico 2). Por um lado, o público-alvo de pretos, pardos e indígenas estava explícito no edital e a procura por pessoas brancas (principalmente de mulheres) trazia alguma surpresa. Por outro lado, o grupo-alvo esteve sobrerrepresentado em relação à distribuição do estado do Paraná, onde a Pesquisa Nacional por Amostra de Domicílios (Pnad) de 2013 apontou 68% de pessoas brancas[5] e 31% de negras, sendo 28% de pardas e 3% de negras. Em

---

universitário, prova gratuita de língua estrangeira), potenciais participantes teriam de arcar com as demais despesas pessoais no período do curso.

5. Tabulações realizadas no Neab-UFPR com base nos microdados disponibilizados pelo Instituto Brasileiro de Geografia e Estatística (IBGE) por Kelvy Nogueira (2015), para uso em sua Dissertação de Mestrado.

relação à Região Metropolitana de Curitiba (RMC), local de onde provêm 88% dos/as candidatos/as, a referida Pnad (2013) apresentou 76% de brancas, 20% de pardas e 3% de pretas. Contrastando os dados, o percentual de candidatas brancas esteve 26 pontos abaixo da população branca do estado e 34 pontos abaixo da RMC. Ao passo que o percentual de pessoas negras esteve 23 pontos acima de seu percentual no estado e 31 em relação à RMC, sendo o maior aumento relativo à população preta, cujos 3% na população subiram para 24% entre os/as candidatos/as.

GRÁFICO 2

Candidatos/as e alunos/as por raça/cor

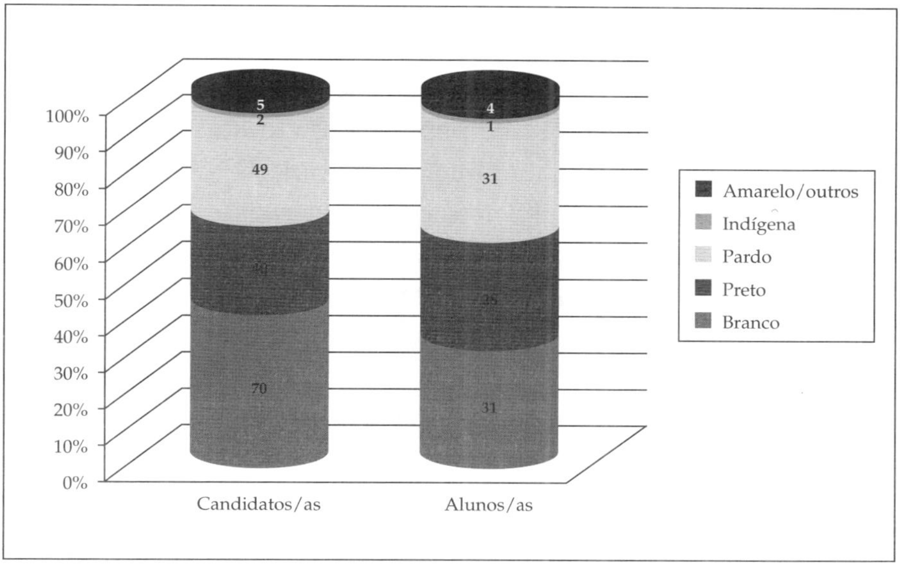

Fonte: Elaborado pelos autores.

No público de aprovados/as, observou-se aumento das tendências verificadas nos/as candidatos/as, com a redução de pessoas brancas para 33% (31 pessoas) do total, paralelamente ao acréscimo de pardas em 33% e o acréscimo maior de pretas, que chegaram a 29%. A aprovação de pessoas brancas para realizarem o curso deve-se ao uso de critérios de seleção diversificados, nos quais o perfil do público-alvo foi considerado com três variáveis (trajetória escolar e econômica, autoclassificação étnico-racial, participação em programas de política afirmativa), a cada uma delas atribuído um peso que as tornou significativas, mas não determinantes únicas. Outros pontos considerados foram a diversidade de áreas de formação dos/as aprovados/as, a prioridade para quem já tentou seleção e não foi aprovado/a, a disponibilidade para cursar as disciplinas e o conhecimento sobre seleção para Pós-Graduação: área e tema definidos, o projeto de pesquisa delineado e as informações básicas sobre processo seletivo. Com o uso de tais critérios, chegamos ao público selecionado para as formações, que priorizou as minorias étnico-raciais.

Na Pnad de 2013, os indígenas representaram somente 0,15% da população do Paraná e 0,14% da população da RMC. Portanto, representam um número bastante tímido da população do estado. Cabe notar que o Paraná realiza há mais de uma década — a partir da Lei Estadual n. 13.134, de 18 de abril de 2001, e da Lei Estadual n. 14.995, de 9 de janeiro de 2006 — políticas afirmativas específicas para promoção do acesso de indígenas ao ensino superior. Por meio dessas políticas, ocorre reserva de vagas para indígenas em cursos de graduação em todas as universidades estaduais paranaenses e também na UFPR, que designa anualmente 10 vagas suplementares a candidatos/as oriundos de povos indígenas. Apesar disso, a ausência de candidatos/as pertencentes a etnias indígenas no curso de formação pré-pós indica a necessidade de fomento a iniciativas específicas para acesso desses/as estudantes à Pós-Graduação.

Outro ponto relevante foi a participação de um aluno cego e de um aluno surdo no curso, o que agregou ao perfil de setores vitimizados e contribuiu para o estabelecimento de um grupo ainda mais representativo do ponto de vista da diversidade. O discente surdo foi aprovado em curso de Mestrado em Educação na UFPR[6] e o discente cego foi aprovado no curso de Mestrado em Filosofia da UFPR e também num concurso público da mesma universidade, passando a ser servidor dessa instituição.

O perfil de formação de candidatos/as e de alunos/as esteve bastante centrado na área de Humanas, especialmente da Educação, seguida pelas áreas de Linguística, Letras e Artes e Sociais Aplicadas, com pouca procura por graduados das áreas de Exatas e da Terra, Biológicas, Engenharias, Saúde e Agrárias. Na seleção foi utilizado o critério de priorizar candidatos/as de outras áreas, mas quando ponderados com os demais critérios o percentual de aprovados/as foi praticamente o mesmo de candidatos/as, respectivamente 20% e 21% (Quadro 1). Entre esses grupos, a área de Sociais Aplicadas é o destaque. Portanto, faltou ao processo maior entrada nas áreas chamadas "duras" das ciências, o que ocorre também com outros programas de ações afirmativas (Rosemberg, 2013b).

2. A Proposta Curricular levada a termo

No que se refere à estrutura curricular da formação, ela foi planejada com três disciplinas, cada uma delas com carga de 60 horas: Leitura e Produção de Textos Acadêmicos, Língua Estrangeira (podendo os discentes optarem por Inglês ou Francês) e Metodologia e Projeto de Pesquisa (incluindo orientação pré-acadêmica). As aulas foram realizadas entre agosto de 2013 e junho de 2014.

As disciplinas de Língua Estrangeira e de Leitura e Produção de Textos Acadêmicos foram ministradas em parceria com o Centro de Línguas e Interculturalidade (Celin) da UFPR. Para os discentes, era

6. Vale destacar as dificuldades relacionadas à acessibilidade para o atendimento efetivo a esses estudantes. No caso do estudante surdo, as dificuldades relacionadas à disponibilidade de intérpretes de Libras encontradas no pré-pós se perpetuaram durante o curso de Mestrado.

facultativa a escolha entre língua inglesa ou francesa (em função da possibilidade de candidatos a Doutorado que já tivessem realizado prova em um dos tais idiomas no Mestrado).

Os cursos de língua estrangeira foram voltados para o uso instrumental da língua e bastante focados na leitura, já que a proficiência nessa destreza possibilita acesso à bibliografia internacional, muitas vezes não disponível em português. É importante sublinhar que um curso de 60 horas não oferece condição de proficiência em língua estrangeira para quem não tem nenhum conhecimento anterior. Observou-se grande heterogeneidade entre os discentes: alguns em estudos iniciais; outros, ao contrário, com alto nível de conhecimento, inclusive que já atuavam como docentes de língua estrangeira na educação básica. Cabe também informar que há heterogeneidade nos diversos cursos de Mestrado e Doutorado da própria UFPR. Alguns cobram a proficiência em leitura como critério de seus processos seletivos e candidatos/as que não cumprem esse requisito são desclassificados. Em outros, a prova de língua não faz parte do processo seletivo e seus/suas alunos/as podem realizar as provas de proficiência no decorrer do curso.

Os cursos de Leitura e Escrita de Textos Acadêmicos foram organizados de forma também bastante dirigida ao preparo dos/as discentes para as seleções, trabalhando com diferentes gêneros discursivos, mas focando principalmente a redação dos projetos de pesquisa para a seleção. De forma similar aos cursos de língua estrangeira, a estratégia foi a organização pedagógica voltada para atividades individuais e diversas tarefas eram solicitadas de acordo com as produções e a proficiência apresentadas por cada aluna/o.

A avaliação dos discentes em relação a essa parte da formação foi bastante positiva nos questionários que responderam ao final dos cursos, em reuniões de avaliação oral realizada ao final de cada disciplina e em questionário de avaliação externa aplicada em egressos que foram aprovados na Pós-Graduação. A metodologia utilizada, o trabalho das professoras e a contribuição das disciplinas para a formação foram bastante elogiadas.

A avaliação no contexto da disciplina de Metodologia de Pesquisa revelou que, em sua maioria, os participantes do curso tinham, inicialmente, conhecimento e experiência limitados quanto ao processo de produção científica e de pesquisa. Dessa maneira, o programa desse segmento do curso voltou-se para a apresentação de elementos básicos da estrutura do projeto de pesquisa. Foram também trabalhadas questões práticas relacionadas ao processo de seleção de Programas de Pós-Graduação, tomando exemplos de editais e de *sites* desses programas. Também foram dadas orientações a respeito do cuidado na leitura dos editais, foram ministrados conteúdos específicos e *workshops* voltados para a realização de entrevistas, privilegiando programas e áreas temáticas destacadas por participantes do curso. Essa parte da formação também foi avaliada positivamente pela maioria dos/as discentes, mas num grau mais baixo que a anterior.

Em acordo com instrumento respondido pelos/as discentes, os pontos altos do curso foram o acesso e a socialização de conhecimentos, a bagagem de pesquisa, o domínio dos temas e a disponibilidade dos professores e o aprendizado e a preparação para os processos seletivos.

O ponto deficiente apontado foi a oferta do curso em modelo intensivo com aulas em dois turnos, o que, além de ser muito cansativo, dificultava a realização de tarefas propostas pelos/as professores. O formato intensivo foi modificado nas ofertas da segunda e terceira turma, atendendo a essa demanda no decorrer do processo. Outro ponto importante foi a taxa de evasão de 50%, visto que dos 95 aprovados somente 43 concluíram a formação. Por outro lado, a taxa de aprovação foi relevante, uma vez que houve 16 aprovações até maio de 2015, número que aumentou para 19 até fevereiro de 2016, chegando a 36% do total de concluintes da formação.

Em relação aos projetos individuais dos/as participantes, talvez em virtude da modalidade intensiva adotada para a oferta, o acompanhamento da maior parte dos/as cursistas limitou-se à orientação de aspectos fundamentais dos projetos, particularmente no que diz respeito à definição do problema de pesquisa e à sistematização de planos para a revisão de literatura. No entanto, um segmento de participantes que já havia desenvolvido preliminarmente esboços do projeto de pesquisa encontrou no espaço do curso oportunidades para refinar propostas direcionadas à Pós-Graduação. Cabe destacar que a coordenação avaliou essa parte com muitas ressalvas, mas os/as discentes a julgaram bastante positivamente. Vale ainda notar que o acompanhamento de mentores pré-inserção na Pós-Graduação, proposto como componente importante no processo de formação, foi limitado em parte pela necessidade de aprofundamento dos anteprojetos por meio de leituras complementares e de outras atividades. Além disso, os/as docentes envolvidos/as na disciplina de Metodologia ofertaram suporte complementar aos/às participantes (leitura e correção de projetos, sugestões de modificações e de leituras) mesmo após a conclusão das disciplinas do curso.

Outro ponto positivamente avaliado foram algumas das formas de apoio complementar oferecidas: auxílio-transporte (disponibilizado somente para a primeira turma em função de dificuldades operacionais de realizar esse tipo de gasto com recursos do contrato); gratuidade do restaurante universitário nas datas de realização dos cursos (valores pagos pela Pró-Reitoria de Graduação da UFPR como forma de contrapartida institucional); gratuidade nas provas de línguas realizadas pelo Núcleo de Concursos da UFPR (extensão da gratuidade que existe para os discentes de Mestrado e Doutorado da UFPR); acesso a bibliotecas.

Ainda um ponto a ser notado foi a abertura da discussão sobre a execução de políticas afirmativas na Pós-Graduação da UFPR. Na sessão de abertura da primeira turma, o reitor da UFPR e o pró-reitor de Pesquisa se manifestaram publicamente em favor das formas de ação afirmativa e da política de inclusão étnico-racial na Pós-Graduação da UFPR. Tais posicionamentos possibilitaram a abertura de processo de discussão na universidade.

3. A participação de negras/os nos processos de produção de conhecimento

Um dos pontos relevantes dos processos de desenvolvimento de políticas afirmativas é a participação nas coletividades de pessoas que representam grupos sociais minoritários. Esses indivíduos são importantes para os grupos e para as instituições porque agregam outros saberes. Os conhecimentos sobre as condições de subalternidade, sobre as formas de violência e discriminação a que são submetidos, sobre seus grupos de pertença e origem via de regra aportam novos conhecimentos à universidade que têm potencial emancipatório, visto que os conhecimentos em geral negados pela academia passam a se fazer presentes (Gomes, 2011). No caso da Pós-Graduação, esse potencial supera a presença dos corpos, por trazerem suas experiências, agruras, faltas, limitações e crises, assim como seus júbilos, satisfações, felicidades e realizações. Essas experiências múltiplas alimentam tanto as relações quanto as pesquisas, na medida em que as definições de problemas de pesquisa serão cravadas pelas experiências de tais indivíduos. A metáfora utilizada por Paixão (2013, p. 318) — "a senzala interpreta o Brasil" — ganha potência, contornos mais expressivos e concretude. No que se refere aos/às negros/as e suas possibilidades de inserção na pesquisa, os objetos e as abordagens das dissertações e teses desenvolvidas pelos/as egressos/as apontam tal potencialidade. Observemos no Quadro 2 uma listagem de títulos (provisórios) de cinco teses e sete dissertações desenvolvidas por egressos/as de nossa formação.

O que se observa no títulos é o predomínio de temas dos estudos afro-brasileiros, que, em nossa interpretação, relacionam-se com as vivências e as trajetórias dos/as pesquisadores/as. A presença diminuta de negros/as nas universidades faz com que os temas de interesse direto desse grupo social também estejam ausentes da pesquisa. O que se observa nesses exemplos é uma forte inserção da temática que se articula com os interesses e também com os conhecimentos e as experiências dos/as doutorandos/as e mestrandos/as.

QUADRO 2

Títulos provisórios de teses e dissertações desenvolvidas por egressos/as da primeira turma de formação

Título provisório	Egresso/a pré-pós	Curso
Políticas sociais e de ação afirmativa: pela busca de alteração no *status quo* brasileiro	Alexsandro Eleotério Pereira de Souza	Doutorado em Serviço Social
Crespos: o cabelo como ícone da identidade negra. Memória e estética, a circulação de ideias e valores na realidade brasileira	Neli Gomes da Rocha	Doutorado em Sociologia
História da filosofia africana: perspectivas descoloniais em Towa e Mbembe	Luiz Thiago Freire Dantas	Doutorado em Filosofia
Territorialidades, deslocamentos espaciais e relações raciais	Mariana Ap. dos Santos Panta	Doutorado em Sociologia
Relações raciais na mídia escrita	Silvia Elaine Santos de Castro	Doutorado em Sociologia
História de vida de mulheres negras	Andressa Ignácio da Silva	Mestrado em Sociologia
Vida e obra de Lima Barreto	Jules Ventura Silva	Mestrado em Sociologia
Educação quilombola na comunidade Imbituva	Edicélia M. dos Santos de Souza	Mestrado em Educação
Políticas de acesso e políticas de permanência na educação superior	Marcia Cristina dos Santos	Mestrado em Educação
Ontologia em *Ser e tempo* de Heidegger	Wagner Bitencourt	Mestrado em Filosofia
Experiências de discriminação e desempenho acadêmico: um estudo sobre adultos emergentes negros	Juliana Sara Domiciano	Mestrado em Educação

Fonte: Elaborado pelos autores.

Como forma de exemplificar mais detalhadamente esse aspecto, apresentamos uma síntese de uma dissertação de Mestrado que investiga como a percepção de discriminação pode estar relacionada ao desempenho acadêmico de adultos emergentes negros no contexto do ensino superior. Os resultados do trabalho, que contou com a participação de 168 alunos do ensino superior, indica que estudantes negros relatam com maior frequência incidentes de discriminação racial, sendo alvos de agressões relacionais com maior frequência que seus pares brancos. Além disso, estudantes que foram vítimas de discriminação relatam sentir-se menos seguros em suas instituições de ensino. Vale notar ainda que o estudo amplia a base de conhecimento sobre a qualidade de vida de estudantes no ensino superior, sublinhando a discriminação racial como um fator que pode prejudicar a qualidade de vida e o desempenho acadêmico.

Além da relevância dos resultados dessa pesquisa para os estudos sobre ações afirmativas e para os estudos afro-brasileiros, destaca-se a importância da formação de novos quadros para aprofundar a compreensão do tema, ao considerar que a inserção dos/as próprios/as orientadores/as de Pós-Graduação na temática materializa-se a partir do processo de orientação acadêmica desses estudantes. Num outro exemplo, um egresso surdo desenvolve uma pesquisa sobre *bullying* e surdez no contexto escolar, num caso que é particularmente representativo, tendo em vista que o orientador passa a estudar Libras para se comunicar de modo mais efetivo durante o processo de orientação acadêmica.

Ambos os exemplos trazem um importante ponto de inflexão. Ao se abrirem possibilidades para representantes de minorias sociais participarem de processos de produção de conhecimento, os sujeitos, que carregam seus dilemas e suas inquietudes, podem colocá-las, como nos exemplos citados, no centro da pesquisa, o que proporciona um crescimento pessoal não só para os/as alunos/as, mas também para orientadores/as e docentes, além de um enriquecimento institucional e das áreas de conhecimento.

No campo das relações étnico-raciais, abrem-se possibilidades de que a senzala interprete e interpele o Brasil (Paixão, 2013, p. 318).

Referências

BRASIL. Universidade Federal do Paraná (UFPR). Núcleo de Estudos Afro-Brasileiros. *Edital n. 1 do Curso Intensivo de Formação Pré-Acadêmica Afirmação na Pós.* Curitiba: UFPR, 2013.

CERVI, Emerson Urizzi. Ações afirmativas no vestibular da UFPR entre 2005 a 2012: de política afirmativa racial a política afirmativa de gênero. *Revista Brasileira de Ciência Política,* n. 11, p. 63-88, maio/ago. 2013.

GOMES, Nilma Lino. Diversidade étnico-racial, inclusão e equidade na educação brasileira. *Revista Brasileira de Política e Administração da Educação,* v. 27, p. 109-121, 2011.

HASENBALG, Carlos A. Desigualdades raciais no Brasil. In: ______; SILVA, Nelson do Valle. *Estrutura social, mobilidade e raça.* Rio de Janeiro: Vértice, 1988. p. 115-143.

______; SILVA, Nelson do Valle. Raça e oportunidades educacionais no Brasil. *Estudos Afro-Asiáticos,* Rio de Janeiro, n. 18, p. 73-91, 1990.

JACCOUD, Luciana de Barros; BEGHIN, Nathalie. *Desigualdades raciais no Brasil*: um balanço da intervenção governamental. Brasília: Ipea, 2002.

NOGUEIRA, Kelvy Kadge Oliveira. *O estudante negro no ensino médio em Curitiba e Região Metropolitana*: um olhar sobre as relações raciais. Dissertação (Mestrado em Educação) — Universidade Federal do Paraná, Curitiba, 2015.

PAIXÃO, Marcelo. *Desenvolvimento humano e relações raciais.* Rio de Janeiro: DP&A, 2003.

______. *500 anos de solidão*: estudos sobre desigualdades raciais no Brasil. Curitiba: Appris, 2013.

ROSEMBERG, Fulvia. Desigualdades de raza y género en el sistema educacional brasileño. In: WINKLER, Donald R.; CUETO, Santiago (Eds.). *Etnicidad, raza, género y educación en América Latina.* Santiago de Chile: Preal, 2004, p. 239-282.

______. Desigualdades no sistema educacional. In: XXVI SEPE — Semana de Ensino Pesquisa e Extensão do Setor de Educação da Universidade Federal do Paraná, 25., 2013a, Curitiba. *Conferência de abertura da XXVI SEPE.*

ROSEMBERG, Fulvia. *Ação afirmativa na pós-graduação*: o Programa Internacional de Bolsas da Fundação Ford na Fundação Carlos Chagas. São Paulo: FCC/SEP, 2013b.

ROSEMBERG, Fulvia; ANDRADE, Leandro Feitosa. Ação afirmativa no ensino superior brasileiro: a tensão entre raça/etnia e gênero. *Cadernos Pagu*, Unicamp, v. 31, p. 419-438, 2008.

SILVA, Nelson do Valle. Cor e o processo de realização socioeconômica. In: ______; HASENBALG, Carlos (Orgs.). *Estrutura social, mobilidade e raça*. São Paulo: Vértice; Editora Revista dos Tribunais, 1988. p. 144-163.

______. Extensão e natureza das desigualdades raciais no Brasil. In: GUIMARÃES, Antonio S. A.; HUNTLEY, Lynn (Orgs.). *Tirando a máscara*: ensaios sobre o racismo no Brasil. São Paulo: Paz e Terra, 2001. p. 33-51.

TELLES, Edward E. *Racismo à brasileira:* uma nova perspectiva sociológica. Tradução de: Nadjeda Rodrigues Marques e Camila Olsen. Rio de Janeiro: Relume-Dumará; Fundação Ford, 2003.

CAPÍTULO 9

Histórias de vida e formação pré-acadêmica no NUREGS/UEPG

Ione da Silva Jovino (UEPG)

1. O NUREGS/UEPG e os dados gerais do curso

A Universidade Estadual de Ponta Grossa (UEPG) apresentou a proposta do curso "Equidade na Pós-Graduação: Formação Pré-Acadêmica" para o edital lançado pela Fundação Carlos Chagas (FCC) em parceria com a Fundação Ford em 2011. Na UEPG, o curso foi realizado pelo Núcleo de Relações Étnico-Raciais, Gênero e Sexualidade (Nuregs) entre os anos de 2012 e 2014.

Foram concretizadas quatro turmas de curso. No geral, pode-se afirmar que essa era uma ação afirmativa voltada para a inclusão na Pós-Graduação de pessoas provenientes de segmentos sociais sub-representados, bem como para a promoção do debate voltado à questão. O objetivo era formar o público-alvo por meio de um curso de aperfeiçoamento, estimulando-o a prosseguir nos estudos e a pleitear o ingresso em cursos de Mestrado. A carga era de 230 horas, sendo a maior parte presencial. As disciplinas do curso eram voltadas para a capacitação das/os interessadas/os para participação em processos seletivos de Programas de Pós-Graduação em diferentes áreas do conhecimento.

Em todas as turmas, a maior parte do público foi composta por professoras/es das redes municipal e estadual de ensino, atuantes na educação infantil, ensino fundamental e médio. A maioria absoluta dos alunos era composta por mulheres, professoras, que se autoclassificaram como brancas. Cabe esclarecer que o edital de seleção previa como público prioritário negras/os e indígenas. Todavia, considerando os dados sobre instrução e cor/raça, não havia como manter essa restrição. A população do município de Ponta Grossa no ano de 2010 era de cerca de trezentas mil pessoas. Os dados relativos à porcentagem da população com ensino superior completo estão resumidos na tabela a seguir.

Tendo em vista que a população branca era cerca de dez vezes maior que a de pretos, pardos e indígenas com ensino superior, não houve como manter o recorte apenas étnico-racial. Desse modo, pensando na inserção social e na relação com as comunidades, que são funções dos Programas de Pós-Graduação, bem como itens de avaliação dos mesmos juntos aos órgãos de fomento e regulação da Pós-Graduação, optamos também por incluir professoras/es de educação básica no recorte para seleção. Considerando também que os planos de carreira da educação básica no município de Ponta Grossa, bem como no estado do Paraná não privilegiam a formação acadêmica, conseguir inserir professoras no Mestrado, a despeito de isso não significar nenhum ganho em termos de progressão funcional, também pode ser pensado como um indicativo de sucesso do curso.

TABELA 1

População de Ponta Grossa, dados cor/raça e escolaridade, 2010.

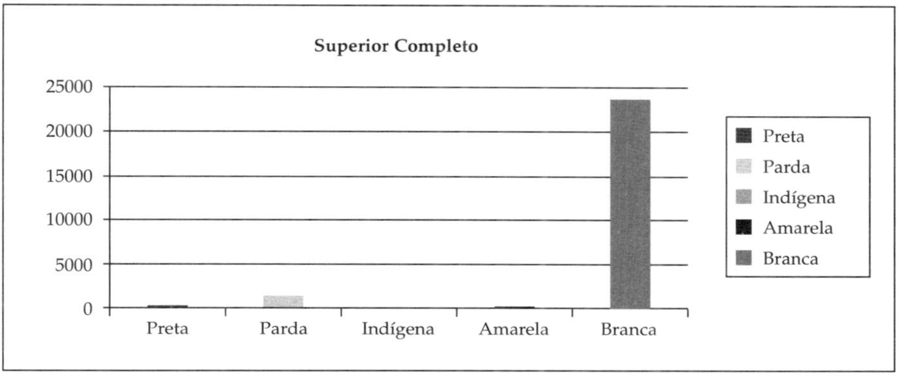

Fonte: IBGE. Elaboração da autora.

Sobre o perfil de escolarização (nível médio e superior), grande parte delas estudou em instituições públicas. Quanto aos cursos de graduação, a parte maior era oriunda dos cursos de Pedagogia ou Letras e o restante tinha formações em diferentes áreas, como Geografia, Direito, Jornalismo, Biologia, Artes, entre outras. Em relação à faixa etária, tivemos três grandes grupos, sendo o mais numeroso composto por pessoas com idades entre 31 e 40 anos, o segundo com idades entre 20 e 30 anos e o menor grupo com 41 anos ou mais, residentes quase todas na cidade de Ponta Grossa e algumas provenientes de outras cidades da região.

A última turma teve um pequeno diferencial em relação às três primeiras. Ela teve um caráter especial, pois não estava inicialmente prevista e aconteceu num espaço menor de tempo. Foi elaborada a fim de agregar aquelas e aqueles que já haviam passado por alguma edição do curso, tinham interesse em prosseguir na Pós-Graduação, mas ainda não haviam se candidatado a nenhuma seleção ou tinham participado sem obter aprovação. Num segundo momento, também foi aberta a possibilidade de participação de pessoas que estavam buscando a formação pré-acadêmica pela primeira vez.

Em relação à organização do curso da turma especial, foram oferecidas apenas três disciplinas, em conformidade com o objetivo central de concentrar esforços para atender a uma clientela bem específica e que já havia passado pelo curso completo. Foi dada prioridade para a orientação e inserção acadêmica, para a elaboração do pré-projeto e para a composição do dossiê para candidatura. A disciplina de tutoria aconteceu de duas formas: primeiramente, como nas duas últimas edições, com uma orientação única e geral. Constatamos que dessa maneira a disciplina cumpriu os objetivos propostos no programa, proporcionando melhor orientação e acompanhamento. Concentradas na atividade de apenas uma docente, pensamos que as orientações da disciplina de Tutoria ocorreram de forma mais individualizada e constante. Também possibilitou, nos momentos coletivos, trabalhar dicas e materiais voltados para o planejamento da pesquisa ou elaboração do pré-projeto, complementando os conteúdos vistos na disciplina de Metodologia de pesquisa. Em um segundo momento, estudantes de Doutorado e de concluintes de mestrado participaram das aulas para relatar suas experiências e orientar a turma. Eles foram selecionados por meio de edital específico. Eram oriundos das áreas de Letras e Educação, prioritariamente, e uma da área de Ciências Biológicas. As orientações foram então divididas de acordo com a formação dos tutores e cursistas e também se levou em consideração as temáticas dos pré-projetos em elaboração.

Na forma de avaliação dos alunos, as disciplinas de Tutoria e Metodologia de pesquisa promoveram ao final do curso um seminário de apresentação dos pré-projetos. Cada aluna foi acompanhada pelas professoras das duas disciplinas — e também por outras professoras convidadas, quando possível — por meio da leitura e do envio de sugestões. Logo após, foi estabelecido um calendário de apresentações.

Como fechamento das atividades do projeto, o Nuregs/UEPG organizou o seminário Equidade na Pós-Graduação: Perspectivas e Debates nos dias 23 e 24 de julho de 2014. O evento contou com a participação de ex-cursistas, que foram divididos em dois grupos: um deles apresentou sua experiência no curso e o papel dessa formação na preparação para o ingresso na Pós-Graduação; o outro foi formado por aqueles/as que apresentaram suas propostas de pré-projetos e puderam discuti-las com professoras e alunas/os de programas de Pós-Graduação da UEPG. A programação foi idealizada para realizar a apresentação das propostas de pesquisas surgidas a partir da participação dos cursistas no projeto e realizar a interação entre os candidatos a Programas de Pós-Graduação e os ex-cursistas que já haviam ingressado na Pós-Graduação, tudo isso tendo em vista, além do debate, o motivo maior do projeto: incentivar cursistas e estudantes de graduação a prosseguir com estudos acadêmicos na Pós-Graduação.

O seminário contou coma apresentação de comunicações orais dos pré-projetos ou de pesquisas em andamento. Por fim, o evento também teve a honra de receber os professores Rodrigo Ednilson de Jesus e Josafá Moreira da Cunha, representando os projetos da Universidade Federal de Minas Gerais/Universidade do Estado de Minas Gerais e Universidade Federal do Paraná, respectivamente, além da coordenadora geral do projeto Equidade na Pós-Graduação, professora Fúlvia Maria de Barros Mott Rosemberg.

Do seminário surgiu a ideia de registrar as experiências de ex-cursistas e os desdobramentos do curso de formação pré-acadêmica tanto na UEPG como em outras universidades. Levando a cabo tal proposta, foram lançados em 2015 dois livros: *Equidade na pós-graduação: experiências e possibilidades* (Jovino, 2015) e *Experiências do Projeto Equidade na Pós-Graduação: perspectivas, debates e histórias de vida* (Jovino, 2014).

2. O Curso: alguns aportes

Por ser uma ação afirmativa voltada para a inclusão e a inserção no meio acadêmico de grupos sub-representados na Pós-Graduação, bem como para a promoção do debate sobre a questão, os objetivos do curso superavam a formação pré-acadêmica. Eles incluíam o estímulo para o prosseguimento nos estudos.

O projeto buscava compartilhar a missão expressa no Projeto Pedagógico Institucional da UEPG, que se compromete com a educação integral do estudante, com vistas a:

> [...] participar do esforço de superação das desigualdades sociais e regionais; assumir o compromisso com construção de uma sociedade socialmente justa, ambientalmente responsável, respeitadora da diversidade e livre de todas as formas de opressão ou discriminação de classe, gênero, etnia ou nacionalidade; lutar pela universalização da cidadania e pela consolidação da democracia. (UEPG, 2013, p. 29)

As atividades do projeto foram previstas em conformidade com os estudos sobre letramento, em especial do letramento acadêmico. De modo geral e amplo, letramento pode ser entendido como as práticas que envolvem interações e relações com a escrita, o modo como indivíduos ou grupos sociais estabelecem relações com a escrita e em torno dela. Isso significa reconhecer que cada indivíduo ou grupo social, não importando qual seu grau de letramento, tem algum tipo de conhecimento sobre a escrita e seu uso em práticas sociais. Dessa forma, o letramento acadêmico da forma como foi tratado no projeto não pretendia "alfabetizar" pessoas que já possuíam o ensino superior, mas sim oferecer elementos para que pudessem se engajar nas práticas letradas do domínio acadêmico e na reflexão crítica sobre questões sociais.

Nessa perspectiva, podemos citar o trabalho de Macedo e Barroso (2010, p. 605), que utilizaram a perspectiva teórica do letramento acadêmico "para analisar as diferentes estratégias criadas por estudantes de graduação oriundos de países africanos falantes de língua portuguesa, para lidarem com o letramento acadêmico e, assim, construírem suas identidades no espaço universitário". A partir do conceito de letramento como prática social, proposto pelos Novos Estudos de Letramento, e do "conceito de identidade como um *continuum* que emerge em determinados contextos e/ou situações sociais", os autores analisaram as estratégias de participantes do

Programa de Estudantes Convênio de Graduação (PEC-G) para serem bem-sucedidos nos cursos de graduação.

O fundamento teórico do letramento como prática social foi a opção escolhida para entender como o público que frequentou o curso lidava, revelava e construía a condição letrada exigida pela universidade na Pós-Graduação. Ao mesmo tempo, almejava-se que a formação a ser oferecida pudesse disponibilizar ferramentas para que as/os alunas/os atuassem de forma crítica na leitura e na produção textual no ambiente acadêmico e propunha o empoderamento das/os participantes, já que atuaria como facilitador na apropriação de formatos e conteúdos de discursos presentes nesse meio.

Posteriormente, este texto trará algumas reflexões sobre as histórias de vida de participantes do curso, buscando perceber em suas narrativas autobiográficas alguns resultados e impactos das práticas de letramento acadêmico do curso, espera-se evidenciar os aspectos apontados antes.

Para Oliveira (2009, p. 6), "a abordagem do letramento acadêmico, compartilhada pelos pesquisadores dos Novos Estudos do Letramento, entende os múltiplos letramentos que permeiam a instância universitária como práticas sociais", nos termos que temos sugerido. Essa abordagem atenta para o fato de que as demandas de letramento do currículo universitário envolvem práticas comunicativas que variam de acordo com as disciplinas e os gêneros discursivos em que se inscrevem. Do ponto de vista do estudante de graduação, uma das características do letramento acadêmico é a exigência de ter de implantar um repertório linguístico adequado às diferentes disciplinas e manipular as identidades e os significados sociais que cada uma evoca.

Assim, o modelo do letramento acadêmico caracteriza-se por se concentrar nos significados que alunos, professores e instituições atribuem à escrita, partindo de questões epistemológicas que envolvem as relações de poder estabelecidas entre esses sujeitos no que diz respeito ao uso dessa modalidade da língua. Além disso, esse modelo considera a história de letramento das/os alunas/os e suas identidades sociais.

Como afirma Street (2003, p. 78):

> [...] engajar-se em práticas de letramento é sempre um ato social [...]. As formas nas quais professores e estudantes interagem já são uma prática social que afeta a natureza do letramento que está sendo aprendido, as ideias sobre letramento apropriadas pelos participantes e sua posição nas relações de poder.

No curso organizado pelo Nuregs/UEPG, a perspectiva do letramento acadêmico, tanto em língua portuguesa quanto em língua estrangeira (espanhol ou inglês, conforme opção da/o cursista), tornou-se evidente nas formas de avaliação trabalhadas. As atividades avaliativas eram compostas de compreensão e interpretação de diversos gêneros textuais da esfera acadêmico-científica.

Para fins de avaliação e observação diagnóstica, as/os cursistas poderiam realizar as seguintes atividades: produção de fichamento de leitura e produção de diários com vistas à revisão bibliográfica; elaboração e reescrita de resumos com fins distintos (resumo de textos científicos para verificação de leitura, de trabalho em evento, de artigo científico/*abstract*); produção e reescrita de resenhas com fins distintos; produção e reescrita de artigo científico; análise e produção de seminários/conferências/palestras acadêmicas; análise e preparação de apresentações de trabalhos em eventos (comunicação oral, pôster).

As disciplinas de Tutoria e Metodologia de pesquisa também trabalhavam com a elaboração de pré-projetos e participação; a disciplina de Orientação e acompanhamento também contemplava a escrita de projeto de pesquisa, bem como a leitura de editais de Programas de Pós-Graduação.

3. Equidade na Pós-Graduação: histórias de vida

A primeira parte do livro organizado por Jovino (2014) apresenta os "Anais do Seminário Equidade na Pós-Graduação: Perspectivas e Debates", que fornece um panorama do evento e os resumos simples e expandidos apresentados nos grupos de trabalho. Na segunda parte, são mostradas as narrativas autobiográficas de participantes do curso de formação pré-acadêmica. Essas narrativas foram produzidas a partir de convite da coordenação do curso. Para tanto, foi estabelecida uma sugestão de roteiro — elaborada pela professora Clóris Porto Torquato, uma das ministrantes da disciplina de Português acadêmico — para a redação do relato autobiográfico.

Solicitou-se que escrevessem situando a própria história em relação à história da família (condições socioeconômicas, escolarização). Pediu-se que abordassem sua história de escolarização da educação fundamental ao ensino médio: características das escolas onde estudaram, experiências mais marcantes, participação em atividades extraescolares promovidas pela escola, papel ou lugar da escola em sua formação (formação para a cidadania, para a vida). Foi requerido também que abordassem sua trajetória na graduação: o que motivou a escolha do curso, onde e quando fizeram a graduação, características da instituição onde estudaram, experiências mais marcantes, papel ou lugar da graduação tanto para a formação acadêmica (pesquisa) quanto para a formação profissional e também para a formação social mais ampla (para a cidadania, para a vida).

Por fim, as/os participantes deveriam narrar sua experiência com o curso Equidade na Pós-Graduação: Formação Pré-Acadêmica e o papel ou o lugar desse programa na formação acadêmica e social, bem as realizações e expectativas acadêmicas. Para quem estava cursando a Pós-Graduação, indicou-se que falassem do que havia motivado a escolha do tema de pesquisa e do programa em que estava inscrito. Poderiam expor as relações entre essa escolha e o diálogo com sua história de vida e, especialmente, com sua história de escolarização. Era também interessante saber quais as expectativas em relação à conclusão do curso de Pós-Graduação e, para quem ainda não estava na Pós-Graduação, quais eram os planos e as expectativas. Foram finalizados e publicados nove relatos de ex-cursistas, sendo oito de pessoas que estavam cursando a Pós-Graduação e uma que ainda estava em processo. Todas/os seguiram as recomendações do roteiro, exceto uma, que começou o relato abordando a graduação e não apresentou nenhum dado da primeira parte do roteiro.

Pensar na perspectiva da narrativa autobiográfica significa assumir, conforme Souza (2008, p. 38), que esse instrumento está ligado à "vertente da pesquisa autobiográfica, com ênfase no processo de Investigação-Formação por meio das narrativas de profissionais que estão em formação inicial/continuada". Compreende-se a abordagem autobiográfica como uma metodologia de trabalho que pode dar significado a essa formação por meio de histórias de vida, de marcas e dispositivos expressos nas narrativas, dando a ver momentos experienciados nos contextos de sua formação.

> As discussões sobre as histórias de vida como processo de conhecimento e de formação, como dimensão do trabalho e dos modelos biográficos, inscrevem-se na biografia individual, quando reunimos situações, experiências, acontecimentos da vida e partilhamos na configuração narrativa, modos de dizer de si, sejam através da escrita ou da oralidade, ao destacar percursos, trajetórias e transformações narrativas da nossa história. (Souza, 2008, p. 40)

Por considerar as subjetividades das fontes, Souza (2014) afirma que narrativas podem ser consideradas *corpus* de pesquisa:

> Narrativas (auto)biográficas, construídas e/ou coletadas em processo de pesquisa ou em práticas de formação, centram-se nas trajetórias, percursos e experiências dos sujeitos, são marcadas por aspectos históricos e subjetivos frente às reflexões e análises construídas por cada um sobre o ato de lembrar, narrar e escrever sobre si. (Souza, 2008, p. 43)

O que interessa aqui são fragmentos das narrativas que nos deem a ver dimensões da formação oferecida pelo curso, em especial, do papel da escrita e da leitura de textos acadêmicos na preparação para o ingresso no Mestrado. Também constitui um objetivo observar quais práticas de leitura e escrita de gêneros textuais da esfera acadêmica foram consideradas relevantes para a preparação e/ou o ingresso em Programas de Pós-Graduação.

Ao ler os fragmentos das falas, não se pretende diminuir a intensidade desses relatos. A utilização dos excertos deve permitir, nesta leitura preliminar das narrativas,[1] a composição de unidades temáticas em torno do objetivo traçado. Não se pretende perder de vista a dimensão da relação com a totalidade da história narrada. O recorte é necessário em virtude das limitações que qualquer artigo pressupõe. O viés de leitura dos relatos autobiográficos proposto pretende dialogar "sobre o lugar da oralidade e da escrita como dispositivos que possibilitam reflexões sobre a vida, a formação, as trajetórias individuais e coletivas" (Souza, 2014, p. 40) e perceber os significados que a formação oferecida pelo curso ocupou nessas narrativas.

> Garantir o respeito às narrativas, aos percursos de vida-formação e possíveis superações de formas de controle sobre o biógrafo e o biografado ou entre a escrita (auto)biográfica e as disposições de formação são férteis para explicitar contextos, conjunturas sociais, marcas individuais dos homens e mulheres em suas manifestações sobre a vida. (Souza, 2014, p. 40)

Apresenta-se a seguir a primeira leitura de alguns fragmentos da escrita das/os ex-cursistas e suas relações com a preparação e/ou inserção na Pós-Graduação.

---

1. Chamo de leitura e não de análise porque, do ponto de vista do referencial teórico-metodológico para abordagem da narrativa biográfica, a chamada "análise compreensiva-interpretativa" requer que se utilizem "operadores e os analisadores mais adequados para construir a compreensão do relato biográfico" e também uma "grade de leitura ou modelo de interpretação" (Delory-Momberger, 2012, p. 529). A teoria sugere que se analise a constituição do discurso narrativo presente no relato e suas interfaces com outras formas discursivas que avaliam, explicam, descrevem etc. Para Delory-Momberger (2012, p. 524), é "da maior importância reconhecer essa pluralidade discursiva do relato, pois é no entrecruzamento das formas de discurso que ele apresenta que se tornam potencialmente acessíveis os sistemas de tematização e de valorização utilizados pelo narrador". Entretanto, por limitações do artigo, não será possível apresentar uma análise com os elementos requeridos pela teoria.

4. Histórias de vida e relevância da formação pré-acadêmica

Os excertos aqui utilizados correspondem à versão final dos relatos autobiográficos produzidos e publicado. Os fragmentos dos relatos estão organizados em blocos, numa tentativa de criar elos temáticos que os agrupem.

O primeiro pensa as contribuições do curso para a elaboração do pré-projeto e aspectos gerais de preparação para as possíveis etapas de um processo seletivo na Pós-Graduação. Os recortes selecionados apontam a importância do curso em termos de letramento acadêmico. Trazem percepções dos múltiplos letramentos que permeiam a instância universitária.

Os excertos revelam o quanto é necessário que se atente para o fato de que as demandas de letramento da Pós-Graduação são muito anteriores à entrada em um programa. Envolvem práticas que variam de acordo com as etapas de seleção e vão desde a exigência de saber ler um edital, saber ler, compreender, sintetizar, relacionar textos até saber escolher e organizar seu discurso para participar de uma situação comunicativa que envolve o gênero oral entrevista.

> *As aulas do curso começaram apenas algumas semanas antes do edital de seleção do mestrado em Linguagem, Identidade e Subjetividade da UEPG ser lançado, então tive pouco tempo para organizar meu pré-projeto de acordo com o que era passado nas aulas do curso, mas fiz tudo o que era possível. Sempre que chegava em casa após as aulas, modificava meu pré-projeto de acordo com o que havia sido discutido em sala. Foi na última aula que tive de Seminários Temáticos antes da data-limite para encerrarem a inscrição para o Mestrado que a professora falou sobre a relevância social que nosso projeto precisava ter. Durante toda a aula fiquei pensando de que modo meu projeto seria relevante, cheguei em casa e fiz a última modificação antes de fazer minha inscrição no dia seguinte, que era o último dia para a inscrição. Creio que foi esse ponto em particular que ajudou meu pré-projeto a ser aprovado.* Caroline Florão Paz, Turma 2. (Jovino, 2014, p. 84-85)

> *Meu sonho era participar de um curso de Pós-Graduação havia muito tempo, e este foi o momento e foi importantíssimo, pois me ajudou a compreender*

como funcionava toda aquela questão de pré-projeto para seleção, de como organizar minhas ideias para fazê-lo, bem como dicas sobre sua produção e sobre o teste de suficiência. Tudo isso com o auxílio de excelentes professores, que tiveram toda a calma do mundo para discutir e nos ajudar a buscar nosso tema e nossas perguntas de pesquisa. Lilian Dambrós, Turma 2. (Jovino, 2014, p. 92)

Assim comecei a preparação de forma sistematizada para ingressar no Mestrado. As disciplinas de Português Acadêmico e Metodologia de Pesquisa foram bastante importantes para a organização de ideias. A disciplina de Seminários Temáticos e Tutoria também, pois nos deu possibilidades de percorrer o caminho metodológico de elaboração de um projeto. Os professores sentavam-se conosco e nos orientavam acerca do que estava satisfatório e o que ainda poderia ser melhorado no projeto, e assim as correções eram feitas. Linite Adma de Oliveira, Turma 1. (Jovino, 2014, p. 104)

Em 2012, fiz o curso de extensão Equidade na Pós-Graduação, que deu um norte ao meu projeto e ao qual só tenho a agradecer. As discussões sobre o projeto e funcionamento das pós-graduações e as correções e adequações feitas conjuntamente no meu projeto me possibilitaram aprimorar e aparar as suas arestas. Simone Aparecida Dupla, Turma 1. (Jovino, 2014, p. 150)

Tentei novamente a seleção do Mestrado, porém, desta vez, o caminho foi melhorando. Eu não estava despreparado como na primeira tentativa, pois o curso Equidade na Pós-Graduação, oferecido pela UEPG, foi um grande auxílio para compreender o significado de um processo seletivo para ingressar em um curso de Mestrado. Prova escrita, elaboração do projeto, leituras, língua estrangeira, estruturação de uma pesquisa, delimitação de um problema de pesquisa, foco, orientação, entre outras especificidades do universo da Pós-Graduação que envolvem o processo de seleção. Com a ajuda inestimável que tive da tutora designada para auxiliar no processo, desenvolvi um projeto exatamente dentro daquilo que eu estava animado para continuar pesquisando: a sexualidade, só que, dessa vez, com o intermédio da pulcra *Literatura.* Pablo Ferreira Biglia, Turma 1. (Jovino, 2014, p. 118)

O segundo bloco temático assinala a relevância das informações trabalhadas no curso sobre os processos seletivos, bem como da preparação para as etapas de tais processos. Embora algo do que se destaca a seguir já tenha aparecido nos trechos que antecedem — como fica evidente no relato de Pablo —, cabe destacar que muitas pessoas chegavam ao curso com dúvidas corriqueiras, como a diferença entre um curso de especialização e o Mestrado, se havia ou não cobrança de mensalidades para o Mestrado na UEPG, sobre a prova de línguas estrangeiras ser no início do processo seletivo ou depois do ingresso na Pós-Graduação. Passado esse primeiro momento, o curso investia em oferecer instrumentos para que as/os alunas/os tivessem noção de como se preparar para cada uma das etapas. É a importância disso que os excertos a seguir destacam.

> *Passado algum tempo, comecei a busca para o ingresso em um Mestrado. Coloquei-me no desafio de tentar preencher o currículo lattes, buscar bibliografia e elaborar um projeto. Não sabia que precisava conhecer as linhas de pesquisa de cada instituição ou que precisava fazer um teste de suficiência em língua, até que fiquei sabendo via internet do curso Equidade na Pós-Graduação: Formação Pré-Acadêmica, oferecido pelo Núcleo de Estudos das Relações Étnico-raciais, de Gênero e de Sexualidade (NUREGS). [...] A disciplina de Inglês Instrumental para a preparação para a prova de suficiência foi ministrada com bastante seriedade pela professora Aparecida de Jesus Ferreira, pois ela, além de trabalhar aspectos instrumentais das línguas em textos em formatos utilizados nas provas de suficiência, também fazia simulados de provas, o que foi de muita valia.* Linite Adma de Oliveira, Turma 1. (Jovino, 2014, p. 103)

> *Entusiasmada com a elaboração do Trabalho de Conclusão de Curso, este aguçou meu interesse em prosseguir com a pesquisa, porém, ainda não tinha maturidade suficiente para ingressar em um Programa de Mestrado. Deste modo, considero que o curso Equidade na Pós-Graduação foi extremamente significante em minha trajetória acadêmica, o qual me proporcionou um ótimo preparo, fornecendo orientação em todos os aspectos para o ingresso no Mestrado. Desde uma simples produção de texto (resumo e resenha), sugestão de pesquisas, confecção do projeto, orientação na escolha do(a) provável orientador(a), como também orientação dos pressupostos metodológicos e até como se comportar durante as prováveis entrevistas de Mestrado. As professoras que ministraram o curso se mostraram muito assíduas e prestativas em tempo integral.* Silionara Aparecida Madureira, Turma 1. (Jovino, 2014, p. 143-144)

> *Essa edição do curso Equidade foi uma grande oportunidade para dedicar mais ao projeto de Mestrado e entender melhor sobre as referências solicitadas para a prova escrita. As leituras realizadas no curso, as correções dos projetos, os debates e dúvidas, o contato com as professoras, tudo isso foi muito importante para mim. Pude perceber o quanto temos que estudar para entender a realidade ao redor, principalmente no ambiente escolar, no qual estamos em contato com vários/as alunos/as. Estou muito feliz em ter participado desse curso, tenho grandes sonhos para fazer Mestrado e futuramente Doutorado. Estou muito motivada para prosseguir com meus estudos e fazer a diferença enquanto educadora, seguindo o exemplo das professoras e excelentes educadoras Aparecida de Jesus Ferreira, Ione da Silva Jovino e Pascoalina Bailon de Oliveira Saleh.* Rosana Aparecida Ribeiro de Sene, Turmas 2 e 4. (Jovino, 2014, p. 128-129)

> *O curso foi de grande aprendizado, pois aumentou minhas possibilidades de dar continuidade a minha trajetória acadêmica, ou seja, meu ingresso na Pós-Graduação. No entanto, obter somente as possibilidades não era o suficiente. Eu precisava ousar mais. Necessitava não somente das possibilidades, mas que elas se tornassem concretas. Assim, fui constituinte da primeira turma do curso Equidade na Pós-Graduação e, logo depois, mestranda do Programa de Pós-Graduação em Gestão do Território pela mesma instituição.* Adelaine Ellis Carbonar dos Santos, Turma 1. (Jovino, 2014, p. 68-69)

O último recorte talvez seja o que mais aguce a vaidade das/os responsáveis pelo curso e também propicie aquela merecida e prazerosa sensação de dever cumprido. Trata-se de aspectos subjetivos, de certa forma, mas não menos relevantes, relativos ao empoderamento das mulheres que participaram do curso. Quando da realização do seminário de encerramento do projeto, a fala de uma das participantes da mesa de experiências nos despertou para esse ponto. Ela relatou que vinha da área do Direito e que não teve muitas professoras, somente homens, em especial os que tinham maior titulação. Então ela criou a imagem de que, para seguir carreira acadêmica em sua área, seria necessário ser homem, ou seja, não haveria espaço para ela. Comentou seu encantamento por participar de um curso no qual todas as docentes eram mulheres e doutoras. A fala de Carla trouxe à tona um dos princípios da Organização das Nações Unidas (ONU) de empoderamento das mulheres: "Promover educação, capacitação e desenvolvimento profissional para as mulheres".[2] Colocou todas/os diante do fato de que ele não cessa quando essas mulheres têm acesso à graduação. Passa também pela questão da representatividade, pois as mulheres precisam ver outras ocupando espaços para entender que também podem.

> *Ao ler o edital, liguei para a secretaria para confirmar se eu, como professora da rede pública do estado, poderia participar. Fiquei feliz, pois aquele ano eu lecionava o dia todo, e à noite poderia fazer o curso durante o semestre.* Linite Adma de Oliveira. Turma 1. (Jovino, 2014, p. 103)

> *Talvez tenha sido esse o olhar que encontrei no curso de formação pré-acadêmica, por meio das leituras, das reflexões apresentadas, da representação das professoras e de sua generosidade na condução de nossas dúvidas e inquietações acerca de nossos problemas de pesquisa, que me orientaram não só para a escolha do programa do Mestrado, mas me libertaram das amarras do receio de fugir à regra.* Carla Simone Silva, Turma 3. (Jovino, 2014, p. 76)

> *Todavia, antes de participar da seleção do Programa de Pós-Graduação em Gestão do Território, o curso me proporcionou outro olhar para as questões étnico-raciais e socioeconômicas. Logo que o curso Equidade na Pós-Graduação terminou, trabalhei como voluntária em Moçambique entre agosto e setembro, desenvolvendo trabalhos voltados às questões das sexualidades, meio ambiente e artes cênicas com crianças carentes da capital, Maputo. Assim que voltei para o Brasil, comecei a me preparar para a seleção no Mestrado acadêmico. Utilizava as técnicas adquiridas no curso para a prova de línguas, bem como para o desenvolvimento das ideias dos autores para a realização da prova escrita.* Adelaine Ellis Carbonar dos Santos. Turma 1. (Jovino, 2014, p. 69)

"O relato, então, não é somente o produto de um 'ato de contar', ele tem também o poder de produzir efeitos sobre aquilo que relata"

2. Disponível em: <www.onumulheres.org.br/referencias/principios-de-empoderamento-das-mulheres/>. Acesso em: jan. 2015.

(Delory-Momberger, 2012, p. 529). Foi dito que gostaríamos de manter a intensidade das narrativas, mesmo trabalhando com recortes. Por isso, ainda há um trecho que merece ser visibilizado. A ex-cursista Rosana frequentou a segunda turma no segundo semestre de 2012. Residente em outro município, ela viajava cerca de 100 quilômetros para assistir às aulas, enfrentando o que ela chamou de "desafio" de dirigir à noite, sozinha, a contragosto do marido, sem conhecer a cidade e a universidade. Resolveu o entrave aumentando sua responsabilidade, trazendo consigo o filho mais velho, então com 16 anos, para as aulas.

Determinada, ela voltou à universidade para a quarta turma do curso proposto pelo Nuregs. O filho mais velho, então com 18 anos e na faculdade, não poderia mais acompanhá-la. Deixemos que ela conte como acertou sua situação:

> *Eu estava sem companhia para viajar à noite e com problemas no carro. Havia combinado com meu marido que precisávamos terminar nossa casa, mas nesse momento precisávamos trocar o carro para que eu continuasse estudando. Chegamos à conclusão que trocaríamos o carro e eu convidaria meu pai para viajar comigo. Fiquei na expectativa se meu pai toparia o desafio, ele se mostrou disposto e companheiro. Então, durante o primeiro semestre de 2014, meu pai me acompanhou no curso. Foi uma oportunidade de relembrarmos muitos episódios engraçados e conflituosos, ocorridos em nossas vidas.* Rosana Aparecida Ribeiro de Sene. Turmas 2 e 4. (Jovino, 2014, p. 128)

5. Algumas considerações

Antes de finalizar o texto, é preciso esclarecer que nem tudo foi bem-sucedido no projeto realizado pelo Nuregs, embora as avaliações tenham sido em sua maioria positivas. Algumas críticas recebidas diziam respeito mais a aspectos burocráticos ou a questões de carga horária das disciplinas. Poucas centraram-se em conteúdos ou na metodologia empregada.

Dos desafios podemos destacar a dificuldade de trabalhar com pessoas de áreas de formação diferentes, como previsto no projeto inicial, e, em especial, para uma equipe formada apenas por professoras das áreas de Letras, Educação e Ciências Socais, atrair interessadas/os de áreas distintas. Os poucos que se atreveram foram quase sempre de licenciaturas: Matemática, Biologia, Filosofia. Alguns bacharéis em Jornalismo e também Direito.

Outro ponto que merece destaque foi nossa frustração em não ter atendido tantas/os negras/os como gostaríamos e também nenhum estudante indígena. Falamos de frustração porque num primeiro momento parecia que estávamos em dívida com o edital da Fundação Ford/Fundação Carlos Chagas para o qual nos candidatamos. Demorou um tempo até que pudéssemos entender o cenário no qual estávamos inseridas e que nosso público-alvo prioritário passara a ser de educadoras/es atuantes na educação básica, o que, de certa forma, reafirma nosso compromisso com a educação e não desmerece nosso trabalho, como já destacado no capítulo. Esses temas serão merecedores de reflexões futuras.

Referências

DELORY-MOMBERGER, Christine. Abordagem metodológica na pesquisa biográfica. *Revista Brasileira de Educação*, v. 17, n. 51, p. 523-740, set./dez. 2012.

JOVINO, Ione da Silva (Org.). *Experiências do Projeto Equidade na Pós-Graduação*: perspectivas, debates e histórias de vida. Blumenau: Nova Letra, 2014.

______. *Equidade na Pós-Graduação*: experiências e possibilidades. Blumenau: Nova Letra, 2015.

MACEDO, Maria do Socorro Alencar Nunes; BARROSO, Nuno Paulino. Práticas de letramento acadêmico de estudantes-convênio de graduação: uma análise das relações entre língua e identidade. *Revista Brasileira de Estudos Pedagógicos*, Brasília, v. 91, n. 229, p. 604-621, set./dez. 2010.

OLIVEIRA, Eliane Feitoza. Letramento acadêmico: principais abordagens sobre a escrita dos alunos no ensino superior. In: ENCONTRO MEMORIAL DO INSTITUTO DE CIÊNCIAS HUMANAS E SOCIAIS: NOSSAS LETRAS NA HISTÓRIA DA EDUCAÇÃO, 2., *Anais*..., 2009, Ouro Preto: UFOP, 2009. p. 1-10. Disponível em: <www.ichs.ufop.br/memorial/trab2/l113.pdf>. Acesso em: 20 mar. 2015.

SOUZA, Elizeu Clementino. (Auto)Biografia, identidades e alteridade: modos de narração, escritas de si e práticas de formação na pós-graduação. *Revista Fórum Identidades*, Sergipe, ano 2, v. 4, p. 37-50, jul./dez. 2008.

______. Diálogos cruzados sobre pesquisa (auto)biográfica: análise compreensiva-interpretativa e política de sentido. *Educação*, Santa Maria, v. 39, n. 1, p. 39-50, jan./abr. 2014.

STREET, B. What's "new" in New Literacy Studies? *Current Issues in Comparative Education*, Teachers College, Columbia University, v. 5, n. 2, p. 77-91, 2003.

UNIVERSIDADE ESTADUAL DE PONTA GROSSA. *Projeto Pedagógico Institucional 2013-2017*. Ponta Grossa-PR, 2013. Disponível em: <http://www.pitangui.uepg.br/secrei/externas_con/resolucoes/RESUNIV%202013/Resuniv001.pdf>. Acesso em: 15 maio 2016.

CAPÍTULO 10

Ações afirmativas na Pós-Graduação:

em busca da equidade social e de um projeto decolonial contra-hegemônico*

Joaze Bernardino-Costa (UnB)
Breitner Tavares (UnB)
Ivair Augusto Alves dos Santos (UnB)
Lúcia Maria de Assunção Barbosa (UnB)
Nelson Fernando Inocêncio da Silva (UnB)
Renísia Cristina Garcia Filice (UnB)

* Este artigo é uma homenagem a Fúlvia Rosemberg, que surpreendeu a todos/as nós com sua partida. Dedicamos também este texto aos/às professores/as e colaboradores/as do Projeto Pós-Afirmativas, sem os quais não poderíamos ter implementado o projeto: Alejandra Pascual, Andressa Marques, Edileuza Souza, Edmilson Antônio Oliveira, Kelly Tatiane Martins Quirino, Marjorie Nogueira Chaves, Marly Silveira de Jesus, Sales Augusto dos Santos, Sidney Barbosa, Verônica Gomes.

A discussão sobre ações afirmativas na Pós-Graduação constitui-se num passo a mais para promover algumas transformações nas universidades brasileiras. Por meio dessas políticas, espera-se oferecer oportunidades a estudantes provenientes de segmentos sociais sub-representados (especialmente estudantes negros/as e indígenas) nas Instituições de Ensino Superior. Como consequência direta da presença de estudantes com trajetórias, experiências e vivências diversas na Pós-Graduação, existe também a possibilidade de enriquecimento e diversificação dos temas de estudo. No que se refere especialmente a algumas áreas do conhecimento, como as Ciências Humanas e Sociais, esse conjunto de transformações pode conduzir a uma mudança epistemológica.

A adoção de políticas de ações afirmativas na Pós-Graduação representa, portanto, a possibilidade de estudantes negros/as ocuparem posições de prestígio na produção do conhecimento e trazerem para o centro da elaboração do conhecimento suas experiências. Essa última dimensão torna-se factível sobretudo para a área das Ciências Humanas e Sociais, ao passo que a primeira dimensão é uma realidade para toda e qualquer área do conhecimento. Em outras palavras, ações afirmativas na Pós-Graduação em áreas do conhecimento como Engenharia, Física, Matemática ou Biologia significam a oportunidade de estudantes negros/as e indígenas terem acesso a espaços privilegiados nas melhores instituições públicas de ensino superior do país.

Embora seja importante termos doutores/as negros/as nas chamadas ciências duras (Ciências Exatas e Biomédicas), a fim de que esses sirvam de exemplo para as gerações vindouras e para reverter a representação social negativa de negros/as, isso não necessariamente significa uma mudança epistemológica na produção do conhecimento. Obviamente, em alguns casos, a experiência e vivência social de um/a pesquisador/a pode influir no tema de estudos. Portanto, se tivermos pós-graduações com pesquisadores/as de origens mais diversificadas, poderemos, em tese, ter uma ampliação de temas de estudos. Entretanto, esse é um processo sem garantias, pois nada nos pode dar certezas de que pesquisadores/as com trajetórias e experiências distintas terão temas de pesquisas igualmente diversos. Especialmente nas áreas duras do conhecimento, é importante levar em consideração que a agenda de pesquisa nem sempre é definida individualmente, mas pelas redes de pesquisa que, em geral, são financiadas por empresas. E mesmo que ocorra uma diversificação nos temas de pesquisa, isso não implica necessariamente uma mudança epistemológica na produção do conhecimento. Entretanto, a ausência dessas pessoas no meio acadêmico já diminui muito qualquer expectativa nesse sentido.

Possibilidade distinta ocorre no campo das Ciências Humanas e Sociais. Além da oportunidade de efetivar uma justiça distributiva — uma vez que contrabalança vantagens socioeconômicas e trajetórias distintas dos estudantes —, de criar papéis-modelo, de diversificar temas de pesquisa, a implementação de ações afirmativas nas Ciências Humanas e Sociais permite mudanças epistemológicas em decorrência de trazermos para a elaboração do conhecimento novos sujeitos e suas novas visões e perspectivas a respeito do mundo. Cabe realçar aqui que se trata apenas de uma possibilidade sobre a qual não temos garantias antecipadas. Em outros termos, o ingresso de pesquisadores/as negros/as e indígenas nas pós-graduações das Ciências Humanas e Sociais não garante necessariamente a diversificação das bases epistemológicas da produção do conhecimento. Há de se considerar que a realização de uma pesquisa exige o tema proposto pelo/a orientando/a, mas de outra parte espera-se que haja orientadores/as dispostos/as a trabalhar aquele tema. É sabido que essa demanda nem sempre é atendida. Nesse movimento, muitos/as podem ingressar e, no percurso, ter que abandonar seus temas de pesquisa.

Não obstante esses limites, a possibilidade é forjada. As ações afirmativas na Pós-Graduação são estratégicas pois, ao tempo que representam o passo seguinte e necessário das discussões sobre ações desse tipo implementadas na graduação no começo desse milênio, representam também a possibilidade futura de mudarmos a composição do corpo docente das instituições, bem como de construir um novo projeto de universidade.

Diante desse quadro, no bojo do Programa Equidade na Pós-Graduação, coordenado pela Fundação Carlos Chagas (FCC), implementamos o Projeto Pós-Afirmativas na Universidade de Brasília (UnB) entre 2011 e 2014, um projeto voltado a capacitar estudantes negros/as para ingressar na Pós-Graduação. Neste artigo, a partir da rica experiência do mencionado projeto, desenvolveremos nossas reflexões em torno de dois temas: em primeiro lugar, o significado das ações afirmativas na Pós-Graduação em geral e desse Projeto em específico como parte da luta por equidade social e, em segundo lugar, a possibilidade de construir um projeto de conhecimento decolonial contra-hegemônico[1] ao questionar a política do conhecimento vigente.

1. Pós-afirmativas e a busca de equidade social

Para aqueles/as que estão fora da universidade, essa instituição parece impenetrável. Isso vale tanto para a graduação quanto para a Pós-Graduação. Longe de desprezar a perseverança, a capacidade, o sacrifício, o investimento pessoal e familiar e a habilidade daqueles que compõem a comunidade acadêmica — especialmente graduandos/as, pós-graduandos/as e docentes —, um dos grandes méritos do Projeto Pós-Afirmativas foi o de desmistificar as universidades públicas como um lugar inacessível para nossos/as alunos/as. Ainda existe uma aura em torno da Pós-Graduação e das atividades de pesquisa, a ponto de pessoas distanciadas do mundo acadêmico pensarem que seja necessária alguma capacidade sobre-humana para integrar essa comunidade.

A percepção da inacessibilidade da Pós-Graduação em universidades públicas é uma realidade sobretudo para pessoas que se graduaram no período noturno em instituições privadas de ensino superior. Essas pessoas, muitas vezes, sequer vislumbram uma possibilidade

1. A ideia de um projeto de conhecimento decolonial contra-hegemônico é apresentada na terceira parte deste artigo.

de alcançar uma vaga em instituições cujo ensino é público e gratuito e onde há a possibilidade de receber uma bolsa de estudos para o desenvolvimento de suas pesquisas.

Pouco também se conhece do processo seletivo de ingresso na Pós-Graduação. Muitos/as desconhecem que a forma de seleção de candidatos/as é extremamente heterogênea e não se baseia em regras inteiramente imparciais. A universidade pública é uma instituição com suas especificidades e singularidades e assim deve continuar, em nome de sua autonomia administrativa. A existência de processos heterogêneos e não totalmente imparciais não é uma singularidade das universidades brasileiras, mas algo que caracteriza formas de seleção de pós-graduandos/as e professores/as em outros países. Por exemplo, como regra geral, o processo de seleção de professores/as nas grandes universidades norte-americanas é muito distinto de um "concurso público" como temos no Brasil. Uma universidade pode oferecer um salário irrecusável a um/a grande pesquisador/a de uma área do conhecimento específica porque, simplesmente, é de seu interesse ter em seu quadro aquele/a professor/a.

Outro exemplo: uma universidade interessada em selecionar um/a professor/a inicial *(Assistant Professor)* para a área de Estudos Hispânicos e Portugueses lança um edital; após uma primeira triagem com base no *curriculum vitae*, convoca o/a docente para ministrar uma aula em que apresente seu plano de atividades. Esse/a professor/a muitas vezes é convidado/a para atividades de sociabilidade com os/as professores/as do quadro daquela instituição. Tanto na aula quanto nos momentos de sociabilidade, entram considerações tais como possibilidade de o/a candidato/a cooperar com a instituição, confluência de interesses de pesquisa entre o/a candidato/a e a instituição, potencial do/a candidato/a de atrair novos/as alunos/as para a instituição, princípio de equidade de gênero e raça no departamento, nacionalidade etc. Como se vê, trata-se de um processo complexo em que questões subjetivas estão inevitavelmente presentes.

Não muito diferentes são os processos de ingresso na Pós-Graduação pelo Brasil afora. Também marcados por heterogeneidades.

Numa rápida observação dos processos seletivos dos grandes centros de pesquisa do país — Universidade de São Paulo (USP), Universidade Estadual de Campinas (Unicamp), Universidade Federal de Minas Gerais (UFMG), Universidade Federal do Rio de Janeiro (UFRJ), Universidade Federal do Rio Grande do Sul (UFRGS), Universidade de Brasília (UnB) — nos deparamos com modelos bastante distintos de seleção. Vejamos o que ocorre nos programas de Pós-Graduação em Sociologia para o Mestrado, apenas a fim de chamar a atenção para algumas heterogeneidades.

Na USP, o/a candidato/a deve indicar o nome do/a orientador/a a partir da lista dos/as professores/as disponíveis para orientações naquele ano. O tema de pesquisa proposto tem que ser compatível com a área e o tema de interesse dos/as professores/as. A prova teórica ocorre a partir do sorteio de um dos quatro pontos dissertativos presentes no edital. O projeto de pesquisa é submetido a um escrutínio, tendo em mente a existência de professores/as habilitados/as a orientar o/a estudante. Avalia-se o currículo. A prova de inglês é eliminatória, podendo o/a candidato/a apresentar um comprovante de proficiência (Toefl, Ielts etc.).

Na Unicamp, o/a candidato/a deve apresentar um projeto de vinte páginas, uma carta de intenções e o currículo, que serão submetidos a uma pré-seleção. Passando pela pré-seleção, o/a candidato/a faz uma prova de teoria sociológica e a prova de língua estrangeira. Caso o/a candidato/a não seja aprovado/a no primeiro exame de proficiência em idioma estrangeiro, ele/ela tem uma segunda oportunidade até o final do segundo semestre. Nesse processo seletivo, a prova oral é o fiel da balança, quando se averigúa a compatibilidade entre projeto de pesquisa e professores/as do programa, a factibilidade de realização da pesquisa no prazo estipulado para o Mestrado, a consistência do projeto e eventuais questões sobre a prova de teoria.

Na UFMG, o/a candidato/a deve indicar a linha de pesquisa no ato da inscrição, além de apresentar um plano de trabalho e uma carta de intenções. Há uma prova teórica. A entrevista pode ser feita via Skype por candidatos/as que não residam na área metropolitana de Belo Horizonte. O/A candidato/a tem que solicitar uma carta de apresentação de algum professor ou professora, que deverá ser enviada diretamente ao programa sem passar pelas mãos do/a candidato/a.

Na UFRJ, apresentam-se uma carta de intenções, um plano de estudo de seis páginas e faz-se uma prova dissertativa. Com base na prova, na carta, no histórico escolar, no currículo e no plano de estudo, realiza-se a prova oral. A prova de proficiência em língua inglesa é eliminatória.

Na UFRGS, o processo seletivo consiste na análise do currículo, na avaliação do projeto de pesquisa de dez páginas previamente entregue, na prova escrita de Sociologia e na entrevista. Não há prova de línguas estrangeiras. Além disso, destaca-se nesse processo seletivo a celeridade: são apenas treze dias entre a primeira fase e o resultado final.

Finalmente, o processo seletivo no Programa de Pós-Graduação em Sociologia da UnB consiste na análise de um projeto de pesquisa de sete páginas, prova de teoria sociológica, prova oral e prova de língua inglesa, tendo o/a candidato/a uma segunda chance em realizar esta última prova em caso de reprovação na primeira tentativa.

Deduz-se do que descrevemos anteriormente que os processos seletivos são bastante heterogêneos. Indubitavelmente, os/as professores/as integrantes desses programas fazem o melhor para selecionar os/as candidatos/as com o perfil mais adequado ao Mestrado. Entretanto, num processo em que a prova oral (em alguns casos, chamada de entrevista) desempenha um papel central, dificilmente podemos afirmar que há uma isenção total de questões subjetivas, que em alguns casos pode beneficiar candidatos/as que são ou tenham sido estudantes daquelas instituições e que conhecem os interesses de pesquisa dos/as professores/as do programa, assim como podem beneficiar candidatos/as com determinados traços físicos e que dominam certos códigos culturais. Aspecto relevante — senão decisivo — nas entrevistas é se há confluência entre os interesses de pesquisa dos/as candidatos/as e interesses dos/as professores/as. Mesmo que um/a candidato/a apresente um excelente projeto de pesquisa, poderá não obter aprovação porque não há interesse do quadro docente em orientar aquele trabalho. Tamanha heterogeneidade nos processos seletivos pode ser indiretamente aferida pelo simples fato de que não raramente alguns/algumas candidatos/as são aprovados/as em um processo seletivo e reprovados/as noutros.

Durante muito tempo, cada Programa de Pós-Graduação elaborou um conjunto não escrito de regras, que podemos chamar de cultura dos sistemas de seleção de candidatos/as. Cultura forjada ao longo de anos e que se traduz na definição do perfil do/a candidato/a a ser escolhido. A experiência dos programas privilegia os/as candidatos/as que foram alunos/as dos departamentos que sediam os Programas de Pós-Graduação, que conhecem os/as professores/as, os temas relevantes e têm uma trajetória junto àqueles docentes. Qual seria o perfil ideal dos/as candidatos/as que são bem-sucedidos no acesso aos Programas de Pós-Graduação?

Uma das primeiras conversas que tínhamos com os/as alunos/as do Projeto Pós-Afirmativas girava justamente em torno do esclarecimento de como ocorrem as seleções de mestrandos e doutorandos, assim como sucessivas conversas formais e informais que buscavam desmistificar quem eram os/as alunos/as integrantes das pós-graduações das universidades brasileiras, em especial rompendo visões sobre uma possível capacidade sobre-humana necessária para ocupar uma vaga nos prestigiosos Programas de Pós-Graduação do Brasil. Com isso jamais tentávamos banalizar o esforço, a persistência, a habilidade, o capital cultural, o investimento de tempo e os recursos financeiros daqueles/as que integravam e integram a Pós-Graduação, mas, ao contrário, buscávamos sinalizar que essa também era uma realidade possível para os/as alunos/as negros/as do Projeto Pós-Afirmativas que estavam diante de nós.

Entre 2011 e 2014, implementamos três turmas do Pós-Afirmativas com um total de 116 alunos/as, dos quais 66 concluíram o curso e 18 ingressaram em Programas de Pós-Graduação. Os/As estudantes eram predominantemente mulheres negras: 66,5% na primeira turma, 66% na segunda e 75% na terceira turma. Todos/as autodeclararam-se negros/as, havendo um predomínio de autodeclarações de cor preta acima de 80% nas três turmas. Praticamente a metade dos/as alunos/as (48%) estudou em instituições de ensino superior pública e 20% deles/as tiveram experiência de iniciação científica.

O Pós-Afirmativas teve uma carga de 180 horas para pleiteantes ao Mestrado e 240 horas aos pleiteantes ao Doutorado, divididas em aulas de Português acadêmico, Inglês instrumental e Francês instrumental (apenas para os pleiteantes do Doutorado), de Metodologia direcionadas à construção do projeto de pesquisa e tutoria. Essa última era o diferencial na preparação dos/as alunos/as, pois esses obtinham uma orientação personalizada de como se prepararem para os processos seletivos.

Em diversos agradecimentos recebidos dos/as estudantes que passaram pelo Pós-Afirmativas, muitos/as mencionaram a importância dos/as professores/as do Projeto não somente por terem oferecido um mapa do funcionamento dos processos seletivos, mas por terem atuado como motivadores/as e incentivadores/as dos/as futuros/as candidatos/as ao Mestrado e Doutorado. É isso o que observamos, por exemplo, na carta a seguir, escrita por Mauricéia Lopes Nascimento de Sousa, aluna da turma 2013:

> Brasília, 11 de setembro de 2013.
>
> Caros(as) professores(as) e colegas do Pós-Afirmativa/UnB — 2013,
>
> É com imensa alegria que venho comunicar minha aprovação no Mestrado em Letras da Universidade Federal de Uberlândia-UFU. Gostaria de agradecer a oportunidade de participar do Pós-Afirmativa/2013 e dizer que essa preparação para o Mestrado foi relevante para minha vida pessoal, acadêmica e profissional. Ajudou-me a alcançar não só o 1º lugar na classificação do processo seletivo, mas também serviu de impulso para aprofundar meus conhecimentos e meu autoconhecimento étnico-racial [...] Aos professores e às professoras agradeço pelos exemplos de superação e pela competência

acadêmica que me incentivaram a estudar. Em especial, agradeço ao professor Joaze e à professora Renísia pelas orientações e pelas palavras de incentivo. Agradeço também ao professor Sidney Barbosa, Departamento de Literatura — UnB.

[...]

A relação que desenvolvemos com esses/as alunos/as lembra-nos os depoimentos de bell hooks em *Teaching to transgress* (1994). No Sul segregacionista dos Estados Unidos, diz ela, as meninas negras da classe trabalhadora tinham três opções de vida: casar-se, tornar-se trabalhadoras domésticas, tornar-se professoras. Desde os primeiros anos escolares, bell hooks decidiu adotar a terceira opção. Suas professoras desempenharam um importante papel nessa escolha, atuando como incentivadoras:

> Eram mulheres comprometidas em estimular e nutrir nosso intelecto de tal forma que podíamos nos tornar pesquisadoras, pensadoras e trabalhadoras culturais — enfim, pessoas negras que usam a mente. Nós aprendemos desde cedo que nossa devoção ao aprendizado, a uma vida dedicada ao conhecimento, era um ato contra-hegemônico, um meio de resistir a toda estratégia da colonização racista branca. Embora minhas professoras não articulassem estas práticas em termos teóricos, elas estavam implementando uma pedagogia revolucionária de resistência que era profundamente anticolonial. Dentro destas escolas segregadas, as crianças negras que eram julgadas excepcionais, que tinham um dom, recebiam um tratamento especial. As professoras trabalhavam conosco e para nós a fim de assegurar que cumpriríamos nosso destino intelectual e, dessa forma, poderíamos fazer alguma coisa para elevar a nossa raça. Minhas professoras estavam numa missão. (hooks, 1994, p. 2)

Assim como na descrição de bell hooks a respeito da escola Booker T. Washington, em Kentucky, muitos/as professores/as do Pós-Afirmativas estavam implementando uma relação entre professor/a e aluno/a contra-hegemônica simplesmente porque acreditavam no potencial daqueles/as estudantes. Aparentemente insignificante, essa é uma atitude que faz muita diferença na trajetória acadêmica dos/as alunos/as, ajudando-os/as a contrariarem as chances de não estarem na Pós-Graduação.

Embora os resultados alcançados tenham sido numericamente pouco expressivos (18 alunos/as dos 66 concluintes do curso), há uma expectativa que esses/essas poucos/as estudantes possam atuar como futuros/as multiplicadores/as das experiências que tiveram. Sem dúvida nenhuma, trata-se apenas de uma possibilidade futura.

Outro aspecto digno de menção é o caso de alguns/algumas estudantes que não obtiveram êxito nas seleções de Mestrado e/ou Doutorado e continuam se preparando para tal. Ou ainda, estudantes que estão reproduzindo os ganhos obtidos no projeto no seu local de trabalho. Esse é o caso de Marcela Cristiane da Silva, também aluna da turma 2013 do Pós-Afirmativas, que passou a ter uma atuação diferenciada como professora da rede pública de ensino do Distrito Federal ao elaborar um projeto político-pedagógico em torno do dia da Consciência Negra. Vejamos a carta escrita por ela:

Brasília, 22 de janeiro de 2014.

Caros ex-professores e idealizadores do curso de Pós-Afirmativas,

Há muito tenho a intenção de externar meus agradecimentos a toda equipe que idealizou e propôs esse curso com o objetivo de preparar os estudantes egressos da graduação e Mestrado para concorrerem às vagas de Mestrado e Doutorado, visto ser ainda difícil para a população negra manter-se ou concorrer a esse tipo de formação tão importante para qualquer cidadão. Embora não seja esse o objetivo, preciso dizer que o maior ganho de quem faz esse curso não é ser admitido no curso de Mestrado ou Doutorado ou os conhecimentos adquiridos sobre metodologia de pesquisa. Quero destacar a significativa mudança ocorrida em mim após frequentar o projeto. As aulas, a companhia de colegas militantes, não militantes, africanos, a disponibilidade e conhecimento de cada professor durante os encontros, promoveram essa mudança e acabou interferindo na minha atuação como professora

> da rede pública de ensino do Distrito Federal. Após a conclusão do curso, reformulei um projeto que ocorria na escola apenas na véspera do dia da Consciência Negra, o mesmo passou a ocorrer durante todo o segundo semestre letivo de 2013. Faz parte do projeto político-pedagógico da escola. Incluímos palestras, pesquisas, gincanas, *shows*, divulgação de autores de diferentes países africanos e publicação no Jornal da escola de temas ligados ao racismo e preconceito. Ainda é uma sementinha, mas já atingiu uma escola inteira: 40 turmas de ensino médio que passaram a refletir, se posicionar e ver de maneira diferente a população negra, as ações afirmativas, as leis e história dessa parcela da população, na maioria das vezes marginalizada. Lógico que quero fazer o Mestrado e graças também a esse curso estou com meu pré-projeto formulado. Mas vejo outras transformações bem maiores e significativas, pois uma conquista que era pessoal, passou a ser coletiva. Todos durante o curso contribuíram [...].

Por fim, outro ganho proporcionado pelo Pós-Afirmativas foi o de gerar um ambiente propício para a reflexão sobre a necessidade de ações afirmativas a serem implementadas pela própria universidade. Juntamente com estudantes de graduação e Pós-Graduação e alguns/algumas professores/as da UnB, intensificamos as conversações sobre a implementação de uma política de ação afirmativa no Programa de Pós-Graduação em Sociologia.[2]

Depois de um processo relativamente curto, mas intenso, de diálogo com o então coordenador da Pós-Graduação em Sociologia, apresentamos e aprovamos no dia 24 de julho de 2013 uma política de reserva de no mínimo 20% de vagas para candidatos/as autodeclarados/as negros/as.

Tanto os ganhos diretos do Pós-Afirmativas — aprovação de alunos/as para a Pós-Graduação — e indiretos — alunos/as que passaram a atuar de maneira diferenciada em seus ambientes de trabalho — quanto a aprovação da política de ação afirmativa no

---

2. Simultaneamente às discussões no Programa de Pós-Graduação em Sociologia, o Programa de Pós-Graduação em Antropologia também elaborava sua proposta.

Programa de Pós-Graduação em Sociologia da UnB podem ser situados na chave da busca de equidade social, que mencionamos na parte introdutória deste artigo.

Seja na capacitação de candidatos/as para os processos seletivos, seja na adoção de ações afirmativas pelo Programa de Pós-Graduação, o *leitmotiv* dessas iniciativas tem sido a busca de justiça distributiva.

O argumento central para a adoção de uma política de ação afirmativa na Pós-Graduação é o de que o mérito tem sido corrompido nos processos concorrenciais existentes na sociedade brasileira, desde os exames para acesso à graduação, passando pela Pós-Graduação até chegar à carreira docente. Contrariando aqueles/as que alegam que as políticas de ação afirmativa violam o princípio do mérito, diríamos que essas políticas sofisticam as reflexões sobre o mérito ao considerarem as trajetórias diferenciadas dos/as candidatos/as ao acesso à Pós-Graduação.[3] Partindo do princípio de que os/as candidatos/as não têm trajetórias idênticas, tanto por razões socioeconômicas quanto raciais, as ações afirmativas recolocam a possibilidade de uma igualdade substantiva no âmbito da Pós-Graduação, que futuramente poderão refletir em transformações na composição do corpo docente das universidades.

Embora fundamentais e centrais no debate, a possibilidade de igualdade substantiva na Pós-Graduação é apenas uma das dimensões das transformações na estrutura de poder presente nas universidades.

Na pior das hipóteses, as políticas de ação afirmativa podem se restringir apenas a uma política multicultural liberal, isto é, um tipo de multiculturalismo que "busca integrar os diferentes grupos culturais o mais rápido possível ao *mainstream*, ou sociedade majoritária, baseado em uma cidadania individual universal, tolerando certas práticas culturais particularistas apenas no domínio privado" (Hall, 2003, p. 53). Em outras palavras, os/as alunos/as negros/as beneficiários/as das políticas de ação afirmativa seriam generosamente

3. Argumentos semelhantes sobre mérito e trajetória foram desenvolvidas por Santos (2003). Nesse texto, o autor diferencia mérito de chegada e mérito de trajetória.

aceitos no *mainstream* da produção do conhecimento e teriam que desenvolver uma estratégia de recuperar o tempo perdido (*catch up*) a fim de se equipararem aos/às demais alunos/as que já dominam o código da produção hegemônica do conhecimento. Mesmo adjetivando negativamente essa possibilidade como "uma das piores hipóteses", há ganhos a serem reconhecidos e também é natural que as pessoas se deem por satisfeitas com esses ganhos: a possibilidade de uma correta representação de negros/as na Pós-Graduação, a perspectiva de mobilidade social aberta às pessoas etc.

Mas as ações afirmativas podem ser uma via para a diversificação da temática de estudos e, principalmente, uma possibilidade de provocar uma mudança epistemológica no âmbito da produção do conhecimento. Esse é o tema que exploraremos a seguir.

2. Ações afirmativas na Pós-Graduação: possibilidade de um projeto decolonial e contra-hegemônico

Outro avanço evidente das políticas de ação afirmativa é a diversificação do corpo de pós-graduandos, o que poderá refletir no futuro numa diversificação do corpo docente das universidades. Essa diversificação do corpo discente pode gerar também uma diversificação de temas, uma vez que passamos a ter diferentes olhares sobre a realidade social. Quanto a esse segundo aspecto, pedimos vênia para utilizar exemplos relativamente caricaturais, mas que têm propósitos didáticos para que nosso argumento seja mais bem compreendido.

Imaginemos possíveis pesquisas no campo da Nutrição. A partir da entrada de alunos/as negros/as e indígenas no sistema de Pós-Graduação, podemos ter um acréscimo de pesquisas voltadas ao aprimoramento de alimentos que façam parte do cotidiano ou sejam acessíveis à população negra e indígena. O mesmo pode se dar de forma evidente nos estudos farmacológicos. Pesquisadores/as negros/as e indígenas podem inaugurar investigações sobre plantas que estão presentes no cotidiano dessas populações.

Com esses exemplos, não estamos em absoluto afirmando que pesquisadores/as indígenas e negros/as devem somente desenvolver estudos sobre temas indígenas e negros. Essa seria uma interpretação errônea de nosso raciocínio, uma vez que pressuporia uma visão essencializada e homogênea das raças. Noção essa que refutamos. O que estamos destacando é o fato de que experiências diversas ampliam os olhares sobre possíveis temas de pesquisa.

Essa diversificação de tema, em tese, pode ocorrer em qualquer área do conhecimento. Mas essa diversificação temática não necessariamente significa uma nova epistemologia. Fazendo alusão ao texto de Audre Lorde (1984), "The master's tools will never dismantle the master's house", podemos afirmar que precisamos de uma inovação nos instrumentos (conceitos, técnicas, metodologias) que nos permitam conhecer a fim de que possamos desestabilizar a política de conhecimento existente. Em outras palavras, a diversidade temática refere-se à diversidade do que podemos conhecer, ao passo que uma nova epistemologia aponta como podemos conhecer. Somente a partir dessa nova forma de conhecer é que podemos desmantelar a casa do senhor — simbolicamente a casa-grande.

Nesse sentido, as Ciências Humanas e Sociais podem desempenhar um papel central nesse projeto que se apresenta ao avançarmos na discussão das ações afirmativas para a Pós-Graduação. Esse projeto revolucionário de resistência anticolonial, nas palavras de bell hooks citadas anteriormente, é nomeado por nós como um projeto decolonial contra-hegemônico.

A constituição das universidades ocidentalizadas e do saber modernos está articulada com a colonialidade do poder. Por colonialidade de poder entendemos uma matriz de poder que tem como um dos eixos fundamentais a classificação da população mundial com base na ideia de raça, uma construção mental que, articulada com gênero e sexualidade, fundamentou o mundo colonial e continua a fundamentar as relações (pós)coloniais (Quijano, 2005; Lugones, 2008). Raça, gênero e sexualidade estruturam as relações de trabalho, estabelecendo uma divisão racial, genderizada e sexualizada do trabalho.

A repercussão da codificação da divisão da população a partir dos eixos estruturais e estruturantes de raça, gênero e sexualidade não se restringe à dimensão do trabalho, mas passa a caracterizar a distribuição da autoridade, a formação das subjetividades e, sobretudo, as formas de conhecimento.

Ramón Grosfoguel (2016) argumenta persuasivamente que a colonialidade do poder esteve na base da constituição das universidades ocidentalizadas. Nas argumentações desse autor, a compreensão do genocídio e do epistemicídio envolvidos nos processos históricos do longo século XVI (1450-1650) — conquista das Américas, conquista de Al-Andalus, escravização das populações africanas nas Américas e assassinato de milhares de mulheres queimadas vivas na Europa acusadas de feitiçaria — é a chave histórica para compreender a desautorização do conhecimento de outros povos e a afirmação do conhecimento localizado na Europa, que se camufla de universal. É essa a base do conhecimento que está nas universidades ocidentalizadas, seja na Universidade Nacional de Singapura, seja na Stellenbosch University na África do Sul, seja na Universidade de São Paulo, seja na Universidade de Brasília. Pouco interessam aos pesquisadores dessas universidades as experiências historicamente localizadas das regiões onde elas estão situadas. O esforço do desenvolvimento científico é aplicar categorias forjadas a partir das experiências e sensibilidades locais ocorridas nos países centrais da Europa para analisar fenômenos sociais que ocorrem em Singapura, Cidade do Cabo, São Paulo, Brasília etc. Em outras palavras, as universidades ocidentalizadas forjadas a partir da colonialidade do poder e do saber pouca importância dão a outros conhecimentos e a outras vozes críticas aos projetos imperiais/coloniais/patriarcais.

O reconhecimento do provincianismo do conhecimento europeu disfarçado de universal é o primeiro passo no campo das Ciências Humanas e Sociais para chamar os outros conhecimentos e as outras vozes críticas aos projetos imperiais/coloniais/patriarcais ao diálogo. É dentro dessa lógica que se insere a potencialidade das ações afirmativas na Pós-Graduação.

As ações afirmativas na Pós-Graduação significam a entrada de alunos/as com trajetórias e experiências distintas. Entretanto, para que essas experiências e sensibilidades sócio-históricas concretas possam fazer sentido, é preciso reconhecer que o conhecimento até então hegemônico também é um conhecimento que nasce de experiências e particularismos concretos. Ou seja, é preciso questionar o privilégio epistêmico, pois somente mediante esse ato podemos também questionar a inferioridade epistêmica à qual saberes, experiências e sensibilidades não hegemônicas têm sido relegados. Essa é uma condição político-epistêmica para transcendermos uma concepção em que alunos/as negros/as e indígenas estariam em atraso em relação aos estoques brancos da população brasileira (eterno *catch up*), assim como é uma condição para superarmos um entendimento de multiculturalismo liberal, conforme comentamos antes, restrito somente a uma generosa aceitação da diferença sem qualquer questionamento do *mainstream*.

Ao reconhecer a localização geopolítica e corpo-política do conhecimento, até então considerado hegemônico, passamos a conceber o conhecimento formulado por meio de um processo dialógico, bem como pelas experiências corpo-existenciais de seus formuladores. Tanto o processo dialógico quanto as experiências corpo-existenciais estabelecem um novo parâmetro para definir a pesquisa científica. Já não temos um olhar para além das coordenadas geográficas da terra nem um olhar que transcende as determinações corporais, senão conhecimentos localizados. Como sugere Donna Haraway (1991), passamos a assumir uma noção de objetividade situada, em que descrições e explicações a partir de diferentes pontos de vista podem entrar num diálogo fecundo e criativo. Ao questionar o privilégio epistemológico do conhecimento hegemônico — que tem como contrapartida a inferioridade epistemológica —, passamos a encarar o conhecimento produzido a partir de outra ótica. Essa é a pré-condição para pensar nas ações afirmativas na Pós-Graduação para além de um multiculturalismo liberal. Em seu lugar, temos um multiculturalismo radical ou revolucionário em que as relações de poder, o privilégio, a hierarquia das opressões, o particularismo do eurocentrismo e a invisibilidade da branquidade são questionados (Hall, 2003).

A valorização das experiências e sensibilidades sócio-históricas concretas e particulares encontra uma sofisticada elaboração num artigo seminal escrito originalmente por Patricia Hill Collins em meados da década de 1980. Em "Aprendendo com a *outsider within*:[4] a significação sociológica do pensamento feminista negro", Collins (2016) chama a atenção para a experiência histórica das mulheres negras norte-americanas, que, ao exercerem o papel de trabalhadoras domésticas das famílias brancas, participavam dos segredos mais íntimos daquelas famílias, mas, ao mesmo tempo, não pertenciam àquele ambiente. Todavia, essa condição de *outsider within* permitia àquelas mulheres verem as elites brancas de uma perspectiva que não era evidente nem para seus maridos negros nem para os grupos dominantes (Collins, 2016).

Esse olhar *outsider within* da trabalhadora doméstica negra é o mote para Patricia Hill Collins refletir sobre as experiências e sensibilidades sócio-históricas das mulheres negras nas universidades. A partir da definição de Thomas Kuhn acerca de paradigmas como uma constelação de crenças, valores e técnicas compartilhados pelos membros de uma determinada comunidade, Collins questiona-se sobre o que acontece quando alguns produtores e praticantes de determinado paradigma não compartilham a visão de mundo da comunidade científica em questão. É exatamente isso que ela observa em relação às mulheres negras que adentram o universo da Sociologia no contexto norte-americano, uma área do conhecimento à época em que Collins escreveu o artigo, 1986, sem dúvida nenhuma, caracterizada pelo predomínio do homem branco. Isto é, as mulheres negras situavam-se (e ainda situam-se) em relação à Sociologia como estrangeiras, isto é, *outsiders within*, pois não partilhavam as suposições básicas e consideradas normais do grupo dominante. Como exemplo dessas suposições, Collins menciona a presença de estereótipos sobre as

4. *Outsider within* é uma expressão de difícil correspondência em português. Numa tradução livre, poderia ser entendida como "forasteira de dentro", "estrangeiro interno".

mulheres negras, segundo os quais são retratadas sem subjetividade e intencionalidade. Esse desencontro entre visões de mundo de determinada comunidade científica e os *outsiders within* gera uma tensão:

> [...] pois as pessoas que se tornam *outsiders within* são para sempre modificadas pelo seu novo status. Aprender os temas centrais da sociologia estimula uma reavaliação das próprias experiências pessoais e culturais; e, mesmo assim, essas mesmas experiências paradoxalmente ajudam a iluminar as anomalias da sociologia. As *outsiders within* ocupam um lugar especial — elas se tornam pessoas diferentes, e as suas diferenças as sensibilizam a padrões que podem ser mais difíceis de serem vistos pelos *insiders* sociológicos estabelecidos. Algumas *outsiders within* tentam resolver a tensão gerada pelos seus novos status saindo da sociologia e permanecendo *outsiders* sociológicos. Outros optam por reprimir a sua diferença fazendo o esforço de se tornarem *insiders* sociológicos genuínos que "pensam como de costume". Ambas escolhas espoliam a sociologia de sua diversidade e, em última instância, enfraquecem a disciplina. Uma terceira alternativa é conservar a tensão criativa do status de *outsider within* encorajando e institucionalizando suas perspectivas. (Collins, 2016, p. 121)

Todavia, para manter a tensão criativa do *status* de *outsider within*, é necessário o não apagamento da própria biografia pessoal e cultural. Não se trata aqui de uma cristalização da biografia pessoal e cultural, mas de uma utilização dessas biografias como fonte de conhecimento e reflexão. Também não se trata de uma construção de conhecimentos enviesados baseados em biografias pessoais e culturais. Essa seria uma maneira simplória e pouco esclarecida de reconhecer a tensão criativa que caracteriza o *status outsider within*. Ao contrário, trata-se de uma dinâmica em que há uma intensificação do aprendizado sociológico juntamente com contribuições pessoais e culturais (Collins, 2016).

Essa longa discussão do artigo de Collins (2016) esclarece-nos o que está em jogo quando abordamos as ações afirmativas na Pós-Graduação, especialmente nas Ciências Humanas e Sociais. Ao adentrar o universo majoritariamente branco das pós-graduações, o/a aluno/a negro/a pode se perder e abraçar o ponto de vista hegemônico, mas também pode enriquecer a própria produção científica ao colocar outras vozes no centro da análise.

A simetria discursiva esperada quando trazemos outras perspectivas para o centro da análise não é algo gratuito, senão uma luta que terá que ser travada no interior das Ciências Humanas e Sociais, que envolve estudo sistemático tanto da tradição central dessas ciências quanto da produção que ainda está à margem. O primeiro ato dessa luta, como comentamos anteriormente, é efetuar uma crítica das anomalias das Ciências Humanas e Sociais, que não reconhecem sua localização geopolítica e corpo-política. Somente reconhecendo a parcialidade e o localismo da forma hegemônica do conhecimento — que se pensa como universal — é que podemos enriquecer o cânone das Ciências Humanas e Sociais com outras referências bibliográficas elaboradas com base em outras experiências e sensibilidades históricas particulares e concretas, tais como as experiências de negros/as da diáspora africana do Brasil, do Caribe, da América do Norte, da Europa etc.

Um projeto decolonial e contra-hegemônico que pode emergir das políticas de ação afirmativa nas pós-graduações exige compromisso, persistência e fôlego. Aqueles/as que se dispuserem a tal missão em decorrência de seu *status* de *outsider within* ou de sua condição existencial de dupla consciência (Du Bois, 2007) terão que se dispor a um trabalho duplo: não somente conhecer as teorias dos senhores (*master's tools*), mas também conhecer e elaborar outras teorias a partir das margens. Esse é o projeto decolonial contra-hegemônico contido nas ações afirmativas para a Pós-Graduação.

3. Conclusão

Uma década após o início da implementação de ações afirmativas nos cursos de graduação nas universidades brasileiras, iniciamos a discussão e implementação dessas políticas na Pós-Graduação. O cenário é bem diferente: se em 2001 — quando a Universidade do

Estado do Rio de Janeiro (UERJ) e a Universidade Estadual do Norte Fluminense (UENF) adotaram ações afirmativas na graduação, seguidas da Universidade do Estado da Bahia (Uneb) em 2002 e da Universidade de Brasília (UnB) em 2003 — tínhamos um número muito pequeno de professores/as não negros/as solidários/as, hoje parece-nos que ampliamos o número de pessoas efetivamente comprometidas com o antirracismo. Não só há uma ampliação de uma aliança antirracista, mas há avanços em marcos legais também, tais como a confirmação da constitucionalidade das ações afirmativas baseadas na raça pelo Supremo Tribunal Federal (STF) em 2012, a Lei n. 12.711/2012 e a lei de cotas no serviço público federal. Embora essa ampliação da aliança antirracista tenha ocorrido e se verifiquem avanços no plano legal, isso não significa que não haja uma luta no interior das universidades para a manutenção dos avanços conquistados. A luta não terminou, apenas mudou de patamar e novos desafios se apresentam no dia a dia. Nesse cenário, há também aqueles firmemente contrários a tais políticas, mas que não se expõem ao debate. Em virtude dessas posições veladas e, às vezes, abertas, os/as ainda poucos/as professores/as negros/as e os/as estudantes negros/as já presentes nas universidades não podem prescindir de seu protagonismo, pois ainda não houve um integral comprometimento das instituições.

Embora ainda esteja aquém de nossas expectativas, essa aliança antirracista sinaliza minimamente que há outros atores/atrizes comprometidos/as com a eliminação de barreiras que impedem estudantes negros/as de avançarem na carreira acadêmica. Esses/as novos/as atores/atrizes parecem deslocar-se para outro campo discursivo que questiona a política do conhecimento centrada somente em referências europeias e norte-americanas. Não há problemas nessas referências. Elas se tornam problemáticas quando são assumidas acriticamente como universais e símbolo de excelência por princípio. É necessário ampliar o número de protagonistas que participam da mesa de conversação nas Ciências Humanas e Sociais. Esse é um desafio que acompanha a implementação das políticas de ação afirmativa na Pós-Graduação. A troca acadêmica que se avizinha já não será mais o tipo de troca em que intelectuais de regiões subalternas e periféricas se deslocam para o centro, mas um diálogo e uma troca criativos e ricos entre intelectuais de regiões subalternizadas pelos projetos globais/imperiais/patriarcais. Fazendo referência a uma metáfora utilizada por Enrique Dussel (2016), podemos afirmar que até aqui as grandes cidades construíram linhas subterrâneas que conectam a periferia ao centro, e agora é o momento de construir conexões entre periferias sem necessariamente passar pelo centro. Nesse processo, todos/as ganham a partir da fecundação cruzada de ideias. Os/as *outsiders within* apresentam novas visões de mundo e desestabilizam as visões hegemônicas.

Esse é um sentido primoroso das ações afirmativas na Pós-Graduação. Elas não significam apenas uma busca pela justiça distributiva e uma possível ampliação da diversidade temática. Significam também a possibilidade de um projeto decolonial contra-hegemônico, que desestabiliza a política hegemônica de produção do conhecimento, enriquecendo as Ciências Humanas e Sociais a partir das múltiplas visões de mundo possíveis.

Referências

COLLINS, Patrícia Hill. Aprendendo com a *outsider within*: a significação sociológica do pensamento feminista negro. *Sociedade e Estado*, v. 31, n. 1, p. 97-125, 2016.

DU BOIS, William E. B. *The souls of black folk*. Oxford; New York: Oxford University Press, 2007.

DUSSEL, Enrique. Transmodernidade e interculturalidade: uma interpretação a partir da filosofia da libertação. *Sociedade e Estado*, v. 31, n.1, p. 49-71, 2016.

GROSFOGUEL, Ramón. A estrutura do conhecimento nas universidades ocidentalizadas: racismo/sexismo epistêmico e os quatro genocídios/epistemicídios do longo século XVI. *Sociedade e Estado*, v. 31, n. 1, p. 23-47, 2016.

HALL, Stuart. A questão multicultural. In: SOVIK, Liv (Org.). *Da diáspora*: identidades e mediações culturais. Belo Horizonte: EdUFMG, 2003, p. 51-100.

HARAWAY, Donna. *Simians, cyborg and women*: reinvention of nature. New York/London: Routledge, 1991.

HOOKS, Bell. *Teaching to transgress*: education as the practice of freedom. New York/London: Routledge, 1994.

LORDE, Audre. *Sister outsider*: essays & speeches. Berkeley: The Crossing Press, 1984.

LUGONES, María. Colonialidad y género. *Tábula Rasa*, n. 9, p. 73-101, 2008.

QUIJANO, Anibal. Colonialidade do poder, eurocentrismo e América Latina. In: LANDER, Edgardo (Org.). *A colonialidade do saber*: eurocentrismo e Ciências Sociais. Perspectivas latino-americanas. Buenos Aires: Clacso, 2005, p. 227-278.

SANTOS, Sales Augusto dos. Ação afirmativa e mérito individual. In: SANTOS, Renato Emerson dos; LOBATO, Fátima (Orgs.). *Ações afirmativas*: políticas públicas contra as desigualdades raciais. Rio de Janeiro: DP&A, 2003, p. 83-125.

SOBRE OS AUTORES

Amélia Artes

Pedagoga, com mestrado e doutorado em educação pela USP é pesquisadora na Fundação Carlos Chagas. Seus estudos priorizam as análises quantitativas, nas temáticas de gênero e relações raciais e indicam as desigualdades, que explicitadas através dos números, devem ser enfrentadas para uma educação de qualidade para todos.

Sandra Unbehaum

Socióloga, com mestrado em Sociologia pela USP e doutorado em Educação pela PUC/SP é pesquisadora e coordenadora do Grupo de Pesquisa Gênero, Raça/Etnia e Direitos Humanos da Fundação Carlos Chagas. Suas pesquisas enfatizam a importância de políticas educacionais para o enfrentamento de todas as formas de discriminação e para a superação das desigualdades de gênero, raça/etnia e por orientação sexual.

Valter R. Silvério

Sociólogo, com mestrado pela UNESP e doutorado pela Universidade Estadual de Campinas, é professor do programa de pós-graduação e do departamento de sociologia da UFSCar e Vice-presidente do International Scientific Committee for Volume IX of the General History of Africa — GHA — UNESCO. Suas pesquisas recobrem o campo das relações raciais no Brasil contemporâneo e dos estudos sobre diáspora africana.

Fabiana Luci de Oliveira

Professora do Departamento e do Programa de Pós-Graduação em Sociologia da Universidade Federal de São Carlos (UFSCar). Bolsista produtividade do Conselho Nacional de Desenvolvimento Científico e Tecnológico (CNPq).

Giovanna Mariano Silva

Mestranda no Programa de Pós-Graduação em Sociologia da Universidade Federal de São Carlos (UFSCar).

Shirley Miranda

Professora adjunta da Faculdade de Educação da Universidade Federal de Minas Gerais (UFMG) e pós-doutoranda do Centro de Estudos Sociais (CES) da Universidade de Coimbra/Portugal. Integrante da coordenação do Programa Ações Afirmativas na UFMG e do corpo docente do Curso de Formação Intercultural de Educadores Indígenas.

Vanda Lucia Praxedes

Professora da Faculdade de Educação da Universidade do Estado de Minas Gerais (UEMG) e pós-doutoranda do Programa Nacional de Pós-Doutorado da Coordenação de Aperfeiçoamento de Pessoal de Nível Superior (PNPD/Capes) no Programa de Pós-Graduação em Educação da Faculdade de Educação da Universidade do Estado de Minas Gerais (PPGEd, FAE/UEMG). Membro do Núcleo de Estudos e Pesquisas em Relações Raciais (Neper) e do Núcleo de Estudos e Pesquisas sobre Linguagens (Nepel) da UEMG, do Programa Ações Afirmativas na UFMG/Núcleo de Estudos e Pesquisas em Relações Étnico-Raciais e Ações Afirmativas (Nera) e Núcleo de Estudos e Pesquisas em Educação, História, Letras e Artes, Diversidade Sociocultural, Relações Étnico-raciais em Países de Língua Portuguesa (Nepehla).

José Eustáquio de Brito

Professor adjunto da Faculdade de Educação da Universidade do Estado de Minas Gerais (UEMG). Coordenador do Núcleo de Estudos e Pesquisas em Relações Raciais (Neper) da UEMG. Vice-reitor da UEMG.

Paulo S. C. Neves

Pesquisador do CNPq, professor dos Programas de Pós-Graduação em Sociologia e em Educação da Universidade Federal de Sergipe (UFS), membro da Coordenação Colegiada do Núcleo de Estudos Afro-Brasileiros e Indígenas (Neabi-UFS) e um dos coordenadores do Programa Equidade nessa universidade.

Maria Batista Lima

Professora do Programa de Pós-Graduação em Educação Matemática da UFS, membro da Coordenação Colegiada do Neabi-UFS e uma das coordenadoras do Programa Equidade nessa universidade.

Edinéia Tavares Lopes

Professora do Programa de Pós-Graduação em Educação Matemática da UFS, membro da Coordenação Colegiada do Neabi-UFS e uma das coordenadoras do Programa Equidade nessa universidade.

Beatriz dos Santos Landa

Professora Adjunta da UEMS, e-mail:bialanda@uems.br

Eva Maria Luiz Ferreira

Professora da UCDB, e-mail: evam@ucdb.br

Paulo Alberto dos Santos Vieira

Professor da Universidade do Estado de Mato Grosso (Unemat). vieirapas@yahoo.com.br

Priscila Martins Medeiros

Professora da Universidade Federal de São Carlos (UFSCar).
medeiros.ufscar@gmail.com

Antonio Hilário Aguilera Urquiza

Professor da Universidade Federal de Mato Grosso do Sul (UFMS).
hilarioaguilera@gmail.com

Hellen Cristina de Souza

Professora do Centro de Formação e Atualização de Profissionais da Educação Básica de Mato Grosso (Cefapro/Tangará da Serra).
hellendesouza@gmail.com

Tânia Paula da Silva

Professora da Universidade do Estado de Mato Grosso (Unemat).
tanggela@bol.com.br

Ana Maria Silva Oliveira

Técnica em Assuntos Educacionais da PROPAAE (Pró-reitoria de Políticas Afirmativas e Assuntos Educacionais), campus Santo Amaro. Universidade Federal do Recôncavo da Bahia — UFRB.

Denize de Almeida Ribeiro

Docente do Centro de Ciências da Saúde, campus Santo Antonio de Jesus. Universidade Federal do Recôncavo da Bahia — UFRB.

S. Stella Araújo-Olivera

Doutora em Estudios Latinoamericanos pela Universidad Nacional Autónoma de México (Unam); coordenadora executiva do projeto Equidade no Acesso à Pós-Graduação da Universidade Federal de

São Carlos (UFSCar); professora colaboradora do grupo de pesquisa Práticas Sociais e Processos Educativos da UFSCar, membro do NEAB entre 2008 e 2013. ssaosverige2@gmail.com

Aida Victoria Garcia Montrone

Professora Associada do Departamento de Metodologia de Ensino/ Programa de Pós-Graduação em Educação, do Centro de Educação e Ciências Humanas da Universidade Federal de São Carlos (UFSCar) Grupo de Pesquisa Práticas Sociais e Processos Educativos.
montroneufscar@gmail.com

Paulo Vinicius Baptista da Silva

Doutor em Psicologia Social, pesquisador do CNPq, pesquisador do Núcleo de Estudos Afro-Brasileiros da Universidade Federal do Paraná (Neab/UFPR) e do Programa de Pós-Graduação em Educação (PPGE-UFPR).

Josafá Moreira da Cunha

Doutor em Educação, membro eleito do Conselho Executivo da Society for Research of Adolescence (2012-) e da International Society for the Study of Behavioral Development (2014-); representante eleito de Estudantes e Jovens Profissionais no International Affairs Committee da Society for Research of Child Development (2013-), Social Media Editor da International Society for the Study of Behavioral Development (2010-); pesquisador do Núcleo de Estudos Afro-Brasileiros da Universidade Federal do Paraná (Neab/UFPR) e do Programa de Pós-Graduação em Educação (PPGE-UFPR).

Ione da Silva Jovino

Universidade Estadual de Ponta Grossa. ionejovino@gmail.com

Joaze Bernardino-Costa

Doutor em Sociologia, professor do Departamento de Sociologia da Universidade de Brasília (UnB). joazebernardino@uol.com.br

Breitner Tavares

Doutor em Sociologia, professor da Universidade de Brasília (UnB). btavares02@gmail.com

Ivair Augusto Alves dos Santos

Doutor em Sociologia, professor da Universidade de Brasília (UnB). ivairs@gmail.com

Lúcia Maria de Assunção Barbosa

Doutora em Linguística Aplicada, professora do Departamento de Línguas Estrangeiras e Tradução da Universidade de Brasília (UnB). luciunb@gmail.com

Nelson Fernando Inocêncio da Silva

Doutor em Artes, professor do Instituto de Artes da Universidade de Brasília (UnB). olokof@gmail.com

Renísia Cristina Garcia Filice

Doutora em Educação, professora da Faculdade de Educação da Universidade de Brasília (UnB). renisiagarcia@gmail.com